Corrupção: Lava Jato e Mãos Limpas

Corrupção: Lava Jato e Mãos Limpas

Maria Cristina Pinotti (Org.)
Gherardo Colombo
Piercamillo Davigo
Deltan Dallagnol e Roberson Pozzobon
Sergio Moro

PORTFOLIO
PENGUIN

A Portfolio-Penguin é uma divisão da Editora Schwarcz S.A.

PORTFOLIO and the pictorial representation of the javelin thrower are trademarks of Penguin Group (USA) Inc. and are used under license. PENGUIN is a trademark of Penguin Books Limited and is used under license.

Grafia atualizada segundo o Acordo Ortográfico da Língua Portuguesa de 1990, que entrou em vigor no Brasil em 2009.

CAPA Alceu Chiesorin Nunes
PROJETO GRÁFICO Tamires Cordeiro
PREPARAÇÃO Alexandre Boide
ÍNDICE REMISSIVO Luciano Marchiori
REVISÃO Clara Diament e Ana Maria Barbosa

Dados Internacionais de Catalogação na Publicação (CIP)
(Câmara Brasileira do Livro, SP, Brasil)

Corrupção : Lava Jato e Mãos Limpas / Maria Cristina Pinotti... [et al.] ; Maria Cristina Pinotti (Org.) — 1ª ed. — São Paulo : Portfolio-Penguin, 2019.

Bibliografia
ISBN 978-85-8285-084-8

1. Corrupção na política – Brasil 2. Corrupção na política – Itália 3. Práticas corruptas I. Colombo, Gherardo. II. Davigo, Piercamillo. III. Dallagnol, Deltan. IV. Pozzobon, Roberson. V. Moro, Sergio.

19-23219 CDD-364.1323

Índice para catálogo sistemático:
1. Lava Jato e Mãos Limpas : Corrupção política : Problemas sociais 364.1323

Cibele Maria Dias – Bibliotecária – CRB-8/9427

EDITORA SCHWARCZ S.A.
Rua Bandeira Paulista, 702, cj. 32
04532-002 — São Paulo — SP
Telefone: (11) 3707-3500
www.portfolio-penguin.com.br
atendimentoaoleitor@portfolio-penguin.com.br

Às vítimas (difusas e anônimas) da corrupção

SUMÁRIO

PREFÁCIO

Empurrando a história: combate à corrupção, mudança de paradigmas e refundação do Brasil

Introdução

A professora Maria Cristina Pinotti presta, com a organização deste livro, valiosa contribuição à compreensão do fenômeno da corrupção no Brasil. Os textos preciosos aqui reunidos expõem os avanços e recuos no seu enfrentamento judicial e revelam o impacto da corrupção sobre as instituições políticas e sobre o desempenho da economia, além de trazerem uma esclarecedora comparação com processo análogo ocorrido na Itália, com a operação Mãos Limpas. A narrativa é conduzida por textos dos principais protagonistas do processo histórico de enfrentamento da corrupção no Brasil e na Itália, antecedidos de uma rica análise econômica do tema.

Nos últimos tempos, o Brasil tem vivido uma tempestade política, econômica e ética que mudou a percepção da sociedade em relação a muitas questões, inclusive — e notadamente — aquelas associadas ao cumprimento da lei e ao combate à corrupção. De acordo com a Transparência Internacional, o Brasil ficou na 96ª posição no Índice de Percepção da Corrupção em 2017, num ranking incluindo 180 países. Para uma das dez maiores economias do mundo, trata-se de uma posição constrangedora. Pior: nas últimas pontuações, o

Brasil vem caindo vertiginosamente. De fato, em 2006 ocupava a 79ª posição; em 2015, a 69ª. É possível, porém, que o aumento da percepção da corrupção não signifique, necessariamente, um aumento no volume dos comportamentos desviantes. Pode ser um sinal de que o país deixou de varrer a sujeira para debaixo do tapete e passou a enfrentar com coragem o problema.

Honrado com o convite para prefaciar esta obra, faço algumas reflexões a seguir.

Origens e causas da corrupção no Brasil

Origens remotas

A corrupção no Brasil tem origens e causas remotas. Aponto sumariamente três. A primeira é o *patrimonialismo*, decorrente da colonização ibérica, marcada pela má separação entre a esfera pública e a esfera privada. Não havia distinção entre a Fazenda do rei e a Fazenda do reino — o rei era sócio dos colonizadores —, e as obrigações privadas e os deveres públicos se sobrepunham. A segunda causa é a *onipresença do Estado*, que exerce o controle da política e das atividades econômicas, pela exploração direta ou por mecanismos de financiamento a empresas privadas e de concessão de benefícios. A sociedade torna-se dependente do Estado para quase tudo o que é importante, sejam projetos pessoais, sociais ou empresariais. Cria-se uma cultura de paternalismo e compadrio, acima do mérito e da virtude. O Estado e seus representantes vendem favores e cobram lealdades. A terceira causa é a *cultura da desigualdade*. As origens aristocráticas e escravocratas formaram uma sociedade na qual existem superiores e inferiores, os que estão sujeitos à lei e os que se consideram acima dela. A elite dos superiores se protege contra o alcance das leis, circunstância que incentiva condutas erradas.

Causas imediatas

A essas origens remotas somam-se duas causas mais imediatas.

A primeira é o *sistema político*, que produz eleições excessivamente caras, com baixa representatividade dos eleitos em razão do sistema eleitoral proporcional em lista aberta, o que dificulta a governabilidade. Os custos altíssimos das eleições fazem com que seu financiamento esteja por trás de boa parte dos escândalos de corrupção; a baixa representatividade gera uma classe política descolada da sociedade civil; e a governabilidade é comprometida por mais de duas dezenas de partidos políticos que tornam a Presidência da República refém de práticas fisiológicas — quando não desonestas — do Congresso.

Uma segunda causa é a impunidade. O sistema criminal brasileiro, até muito pouco tempo atrás, mantinha uma postura de leniência em relação à criminalidade de colarinho-branco, tanto por deficiência das leis como pela pouca disposição dos juízes em condenar por tais crimes, considerados não violentos e não muito graves. O sistema punitivo brasileiro, historicamente, só foi capaz de punir gente pobre, por delitos violentos ou envolvendo drogas ilícitas. Esse quadro começou a mudar nos últimos tempos, ainda que lentamente. Como assinalado no artigo dos procuradores Deltan Dallagnol e Roberson Pozzobon, "casos criminais contra poderosos dificilmente têm seu mérito analisado. Em geral são anulados por tribunais ou prescrevem".

O quadro atual da corrupção no Brasil

Corrupção estrutural e sistêmica: o pacto oligárquico

É impossível não identificar as dificuldades em superar a corrupção sistêmica como um dos pontos baixos destes últimos trinta anos de democracia no Brasil. O fenômeno vem em processo acumulativo de longa data e se disseminou, nos últimos tempos, em níveis espantosos e endêmicos. Não foram falhas pontuais, individuais.

Foi um fenômeno generalizado, sistêmico e plural, que envolveu empresas estatais e privadas, agentes públicos e privados, partidos políticos, membros do Executivo e do Legislativo. Havia esquemas profissionais de arrecadação e distribuição de quantias desviadas mediante superfaturamento e outros métodos. Esse tornou-se o modo natural de fazer negócios e política no país. A corrupção é fruto de um pacto oligárquico celebrado entre boa parte da classe política, do empresariado e da burocracia governamental para saquear o Estado brasileiro.

Um instantâneo do nosso momento atual revela a existência de ações penais em curso ou condenações por corrupção envolvendo: o atual presidente da República, dois de seus antecessores e um ex-candidato ao cargo; dois ex-chefes da Casa Civil; três ex-presidentes da Câmara dos Deputados; um ex-presidente do Senado Federal; um ex-secretário de governo da Presidência da República; e diversos ex-governadores de estados. Alguém poderia supor que haja uma conspiração geral contra tudo e contra todos. O problema com essa versão são os fatos: os áudios, os vídeos, as malas de dinheiro, assim como as provas que saltam de cada compartimento que se abra.

A reação da sociedade: mudanças de atitude, na legislação e na jurisprudência

Se há uma novidade no Brasil, é uma sociedade civil que deixou de aceitar o inaceitável. A reação da cidadania impulsionou mudanças importantes de atitude que alcançaram as instituições, a legislação e a jurisprudência. A primeira delas foi o julgamento da Ação Penal 470, conhecida como o caso do "mensalão", marco emblemático da rejeição social a práticas promíscuas entre o setor privado e o poder público, historicamente presentes na vida nacional. O Supremo Tribunal Federal foi capaz de interpretar esse sentimento e, num ponto fora da curva — e que veio a mudar a curva —, decretou a condenação de mais de duas dezenas de pessoas, entre empresários, políticos e servidores públicos, por delitos como corrupção ativa e passiva, peculato, lavagem de dinheiro, evasão de divisas e gestão fraudulenta de instituição financeira.

Na sequência, a magistratura, o Ministério Público e a Polícia Federal conduziram a chamada operação Lava Jato, o mais extenso e profundo processo de enfrentamento da corrupção na história do país — e talvez do mundo. Utilizando técnicas de investigação modernas, processamento de *big data* e colaborações premiadas, a operação desvendou um imenso esquema de propinas, superfaturamento e desvio de recursos da Petrobras. Em seu artigo para esta obra, o ex-juiz Sergio Moro registra que até junho de 2018 haviam sido propostas 76 ações penais contra 319 pessoas, com 134 condenados por crimes de corrupção, lavagem de dinheiro e associação criminosa. Em meados de 2017, já havia em torno de 140 condenações em primeiro grau de jurisdição. A verdade é que poucos países no mundo tiveram a capacidade de abrir suas entranhas e expor desmandos atávicos como o Brasil.

Ao longo dos anos — de forma lenta, porém contínua —, também houve mudanças importantes na legislação destinada a enfrentar a criminalidade de colarinho-branco, com a aprovação do agravamento das penas pelo crime de corrupção, da lei de lavagem de dinheiro, da lei que define organização criminosa e que aperfeiçoou a colaboração premiada e da Lei Anticorrupção. Na mesma onda de combate a esse tipo de improbidade, sobreveio a Lei Complementar nº 135/2010, conhecida como Lei da Ficha Limpa, que impede de concorrer a cargos eletivos quem foi condenado por órgão colegiado por crimes ou infrações graves — uma medida importante em favor da moralidade administrativa e da decência política. Muita gente é contra essas inovações. Paciência. Nós não somos atrasados por acaso. Somos atrasados porque o atraso é bem defendido.

Por fim, houve alterações ou movimentos significativos trazidos pela jurisprudência do próprio Supremo. A mais importante delas, sem dúvida, foi a possibilidade de execução de decisões penais condenatórias após o julgamento em segundo grau, fechando a porta pela qual processos criminais se eternizavam até a prescrição. Também merece destaque a declaração de inconstitucionalidade do modelo de financiamento eleitoral por empresas, que produziu as práticas mafiosas desveladas pela Lava Jato. Também pode ser inserida nessa tendência de maior seriedade penal a validação das investigações conduzidas pelo Ministério Público. Cabe destacar, ainda, a decisão que reduziu drasticamente o alcance do foro privilegiado, limitando-o aos atos praticados no cargo e em razão de seu exercício.

A reação às mudanças

Há uma imensa resistência contra essas transformações por parte dos membros do pacto oligárquico e seus defensores. Na verdade, o combate à corrupção no Brasil, embora tenha avançado muito, ainda enfrenta três obstáculos poderosos: (i) parte do pensamento progressista acredita que os fins justificam os meios e que a corrupção não é mais do que uma nota de rodapé da história. Estão errados. Ela drena os recursos que deveriam contribuir para a distribuição de riqueza e bem-estar e cria uma relação pervertida entre a cidadania e o Estado, bem como gera um ambiente geral de desconfiança entre as pessoas; (ii) parte do pensamento conservador brasileiro milita no tropicalismo equívoco de que corrupção ruim é a dos adversários, dos que não servem aos seus interesses imediatos. E, assim, dão suporte a elites extrativistas que nos atrasam na história, nos retêm como um país de renda média e impedem a prosperidade para todos; e, por fim, (iii) os próprios corruptos, que se dividem em dois grupos: os que não querem ser punidos pelos muitos malfeitos perpetrados ao longo dos anos e um lote pior, que é o dos que não querem se tornar honestos daqui nem para a frente.

O paralelo com a Itália

Os textos de Piercamillo Davigo e Gherardo Colombo ajudam a estabelecer uma comparação com o que se passou na Itália. Lá, a reação oligárquica da corrupção contra a operação Mãos Limpas (levada a efeito entre 1992 e 1996) teve sucesso. A classe política, para preservar a si e aos corruptos, mudou a legislação a fim de proteger os acusados de corrupção, inclusive para impedir a prisão preventiva; reduziu os prazos de prescrição; aliciou uma imprensa pouco independente e procurou demonizar o Judiciário. E tudo acabou na ascensão de Silvio Berlusconi. Não foi o combate à corrupção, mas o não saneamento verdadeiro das instituições que impediu que a Itália se livrasse do problema.

Não por acaso, por não ter aprimorado suas instituições, a Itália é o país que apresenta o pior desempenho econômico e os mais elevados índices de corrupção entre as nações desenvolvidas. Como expõe em seu texto a professora Maria Cristina Pinotti, entre 2005 e o segundo trimestre de 2018 o PIB da Itália caiu 1,2%, enquanto o de Portugal cresceu 4,9%, o da Espanha, 13,7%, e o da Alemanha, 22,8%. Tenho fé que isso não acontecerá no Brasil, por pelo menos três razões: uma sociedade mais consciente e mobilizada; uma imprensa livre e plural; e um Judiciário independente (apesar de ainda ser extremamente lento e ineficiente) e, sobretudo nas instâncias ordinárias, livre de laços políticos.

Os custos da corrupção

A corrupção tem custos financeiros, sociais e morais. Não é fácil estimar as perdas monetárias com a corrupção. Trata-se de um tipo de crime difícil de rastrear, porque subornos e propinas não vêm a público facilmente nem são lançados na contabilidade oficial. Nada obstante, noticiou-se que apenas na Petrobras e demais empresas estatais investigadas na Lava Jato — isto é, em uma única operação — os pagamentos de propinas chegaram a 20 bilhões de reais. No balanço da empresa de 2014, publicado com atraso em 2015, como assinalado no artigo de Sergio Moro, foram registradas perdas de 6 bilhões de reais, equivalentes, à época, a 2 bilhões de dólares. No início de 2018, a Petrobras fez acordo para o pagamento de cerca de 3 bilhões de dólares em Nova York em *class action* movida por investidores americanos, e de 853 milhões de dólares com o Departamento de Justiça dos Estados Unidos. Os custos sociais também são elevadíssimos. A corrupção compromete a qualidade dos serviços públicos em áreas de grande relevância, como saúde, educação, segurança pública, estradas, transporte urbano etc. Da mesma forma, faz com que decisões relevantes acabem sendo tomadas com motivações e fins errados. Nos últimos anos, no rastro dos escândalos de corrupção, o PIB brasileiro caiu mais de 20%.

O pior, todavia, é provavelmente o custo moral, com a criação de uma cultura de desonestidade e esperteza que contamina a sociedade e dá incentivos errados aos cidadãos. Nesse ponto há uma visão equivocada na matéria, que pretende fazer uma distinção quando o dinheiro da corrupção vai para o bolso do agente público ou para uma campanha política. O problema, no entanto, é que o mais grave nesse contexto não é para onde o dinheiro vai: é de onde ele vem, o que se faz para obtê-lo. Não é difícil ilustrar que condutas são essas: superfaturam-se contratos; cobram-se propinas em empréstimos públicos; vendem-se benefícios fiscais em medidas legislativas; cobra-se pedágio de toda e qualquer pessoa que queira fazer negócio no Brasil. Para mudar essas práticas, não há como ser condescendente com elas.

A corrupção é crime violento, praticado por gente perigosa

É um equívoco supor que a corrupção não seja um crime violento. Corrupção mata. Mata na fila do atendimento pelo Sistema Único de Saúde, na falta de leitos, na escassez de medicamentos. Mata nas estradas sem manutenção adequada. A corrupção destrói vidas que não são educadas adequadamente, em razão da ausência de escolas e de deficiências de estruturas e equipamentos. O fato de o corrupto não ver nos olhos as vítimas que provoca não o torna menos perigoso. A crença de que a corrupção não é um crime grave e violento — e de que os corruptos não são perigosos — nos trouxe até aqui, a esse cenário sombrio em que recessão, corrupção e criminalidade elevadíssima nos atrasam e nos retêm num patamar de renda média, sem conseguirmos furar o cerco.

O que temos é um país com uma faceta feia e desonesta, no qual altos dirigentes ajustam propinas dentro dos palácios de onde deveriam governar com probidade; governadores transformam a sede de governo em centros de arrecadação e distribuição de dinheiro desviado; parlamentares cobram vantagens indevidas para aprovar desonerações; membros de Comissões Parlamentares de Inquérito achacam pessoas e empresas para não as submeterem a constrangimentos e humilhações públicas; dirigentes de instituições financeiras públicas exigem para si percentuais dos empréstimos que liberam; dirigentes de fundos de pensão de empresas estatais fazem investimentos ruinosos para os seus beneficiários em troca de vantagens indevidas.

É bem de ver que a crítica que se faz no livro, e que é aqui endossada, não envolve punitivismo, jacobinismo ou a crença em vingadores mascarados. Nem Robespierre, nem Savonarola: estamos aqui falando de respeito pleno à Constituição e à legalidade penal. Porém, é preciso derrotar a visão equivocada e difundida de que devido processo legal é o que não termina nunca e que *garantismo* significa que ninguém nunca é punido por coisa nenhuma, não importa o que tenha feito.

O papel do direito penal e as consequências da impunidade

O sistema punitivo está longe de figurar no topo da lista dos instrumentos mais importantes para realizar o ideário constitucional. Não se muda o mundo com a exacerbação do direito penal. A construção de um país fundado em justiça, segurança e igualdade entre todos é mais bem servida por categorias como *educação de qualidade* desde a pré-escola, para permitir que as pessoas tenham igualdade de oportunidades e possam fazer escolhas esclarecidas na vida; *distribuição adequada de riquezas, poder e bem-estar*, para que os cidadãos possam ser verdadeiramente livres e iguais, e se sentir integrantes de uma comunidade política que os trata com respeito e consideração; e *debate público democrático e de qualidade*, no qual a livre circulação de ideias e de opiniões permita a busca das melhores soluções para as necessidades e angústias da coletividade.

A verdade, porém, é que no atual estágio da condição humana o bem nem sempre consegue se impor por si próprio. A ética e o ideal de vida boa precisam também de um impulso externo. Entre nós, no entanto, um direito penal seletivo e absolutamente ineficiente em relação à criminalidade de colarinho-branco criou um país de ricos delinquentes. O país da fraude em licitações, da corrupção ativa, da corrupção passiva, do peculato, da lavagem de dinheiro sujo. O sistema punitivo deixou de cumprir o seu papel principal: o de funcionar como *prevenção geral*, com o temor da punição servindo para inibir os comportamentos criminosos. As pessoas tomam decisões na vida com base em incentivos e riscos. Se há incentivos para a conduta ilícita — como o ganho fácil e farto — e não há grandes riscos de punição, a sociedade experimenta índices elevados de criminalidade. Conforme escreveu a professora Maria Cristina Pinotti em seu texto, por ser a corrupção um crime racional, "é indispensável alterar a relação entre custo e benefício dessa prática, tanto para o corruptor como para o corrupto".

Conclusão: um novo paradigma

A corrupção favorece os piores. É a prevalência dos desonestos sobre os íntegros. Esse modelo não se sustenta indefinidamente. Só se o mal pudesse mais do que o bem. Mas, se fosse assim, nada valeria a pena. A maneira desassombrada como a sociedade brasileira — e parte das suas instituições — vem enfrentando a corrupção e a impunidade, dentro do estado de direito, produzirá, logo ali na esquina do tempo, uma transformação cultural importante: a revalorização dos *bons* em lugar dos *espertos*. Quem tiver talento para produzir uma inovação relevante, ou for capaz de baixar custos de uma obra pública, será mais importante do que quem conhece a autoridade administrativa que paga qualquer preço, desde que receba uma vantagem por fora.[1] Essa talvez seja uma das maiores conquistas que poderá vir de um novo padrão de decência e seriedade.

No seu aclamado livro *Por que as nações fracassam*, Daron Acemoglu e James A. Robinson procuram identificar as razões que levam países à prosperidade ou à pobreza. De acordo com os autores, essas razões não se encontram — ao menos em sua parcela mais relevante — na geografia, na cultura ou na ignorância de qual é a coisa certa a fazer. Elas residem, acima de tudo, na existência ou não de instituições econômicas e políticas verdadeiramente inclusivas. É possível — apenas possível — que a tempestade ética, política e econômica que atingiu o Brasil nos últimos anos represente uma dessas conjunturas críticas que permitirão a reconstrução de muitas instituições e que ajudarão a empurrar para a margem da história as elites extrativistas e autorreferentes que se apropriaram do Estado brasileiro.

Este livro, coordenado com dedicação e talento pela professora Maria Cristina Pinotti, congrega personalidades emblemáticas que lutaram o bom combate e não perderam a fé. Gente que foi capaz de inspirar e mobilizar a cidadania para o advento de um novo tempo. E, de fato, penso que podemos estar vivendo um recomeço, alicerçado sobre outras bases, tanto na ética pública como na esfera privada. Minha crença num momento de refundação do país não guarda relação com as recentes eleições ou este ou aquele governo — é independente de ideologias. Baseia-se, ao contrário, nas mudanças ocorridas na sociedade civil, que deixou de aceitar o inaceitável e desenvolveu uma imensa demanda por integridade, idealismo e patriotismo. E essa é a energia que muda paradigmas e empurra a história. Assim seja.

Brasília, 12 de dezembro de 2018

LUÍS ROBERTO BARROSO

Ministro do Supremo Tribunal Federal. É professor titular da Universidade do Estado do Rio de Janeiro (Uerj), mestre pela Universidade Yale e Senior Fellow na Harvard Kennedy School

APRESENTAÇÃO

No início de 2015, sabendo da minha forte ligação com a Itália e intolerância com a corrupção, meu marido me deu cópia de um artigo escrito pelo juiz Sergio Moro[1] sobre a operação Mani Pulite, na Itália. A Lava Jato começava a ganhar corpo, e foi muito proveitoso ler sobre a operação italiana que servira de inspiração para a brasileira. O assunto me fisgou, acho que para sempre.

Dois ou três meses depois, perambulando por uma livraria em Bolonha, me deparei com *Lettera a un figlio su Mani Pulite* [Carta a um filho sobre Mãos Limpas], livro então recém-lançado de Gherardo Colombo, um dos magistrados que conduziram a operação italiana. Gherardo pega os leitores/ filhos pelas mãos e resume, de maneira cativante e singela, o que foi a Mani Pulite.

Durante a leitura, foram frequentes as sensações de déjà-vu — tudo era inacreditavelmente parecido com o que estávamos vivendo no Brasil. Porém, ao fechar o livro, um enorme desalento me acompanhou por vários dias. Gherardo contava por que, depois do fim da Mani Pulite e de chegar à Corte de Cassação, havia encerrado uma rica carreira de 28 anos na magistratura. A profunda decepção com o resultado das investigações o levou a sérios questionamentos sobre a eficácia do sistema judiciário, e ele preferiu abandonar a carreira e se dedicar a palestras em escolas sobre o papel das regras em uma sociedade democrática. Foi um choque conhecer em detalhes como a devastadora reação do sistema político corrupto teve êxito em alterar leis, dificultando a identificação e punição dos crimes de corrupção, ou ver a população retirar o apoio à operação, depois de tanto entusiasmo. Fiquei consternada ao concluir que não basta desvendar a extensão e os custos dos crimes de corrupção para erradicá-los: a Itália havia sido derrotada pela corrupção. Estaríamos fadados ao mesmo fim? O que poderia ser feito para tentar evitar a repetição do triste destino que tiveram casos anteriores de corrupção no Brasil, como o dos Anões do Orçamento, a operação Castelo de Areia e tantos outros?

Desde então venho estudando e tentando entender as entranhas da Mani Pulite — e, mais especificamente, da própria corrupção — para, quem sabe, encontrar antídotos e vacinas que ajudem o Brasil. Sempre acreditei que a Lava Jato poderia ter um desfecho diferente do vivido pela Mani Pulite, tanto por se tratar de países muito diferentes, e pelas profundas transformações ocorridas no mundo nas duas décadas que separam o início de ambas as operações, como pelas próprias lições extraídas da experiência italiana. E, com o passar do tempo, cresce a minha confiança de que isso esteja ocorrendo. Sempre há riscos de retrocessos, mas as perspectivas são animadoras.

Logo no início do meu mergulho no caso italiano, muito aprendi com Piercamillo Davigo — outro magistrado responsável pela Mani Pulite e hoje juiz da Corte de Cassação — através de seus vários livros e suas participações em debates públicos. Sua luta contínua e tenaz contra a corrupção e pela correção das falhas que tornam o sistema judiciário italiano (propositalmente) ineficiente é um exemplo de integridade e lucidez. Os caminhos de Davigo e Colombo foram se distanciando ao longo do tempo. Davigo acredita que a aplicação de leis adequadas altera o comportamento humano, permitindo a redução da corrupção e a construção de um país mais justo. Colombo discorda, argumentando que, sem mudar a cultura do país através da educação, o que pode levar décadas, não se reduz a corrupção. Davigo rebate e aponta que as próprias regras do sistema de ensino italiano, com exames de proficiência na saída dos cursos e não na entrada de estágios subsequentes, criam laços entre alunos e professores, ensinando o valor do compadrio em detrimento do mérito.

E assim continuam os dois amigos em um diálogo instigante e enriquecedor, como mostram em conferências e no livro *La tua giustizia non è la mia: Dialogo fra due magistrati in perenne disaccordo* [A tua Justiça não é a minha: Diálogos entre dois magistrados em discordância permanente]. Tal controvérsia provocou forte impacto sobre mim e me estimulou a estudar os pontos nevrálgicos das divergências entre eles, como o papel do sistema judiciário e da cultura local sobre a corrupção. Ao fazer isso, um novo campo surgia, aberto pela extensa literatura produzida nas últimas décadas sobre os custos econômicos da corrupção: países pobres também são mais corruptos; e países ricos, menos corruptos.

Enquanto isso, o desconhecimento entre os brasileiros sobre a operação italiana vinha sendo utilizado por várias pessoas interessadas em mostrar que a Lava Jato era um erro. A barreira do idioma impedia que muitos conhecessem os fatos ocorridos a partir de 1992, início da operação, e ficassem com a "versão oficial", fartamente divulgada pelos "vencedores", até mesmo em inglês: tudo não passara de um golpe premeditado pelos magistrados para exterminar os partidos políticos. Essa visão vicejava por aqui, acompanhada do alerta de que as denúncias da existência da corrupção haviam deixado o campo aberto para que um demagogo como Silvio Berlusconi governasse o país. Assim, argumentava-se, a Lava Jato poderia nos conduzir à armadilha italiana.

Tal leitura, que me parecia equivocada, me convenceu de que era crucial trazer ao país o magistrado Davigo, junto com Colombo, para falarem sobre suas experiências com a Mani Pulite. Sem dúvida, o diálogo seria muito mais rico se dele participassem o juiz Sergio Moro e o procurador Deltan Dallagnol, promovendo um debate franco entre os principais responsáveis pelas duas maiores operações contra a corrupção já conhecidas no mundo.

Meu plano foi aceito com entusiasmo pela diretoria do Centro de Debates de Políticas Públicas (CDPP) e pelo procurador Deltan.

Assim, em parceria com o Ministério Público Federal (MPF), foi feito o convite do CDPP aos magistrados italianos e ao juiz Moro. A ideia era termos um seminário no CDPP, restrito aos seus associados e convidados, e outro aberto ao público, no MPF-SP.

Com ajuda de amigos, entrei em contato com os magistrados italianos, que reagiram muito bem ao convite, e generosamente nos receberam em Milão, na antevéspera do Natal, para combinar os detalhes. Acompanhavam a Lava Jato com interesse e tinham grande curiosidade em conhecer seus protagonistas. Foram generosíssimos conosco, e saímos felizes, com exemplares de livros de ambos e com a data marcada para o nosso encontro "Mani Pulite e Lava Jato": seria na "*Pasquetta*" (segunda-feira após o domingo de Páscoa) do ano seguinte, 2016. Felizmente, apesar do excesso de trabalho, o juiz Moro gostou da ideia e aceitou o convite para participar do seminário, que além de emocionante — era a primeira vez que os magistrados italianos e brasileiros se encontravam — foi frutífero para todos os presentes.

O encontro consolidou a visão de que a reação da classe política, comandada por Berlusconi, havia abortado a Mani Pulite no seu apogeu, alterando as leis e tornando mais difícil identificar e punir crimes de corrupção. Paralelamente, a imagem do Poder Judiciário foi atacada com toda a força pelos interessados na manutenção da velha ordem, estabelecendo-se um clima de confronto com a magistratura que permanece até os dias atuais. A imprensa italiana, dependente de recursos do Estado e de grandes grupos econômicos, seguiu a tradição de apoiar os vencedores, com raras exceções.

Demonstrou-se, assim, uma importante lição do caso italiano: só a pressão da sociedade poderia impedir que os políticos no Brasil tivessem sucesso em pôr fim à Lava Jato. Não faltaram tentativas de cercear as investigações. O projeto de iniciativa popular intitulado "Dez medidas contra a corrupção" foi mutilado na Câmara e permanece esquecido no Senado; os parlamentares tentaram dar andamento a uma proposta de legislação que, sob o disfarce de combater abuso de autoridade, penalizava juízes pela interpretação das leis; inúmeras vezes se aventou a legalização do uso de caixa dois; o

Supremo Tribunal Federal (STF) vem tentando reduzir a eficácia dos acordos de colaboração e da possibilidade de cumprimento imediato de sentença de prisão após condenação em segunda instância. Não faltaram tentativas de depreciar os integrantes da Lava Jato, nem de desmoralizar o Judiciário.

Felizmente, até hoje, quase cinco anos após o início da operação, o pior foi evitado: a população manteve o apoio à Lava Jato, graças à competência, dedicação e lisura dos seus integrantes, ao trabalho da imprensa livre, à plena divulgação das investigações e dos julgamentos, e ao engajamento de formadores de opinião. O debate se aprofundou, pautado na maior parte das vezes por membros do Judiciário e do Ministério Público. Sintomática é a apatia do Executivo e do Legislativo nas discussões sobre como reduzir a corrupção no país. A Lava Jato resistiu a todos os golpes e abriu oportunidade única para que viremos essa nefasta página da nossa história, com a construção de novas regras de separação entre o bem público e o privado.

Apesar do muito que se fez, ainda há muito a ser posto em prática: lições devem ser repetidas, e discussões precisam ser aprofundadas e divulgadas. Por isso, um ano e meio depois, o CDPP decidiu repetir o encontro entre Mani Pulite e Lava Jato e amplificar o alcance das discussões. Em outubro de 2017, além do seminário interno no CDPP, foi organizado um debate em parceria com o jornal *O Estado de S. Paulo*, no auditório da sua sede, com transmissão ao vivo pela internet. O dr. Davigo também fez uma apresentação, seguida de debates no Tribunal Regional Federal da 3ª Região (TRF-3), em São Paulo, com a presença de magistrados e alunos de pós-graduação em direito. Com isso, um público maior se beneficiou dos debates.

Este livro é a continuidade natural desses encontros. É composto de duas partes inter-relacionadas: os relatos e impressões de quem fez — e faz — a história das duas maiores operações contra a corrupção já ocorridas, presentes nos capítulos 2 a 5, e uma análise do fenômeno da corrupção e dos seus múltiplos impactos sobre os países, incluindo a sua capacidade de crescimento e desenvolvimento econômico, no primeiro capítulo. Curiosamente, todos os autores brasileiros deste livro têm origem italiana — Moro, Rondelli Pinotti,

Martinazzo Dallagnol, Pozzobon. Os fortes laços de respeito e admiração consolidados ao longo dos anos entre os autores dos cinco capítulos tornaram a sua elaboração uma fonte de enorme prazer. Esperamos que seja útil e contribua para a discussão de como construir um país mais justo, próspero e íntegro.

27 de setembro de 2018

MARIA CRISTINA PINOTTI

Pós-escrito

O livro já estava nas mãos dos editores quando Sergio Moro aceitou convite do presidente eleito Jair Bolsonaro para chefiar o Ministério da Justiça do novo governo. Com isso, se desliga do Judiciário e da 13ª Vara de Curitiba, responsável pela Lava Jato, que prosseguirá nas mãos de outro juiz federal.

Ao lado de profundo conhecimento jurídico e da história, teoria e prática de corrupção, lavagem de dinheiro e crime organizado, Sergio Moro tem enorme credibilidade junto à população, que o apoia e o vê como um líder natural. Assume o posto com os objetivos prioritários de implantar planos nacionais de combate à corrupção e ao crime organizado, e deve trazer a discussão de seus malefícios para o centro do debate político nos próximos anos.

São Paulo, 10 de novembro de 2018

1. Corrupção, instituições e estagnação econômica: Brasil e Itália[1]

MARIA CRISTINA PINOTTI

> *[A corrupção é] um fenômeno social, político e econômico difuso e multiforme — indo do pagamento de propinas à extorsão e ao nepotismo — que debilita os fundamentos da democracia por minar a confiança dos cidadãos nas instituições e na classe política, desvaloriza os princípios da boa governança e da ética pública, distorce o processo eleitoral e falseia o princípio da legalidade* [...]. *Especialmente se for de caráter sistêmico, representa uma grave ameaça ao estado de direito, ao funcionamento da democracia e ao princípio da igualdade.*
>
> NADIA FIORINO E EMMA GALLI, *La corruzione in Italia*

Introdução

A Mani Pulite e a Lava Jato são as duas maiores operações contra a corrupção conhecidas na história dos países democráticos. Há vários pontos em comum entre elas, como técnicas jurídicas e métodos investigativos, e várias diferenças, muitas determinadas pelo lapso de 22 anos entre o início de cada uma, e outras pelas próprias diferenças existentes entre os dois países.

Além de níveis elevados de corrupção, uma nova semelhança entre Brasil e Itália vem se manifestando nos últimos anos: a perda de dinamismo nas suas economias. Até que ponto corrupção e crescimento econômico estão ligados? Esse será o fio condutor do presente capítulo. À luz da moderna Teoria do Desenvolvimento Econômico, que atribui à qualidade das instituições as diferenças encontradas nos graus de desenvolvimento dos países, busco identificar, do ponto de vista institucional, as mudanças ocorridas na Itália e no Brasil que possam explicar o desempenho medíocre nas suas economias. Afinal, as mesmas instituições que geram desenvolvimento ou estagnação são as que geram baixa corrupção ou grande corrupção nos países. Ou seja, a qualidade das *instituições formais* — leis e regras escritas — e *informais* — valores e crenças da população — determina tanto os níveis de corrupção como o grau de desenvolvimento nacional. Nesse contexto, o papel do Judiciário aparece como divisor de águas para determinar um ou outro cenário. Não basta a existência de boas leis — é preciso aplicá-las com eficiência, moldando o comportamento dos cidadãos e aprofundando os laços de confiança entre eles.

O caminho percorrido nessa busca se inicia com uma análise dos mais importantes achados da teoria da corrupção em resposta a perguntas como: O que leva as pessoas a cometerem atos corruptos? Seria um problema cultural? É possível alterar comportamentos por vezes profundamente enraizados? Por que há muita corrupção em alguns países e não em outros? É possível reduzir a corrupção? Como fazer isso? Qual o papel do Judiciário diante do comportamento corrupto?

A partir de considerações sobre tais questões, torna-se clara a ligação entre as profundas alterações ocorridas na Itália em reação às investigações da Mani Pulite e o desempenho da sua economia. O sistema político, amparado pela docilidade da imprensa local com os detentores do poder, conseguiu desmantelar a operação através de duas frentes: mudando as leis para torná-las mais brandas na identificação e punição de crimes de corrupção, e lançando uma impiedosa campanha difamatória contra o Judiciário, acusando-o de ter como objetivo a destruição da classe política. Sem leis para identificar, julgar e punir um crime racional como o da corrupção e sem confiança na eficiência dos mecanismos judiciais não há como colher segurança para investimentos, produtividade e livre concorrência, estancando o desenvolvimento econômico. Pesquisas recentes feitas em empresas italianas revelam, por exemplo, que a ausência de práticas de gestão meritocráticas, provocadas pela insegurança jurídica, leva à perda de eficiência. Enquanto a Itália não enfrentar os interesses dos grupos de pressão que se beneficiam do atual estado de corrupção e redesenhar as instituições que hoje impedem o bom funcionamento da sua economia e do seu sistema judicial, a estagnação permanecerá.

Quanto ao Brasil, presenciamos, a partir do início dos anos 2000, um surto de crescimento econômico seguido de uma das maiores recessões e da mais lenta recuperação da nossa história. O ciclo de crescimento se beneficiou de dois elementos: a herança de uma primorosa reforma institucional feita no governo Fernando Henrique Cardoso, complementada por adições pertinentes ocorridas no início do governo Lula, e a alta dos preços de commodities no mercado internacional. A partir da descoberta das reservas petrolíferas do pré-sal e da reação à crise financeira internacional de 2008, teve início um ciclo de desmonte das instituições, que tem no fim da Lei do Petróleo e na flexibilização da Lei de Responsabilidade Fiscal dois exemplos máximos, porém não únicos. Outras fragilizações institucionais afetaram a dinâmica da relação entre os partidos políticos e o funcionamento do Judiciário. Entre elas estão a extinção da cláusula de barreira, que levou à proliferação de partidos sem representatividade; a interrupção, por sete anos, da possibilidade do cumprimento imediato da sentença de prisão após julgamento em segunda instância, aumentando a impunidade, sobretudo de crimes de corrupção; a ausência de controles e de transparência no financiamento privado de campanhas eleitorais, alimentando a simbiose corrupta entre empresas, partidos e membros do Executivo; e a extensão do foro privilegiado, criando uma classe especial de cidadãos perante as leis.

A fragilização institucional observada não ocorreu por acaso — foi levada a cabo conscientemente pelo grupo que assumira o poder, e que lá pretendia permanecer. A corrupção foi o veículo que permitiu a compra de apoios políticos e o acesso ao dinheiro público dos partidos da base aliada e correligionários, em prejuízo de toda a população brasileira, que é a vítima difusa desse tipo de crime. A corrupção, embora já existisse, atingiu um nível sistêmico, tornando o Estado disfuncional, minando a economia e ameaçando a nossa jovem democracia.

Apesar do tamanho do estrago, há esperança, pois a população acordou de anos de devaneio. Ao tomar conhecimento da extensão e do volume da corrupção presente no Brasil nos últimos anos, muitos são levados a crer que somos o país mais corrupto do mundo. Outros se apressam em afirmar que ser corrupto faz parte do nosso DNA — fruto, quem sabe, de uma bizarra alteração genética provocada pela posição geográfica. Felizmente, não se trata nem de uma coisa nem de outra, e os exemplos internacionais mostram que é possível reduzir de forma sistemática a corrupção, assim como, no outro extremo, aceitá-la como algo natural durante anos a fio. Tudo depende da escolha que a população fizer. A diferença entre o benefício da redução da corrupção e o custo de aceitar esse tipo de prática é gigantesca, seja para a qualidade de vida dos cidadãos ou para o desenvolvimento econômico futuro. Quanto mais conhecermos como funciona essa doença, mais aptos estaremos para combatê-la e vencê-la.

Corrupção

Embora seja impossível fazer uma medição precisa, há indicadores confiáveis da ocorrência da corrupção que nos permitem algumas comparações importantes.[2] Segundo dados da Transparência Internacional, por exemplo, em 2016 o Brasil encontrava-se na 79ª posição do ranking de corrupção, entre uma lista com 176 países, indicando que já avançamos bastante com relação aos mais corruptos. Isso é verdadeiro sobretudo no que diz respeito à corrupção miúda (*petty corruption*) praticada pelos cidadãos comuns — como o pagamento de propinas para a obtenção de passaportes, carteiras de identidade, matrículas em escolas, consultas médicas etc. —, que faz parte do dia a dia da população dos países com os maiores índices de corrupção.

No entanto, os fatos eficientemente desvendados pela operação Lava Jato nos últimos cinco anos nos levam à conclusão de que estamos diante de um quadro de grande corrupção, que se tornou sistêmica e institucionalizada, passando a ser a "regra do jogo" nas interações de governos, políticos e empresários. Do que já veio à tona, e que está longe de ser a totalidade da corrupção existente, sabemos que ocorreram desvios de somas bilionárias dos cofres do governo e de empresas públicas, através de formação de cartéis, favorecimento de empresas no processo legislativo e várias outras agressões ao funcionamento do estado democrático de direito e ao livre funcionamento dos mercados.

A corrupção, definida como o abuso do poder público para benefício privado, é um fenômeno tão antigo quanto a humanidade. Citações sobre corrupção são encontradas na Bíblia, no Corão, nos escritos de Confúcio, Buda, Platão, Maquiavel, Montesquieu, Rousseau, Thomas Hobbes etc.[3] Entretanto, não é por ser antiga que estamos fadados a conviver com ela, como atesta a enorme discrepância observada no grau de sua incidência entre os diversos Estados nacionais. Países que hoje figuram entre os menos corruptos, como Estados Unidos e Inglaterra, conviveram com a corrupção no passado, servindo de alento e exemplo para aqueles que hoje querem se livrar desse mal. Trata-se também de um fenômeno com múltiplas faces, levantando questões que abrangem inúmeros aspectos da vida humana, sobre os quais têm se debruçado juristas, cientistas sociais, teóricos da administração pública, historiadores, psicólogos e economistas, com resultados cada vez mais encorajadores.

A maneira como o mundo vê a corrupção vem passando por uma grande evolução. A globalização, o tráfico de drogas e a disseminação do terrorismo em diversas partes do mundo, sobretudo a partir de 11 de setembro de 2001, elevaram o padrão de supervisão dos fluxos financeiros internacionais, favorecendo também a cooperação entre os países para o combate à lavagem de dinheiro decorrente de crimes de corrupção. Organismos multilaterais, como ONU, Banco Mundial, FMI, OCDE, entre outros, vêm aumentando os esforços no sentido de reduzir a corrupção no mundo. Leis mais eficazes, como a Foreign Corrupt Practices Act de 1977, nos Estados Unidos, favorecem a punição a crimes de corrupção.

Outra característica marcante da corrupção é ser um fenômeno fugidio, difícil de ser identificado. Isso porque, por ser crime, seu sucesso — medido pela possibilidade de seus autores usufruírem e permanecerem com os recursos obtidos pelo crime e não serem identificados e punidos — depende da manutenção do sigilo entre os parceiros e do esforço para apagar o maior número possível de rastros e provas. Essa é a origem do argumento mais utilizado pelos acusados de corrupção, o mantra da "falta de provas": claro, foram todas diligente e racionalmente evitadas ou eliminadas ao longo do processo de planejamento e execução do crime. Mas, como não há crime perfeito, uma hora ou outra acabam sendo descobertos, e o conjunto de evidências, aliado à colaboração de participantes identificados, permite que se construam denúncias sólidas.

Observa-se portanto que, ao contrário da maioria dos crimes violentos ou passionais, a corrupção em larga escala é um crime absolutamente racional, baseado na análise do custo — a probabilidade de ser descoberto e eventualmente punido — e do benefício — a quantidade e a possibilidade de usufruto dos recursos assim obtidos. Quanto maior a impunidade, menor o custo, ou seja, maior o incentivo à conduta criminosa.[4]

Outra peculiaridade desse tipo de crime é que a vítima é difusa: a sociedade como um todo é prejudicada pela corrupção, já que na sua origem há desvio de dinheiro público, fruto de cobrança de tributos, que deveria ser utilizado para promover o bem-estar do maior número de pessoas. É surpreendente que esse tema não tenha peso na agenda de alguns partidos de esquerda que se colocam como representantes da população mais carente, já que essa em geral é a parcela mais prejudicada pela existência da corrupção: sofre com a ineficiência e a baixa qualidade dos serviços públicos e com as distorções do regime democrático advindas da corrupção do sistema político, que tende a representar seus próprios interesses em detrimento dos de seus eleitores. O aluno que recebeu uma educação de pior qualidade em decorrência dos desvios ocorridos nas verbas destinadas ao material didático, à merenda, à construção adequada de salas de aula etc. não sabe exatamente o que dele está sendo retirado. O mesmo ocorre nas áreas da saúde, da segurança, dos transportes, das obras públicas etc. As pessoas afetadas diretamente pela corrupção não apresentam queixa à Justiça, o que lança uma cortina de fumaça adicional sobre um "crime que não é crime por não ter vítimas", como querem fazer crer os corruptos e corruptores. Por isso, sem a conscientização e participação da sociedade em busca da integridade na vida pública e privada, a corrupção não se reduz.

Custos econômicos da corrupção

É tentadora, mas infelizmente inútil, a tentativa de mensurar precisamente o custo da corrupção. Muito esforço já foi feito nesse sentido, e estimativas da ordem de 2% a 5% do PIB mundial acabaram se tornando mundialmente conhecidas e, de tanto serem repetidas, adquiriram ares de verdade, embora não passem de conjecturas sem bases sólidas.[5] Nem poderia ser diferente. Conforme mencionado, o sigilo é fundamental para o sucesso da corrupção, portanto não será encontrado em lugar nenhum o registro de todas as operações corruptas praticadas em determinado país ou no mundo como um todo. Ainda assim, podemos fazer um experimento mental (e altamente improvável), supondo que um ser onisciente nos diga qual o montante da corrupção no mundo. Por mais assustador que o valor nos parecesse, ainda assim ele representaria apenas o impacto direto da corrupção, que é uma parcela pequena do impacto total dessa prática sobre a economia.

Mostrei anteriormente, analisando alguns dos trabalhos empíricos mais relevantes sobre o assunto, que tanto as limitações das estimativas em relação à corrupção como a própria qualidade das apurações de Produto Interno Bruto impedem a mensuração precisa do impacto da corrupção sobre desempenho econômico.[6] Sabe-se, entretanto, que a corrupção afeta os investimentos e a produtividade econômica dos países. Uma das mais importantes contribuições a esse respeito vem de Paolo Mauro, em trabalho pioneiro de 1995. O pesquisador utilizou uma amostra que incluía 58 países para o período 1960-85 e construiu um índice de eficiência institucional a partir de nove indicadores elaborados pelo Business Internacional, escolhidos por serem independentes de variáveis macroeconômicas e importantes para todas as empresas interessadas em investir em determinado país.[7] Sua conclusão é que há evidências de que ambos — a corrupção e a "eficiência da burocracia" — reduzem os investimentos e, por consequência, o crescimento econômico. O resultado encontrado é que há uma correlação negativa e significante entre a corrupção e a taxa de investimento. "Um desvio-padrão de aumento (uma melhora) no índice de corrupção está associado a um aumento na taxa de investimento de 2,9% do PIB."[8]

Os efeitos microeconômicos da corrupção afetam os pilares do funcionamento da economia de mercado, reduzindo sua eficiência e produtividade. A escolha entre projetos alternativos deve ser fundamentada em análises de custo econômico em comparação com benefícios sociais.[9] A corrupção elimina a racionalidade da escolha. Recursos são mal alocados na construção de obras desnecessárias — de "catedrais no deserto" a obras superdimensionadas e superfaturadas, que não têm por objetivo aumentar o bem-estar da sociedade —, escolhidas com o propósito de maximizar a geração de propinas pagas a políticos e empresários. Além disso, nem sempre os melhores projetos e as empresas mais eficientes são escolhidos, em virtude de processos de seleção viciados, levando à seleção adversa.

Ambos os efeitos — má alocação de recursos e seleção adversa — resultam em uma condução ineficiente das economias nacionais, reduzindo a sua produtividade. Temos inúmeros exemplos na história recente do país. A Refinaria do Nordeste Abreu e Lima, negociada pelo governo Lula para agradar a Hugo Chávez — uma obra que jamais se pagará —, foi inicialmente orçada em 2 bilhões de dólares e acabou absorvendo 18 bilhões de dólares. Estádios para a Copa do Mundo foram construídos em capitais onde não há sequer campeonatos de futebol de relevância nacional — como Brasília, Cuiabá, Manaus e Natal —, envoltos em suspeitas de corrupção, num claro desperdício de recursos, sempre escassos. Escapamos, por sorte, da concretização do projeto de um trem-bala entre São Paulo e o Rio de Janeiro com dezenas de estações e orçamento inicial da ordem de bilhões de dólares. Nenhum estudo crível da relação entre custo e benefício social desses projetos foi apresentado à população.

Há muitos outros custos invisíveis da corrupção, como os que se referem à baixa qualidade dos serviços públicos ou concessionados. Temos exemplos dramáticos ligados à construção civil. Seja por compra de licenças que burlam as regras, seja pela utilização de material de qualidade inferior ao previsto nos contratos, pontes, viadutos e prédios desabam frequentemente, matando centenas de pessoas. As professoras e pesquisadoras Susan Rose-Ackerman e Bonnie J. Palifka listam inúmeros exemplos, dentre os quais estão uma loja de roupas em Bangladesh, construída com material inadequado, violando frontalmente normas de segurança, que desmoronou em 2013, matando 1127 pessoas. O mesmo se aplica ao terremoto de 2008 na China, que provocou a morte de mais de 5 mil crianças em escolas públicas que ruíram enquanto os prédios vizinhos ficaram intactos. Investigações encontraram claros sinais de corrupção na construção desses estabelecimentos de ensino, indicando que exigências técnicas foram ignoradas e que parte do material destinado às obras foi revendida ilegalmente.[10] Custos como esse, que infelizmente são abundantes, jamais serão mensurados de forma precisa. Mas, mesmo sem sabermos o seu custo total, há evidências sólidas mostrando que corrupção e pobreza caminham juntas.

Corrupção e pobreza[11]

Vistos os tipos de custos que a corrupção impõe sobre a economia dos países, não surpreende a constatação de que corrupção e pobreza caminham juntas pelo mundo. Mais da metade da população mundial vive em nações com níveis elevados de corrupção, dentre os quais encontramos países muito pobres.[12] Considerados os dez países com maior índice de corrupção, segundo o levantamento da Transparência Internacional para 176 países em 2016, quatro estão na África Subsaariana (Somália, Sudão do Sul, Sudão e Guiné-Bissau) e três no Oriente Médio e Norte da África (Síria, Iêmen e Líbia). Dentre os dez países com menor índice de corrupção, sete estão na União Europeia e na Europa Ocidental (Dinamarca, Finlândia, Suécia, Suíça, Noruega, Holanda e Alemanha).[13] A associação entre pobreza e corrupção fica ainda mais clara através do diagrama de dispersão entre a renda per capita e o Índice de Percepção de Corrupção por países, ambos para o ano de 2014 (Gráfico 1).[14] De fato, quanto mais rico o país, menor é a corrupção existente, e vice-versa.

Diante de evidência tão clara e incontornável, surge a pergunta: a pobreza causa a corrupção ou a corrupção causa a pobreza? Trata-se de uma questão do tipo "o ovo ou a galinha", na qual a causalidade não pode ser comprovada empiricamente. O que se sabe é que na raiz tanto da pobreza e corrupção elevada como da riqueza e corrupção baixa está a qualidade das instituições de cada país.[15] Algumas maneiras de organizar as sociedades protegem de fato o bem comum, e não o de grupos de interesse que se encastelam no poder para lá permanecer. As instituições são desenhadas de tal forma que encorajam as pessoas a inovar, a assumir riscos, poupar para o futuro, desenvolver habilidades pessoais, confiar umas nas outras e pensar na coletividade. Essas sociedades se livram da corrupção e se desenvolvem. Outras fazem o oposto, ficando presas na armadilha do baixo crescimento e da corrupção elevada. Assim, o desafio é identificar e entender o funcionamento das instituições que afetam tanto o desenvolvimento como a corrupção.

Gráfico 1. Renda per capita e Índice de Percepção de Corrupção

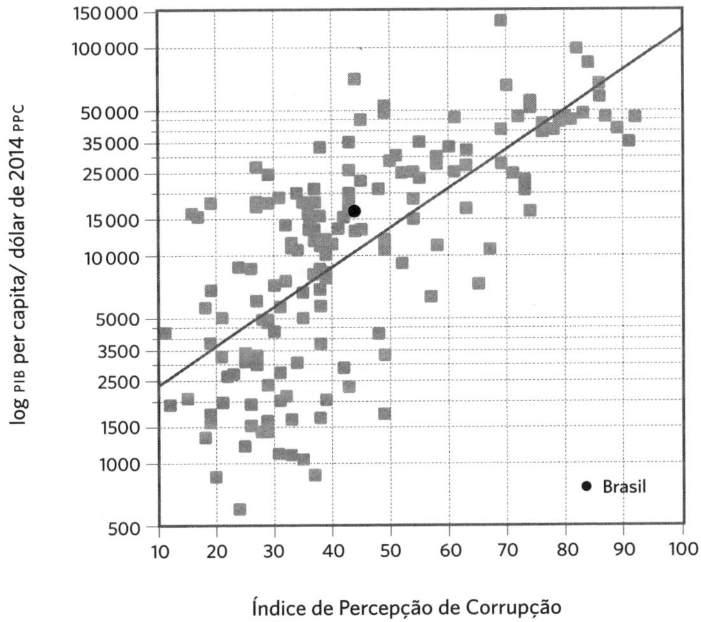

Fontes: FMI e Transparência Internacional.

Instituições e o círculo virtuoso ou vicioso da corrupção[16]

Do ponto de vista teórico, segundo o economista Douglass C. North,[17] "instituições são as regras do jogo em uma sociedade". Há regras escritas sob a forma de leis e regulamentos, constituindo as *instituições formais*. A maneira como são entendidas e obedecidas, ou não, diz respeito às *instituições informais*, com grande influência de aspectos culturais — como valores e crenças —, conforme discutiremos adiante.

É possível identificar dois blocos de *instituições formais* relevantes ao crescimento econômico. Um refere-se às instituições contratuais horizontais, que regulam as relações entre indivíduos, facilitando as trocas e contratos, cuja eficiência depende da garantia de leis, tribunais e regulações apropriadas. O outro refere-se às instituições verticais, que regulam o direito de propriedade, incluindo as que protegem os cidadãos contra o poder abusivo das elites, dos políticos e dos grupos privilegiados corruptos. Sendo assim, a existência da corrupção revela que as instituições não estão sendo capazes de preservar o interesse público, nem de promover o crescimento. Como afirma o professor de economia Daron Acemoglu: "Instituições que não conseguem maximizar o crescimento potencial de uma economia podem, entretanto, criar benefícios a alguns segmentos sociais que passam a defender e a votar pela manutenção de tais instituições".[18] É sempre importante perguntar quem faz as regras, para quem, e quais seus objetivos.[19]

São complexas as interações de *instituições formais* e *informais*, com inúmeros mecanismos de retroalimentação. Seria de se supor que se ninguém pagasse propina não haveria corrupção, mas na verdade o comportamento humano não é tão simples. Parece plausível a hipótese utilizada por Rose-Ackerman e Palifka[20] sobre a forma da "distribuição" da honestidade entre os cidadãos dos vários países. As pesquisadoras endossam a célebre afirmação feita pelo detetive Frank Serpico, segundo o qual 10% dos policiais da cidade de Nova York eram absolutamente corruptos; 10% eram totalmente honestos; e os 80% restantes adorariam ser honestos. Outros autores definem esses 80% — um número impreciso para indicar maioria — como oportunistas, ou pragmáticos, ou ainda "mais corruptíveis que corruptos", a depender das pressões externas. É sobre o comportamento dessa maioria, que pode ou não se engajar em comportamento corrupto, que é importante nos debruçarmos para entender os mecanismos que determinam uma ou outra alternativa.

Causa espanto a constatação de que há países que permanecem enredados em níveis elevados de corrupção, enquanto outros estão no extremo oposto. Há um comportamento comum aos dois casos: o ganho esperado pela adesão ou não a um ato corrupto depende do número de pessoas que o praticam, revelando uma espécie de "comportamento contingente" por parte da parcela majoritária dos indivíduos, que agem de acordo com a expectativa do comportamento da maioria. O pensamento subjacente seria: como ninguém suborna, eu também não o farei. Ou no outro extremo: já que todos recebem propina, por que eu também não deveria? O funcionário público que "cria dificuldades para vender facilidades" através de subornos tem todo interesse em criar mais e mais dificuldades sob a forma de entraves burocráticos para maximizar a oportunidade de auferir renda ilícita. O mesmo princípio se aplica à atitude do cidadão que, embora contrariando seus valores pessoais, paga propina para conseguir marcar a consulta médica para um filho doente, caso muito comum em países onde a corrupção miúda é frequente. Esse mecanismo também é percebido por empresas que prestam serviços a governos: sem pagar propina, não conseguem vencer uma concorrência pública. Além disso, o comportamento corrupto gera inércia: quem cometeu o crime pode se ver levado a cometê-lo novamente por influência, ou mesmo coerção, dos seus cúmplices, ou sentir-se desconfortável ao criticar e abandonar um expediente já experimentado. Torna-se, assim, um elemento de persistência da corrupção.

Claro que sempre existirão minorias que se recusam a cometer crimes, mas é a maioria que determina se um país entrará ou não no estado comatoso da corrupção sistêmica. Essas sociedades se encontram presas em um "mau equilíbrio" da corrupção — ou seja, a partir de um certo ponto de abrangência, cria-se uma avalanche, um círculo vicioso, e a corrupção se torna "a regra do jogo", aceita e praticada pela maioria, se espalhando e se perpetuando sob o argumento cínico de que a vida é assim mesmo. Em um ambiente como esse, quem ousar denunciar a corrupção corre riscos, até mesmo de vida. Cria-se um "equilíbrio estável", segundo o economista e professor Robert Klitgaard,[21] que pode ser entendido como um dilema do prisioneiro, envolvendo *n* pessoas. Muitas delas prefeririam não participar, mas a lógica de maximização individual assim as motiva. Uma vez que o comportamento corrupto se torna generalizado, cada indivíduo passa a ter pouca escolha a não ser participar. Se a maioria pratica atos de corrupção, os demais se sentem compelidos a praticá-lo, até porque percebem como pequena a probabilidade de punição. Trata-se menos de um problema moral e mais de uma questão de incentivos decorrentes de instituições que falham em promover o bem comum.

No outro extremo, encontramos o círculo virtuoso que leva ao "bom equilíbrio", que também é estável: instituições bem desenhadas levam a níveis baixos de corrupção, e a integridade se torna um valor cultural permeando toda a sociedade, que se autoprotege punindo penal e socialmente aqueles que tentarem violar as leis. É só pensarmos nas consequências da provável reação de um policial norte-americano ou dinamarquês ao receber a oferta de uma propina para ignorar uma multa de um motorista que dirige embriagado, por exemplo. Podemos nos lembrar também do caso Bernard Madoff, operador do mercado financeiro cujo crime de fraude o levou rapidamente para a prisão apesar da sua idade, ou da diferença entre a velocidade com a qual foi preso e condenado nos Estados Unidos o dirigente da Confederação Brasileira de Futebol José Maria Marin enquanto seus pares brasileiros permanecem livres no espaço límbico da impunidade e dos privilégios.

As instituições refletem o estado de forças políticas prevalecente nos países. Há casos de retrocessos e casos de avanços na direção do desenvolvimento. Quando as instituições formais são solidamente amparadas pela história e pela cultura, os retrocessos são mais difíceis, mas não impossíveis. Presenciamos hoje um caso quase de laboratório com a eleição de Donald Trump nos Estados Unidos. Será que as boas instituições do país sobreviverão a um governo tão errático e personalista? Não há instituições que sejam integralmente imunes aos objetivos dos ocupantes do poder, que afrouxam as leis, mudam a composição do Judiciário e cooptam o Legislativo, criando o habitat ideal para a prática de crimes de corrupção, dos quais eles próprios se beneficiam, como na Itália. Processo semelhante também ocorreu no Brasil durante o governo do Partido dos Trabalhadores (PT), como veremos adiante.

Cabe a cada país escolher em qual dos dois equilíbrios pretende estar. Conhecer os caminhos que levam a uma ou outra situação, e os custos e benefícios de cada uma, é o ponto de partida. Sair do círculo vicioso é tarefa árdua, pois fere interesses poderosos de todos aqueles que se beneficiam da corrupção e que estão encastelados nas várias esferas de poder do país. Mas exemplos de sucesso (e de fracasso) em outros lugares mostram que é possível e vale a pena. Só a sociedade — a vítima difusa e anônima — pode virar esse jogo.

Corrupção, cultura e confiança

Vimos, anteriormente, que há fatores comuns que geram tanto o desenvolvimento econômico como níveis baixos de corrupção. Assim sendo, um caminho profícuo para se ampliar o entendimento sobre o fenômeno da corrupção é examinar a evolução e os insights oferecidos pela Teoria do Desenvolvimento Econômico. Nos últimos trinta anos, grande ênfase vem sendo dada ao papel da qualidade das *instituições formais* no desenvolvimento dos países.[22] Mais recentemente, em linha complementar, economistas renomados e com grande tradição de rigor em pesquisas empíricas vêm se debruçando sobre as questões culturais para explicar o desenvolvimento econômico.

Antes de iniciarmos a discussão, é necessário fazer um alerta para evitar que se caia na solução fácil do "fatalismo cultural". Problemas complexos e difíceis de ser entendidos e resolvidos tendem a ser atribuídos a traços culturais, considerados indeléveis por alguns.[23] Muitos lembram que as elevadas taxas de inflação no Brasil, que chegaram ao nível de hiperinflação, eram frequentemente atribuídas à "cultura inflacionária" dos brasileiros: quem aumentava os preços dos bens ou serviços ofertados à população estava apenas seguindo uma "norma cultural", e não reagindo às condições econômicas determinadas pelas leis da oferta e da procura e demais desajustes existentes na macroeconomia do país. Mas não era um problema cultural. Foi necessária uma mudança institucional muito engenhosa e eficaz — o fim da inércia dos preços pela coordenação da indexação de todos os preços da economia —, junto com um Banco Central de fato independente, além de um governo com credibilidade e competência, para que a inflação terminasse de maneira abrupta e persistente.[24]

Alguns argumentam que a "cultura" — e não a organização econômica e política, que dá forma à estrutura de incentivos na sociedade — seria a causa primária da corrupção.[25] Segundo esse tipo de linha de raciocínio, a cultura tem raízes históricas difíceis de ser alteradas, levando à inevitabilidade da corrupção. Felizmente, o caminho é mais promissor do que supõem os adeptos desse fatalismo cultural, como mostram os trabalhos analisados a seguir, e que têm como denominador comum o rigor metodológico que separa o joio do trigo.

Busca-se nos valores e nas crenças culturais o entendimento sobre duas situações em especial. Primeiro, quando ocorrem eventuais fracassos nas políticas de incentivos presentes nas *instituições formais*: ordenamentos jurídicos semelhantes podem produzir comportamentos diversos entre países, ou até dentro de um mesmo Estado, como é o caso da Itália, onde hospitais, tribunais, escolas e governos locais são muito mais eficientes no Norte do que no Sul do país.[26] Segundo, quando se perpetuam resultados negativos de conflitos de poder, em que grupos poderosos da elite moldam as *instituições formais* de maneira a garantir seus privilégios, em detrimento do impacto que produzem sobre a população: países mergulham em crises incompreensivelmente longas, mantendo populações na penúria, pela permanência de estruturas institucionais de privilégios que beneficiam suas elites e máfias.

Essa nova vertente da Teoria do Desenvolvimento vem se beneficiando enormemente da evolução de admiráveis projetos internacionais de pesquisas sobre valores sociais.[27] A confiança (*trust*), entendida como atitude cooperativa fora do círculo familiar, é um dos valores culturais mais importantes na explicação do desenvolvimento econômico, como mostra o estudo dos pesquisadores Yann Algan e Pierre Cahuc,[28] com base no qual foi feita parte da análise que se segue.[29] Os autores constroem um índice de confiança média para uma amostra de 111 países (cobrindo perto de 90% da população mundial), com base nos cinco levantamentos do projeto World Values Survey (WVS), de 1981 a 2008; dos quatro do European Values

Survey (EVS), de 1981-2008; e do terceiro do Afrobarometer (AB), de 2005. A confiança é avaliada com base na pergunta: "Em geral, você diria que a maioria das pessoas (do seu país) é confiável ou que é preciso cautela ao se relacionar com elas?". Afirmações de que "a maioria merece confiança" recebem nota 1, e respostas dando conta de que "é preciso ser muito cuidadoso" ganham nota 0. A Noruega aparece como o país com maior nível de confiança na amostra, com mais de 68% da população confiando nos seus concidadãos, seguida de perto por Suécia e Dinamarca. No extremo oposto está Trinidad e Tobago, onde apenas 3,8% dizem confiar nos outros. Os Estados Unidos estão no quartil mais elevado, com índice de confiança de 40%. O Brasil está no quartil inferior, com confiança de apenas 5,4%.[30] Outros autores, a partir de índices de confiança semelhantes, encontram significativa variação dentro de regiões de um mesmo país.[31]

Não surpreende a elevada correlação positiva entre os índices de confiança e os de desenvolvimento econômico nos vários países, como mostra o diagrama de dispersão entre esse índice e a renda per capita dos países.[32] Também há correlação positiva igualmente forte entre confiança e a qualidade do sistema legal dos países.[33] Consequentemente, há menos surpresa ainda quando se observa que a corrupção tende a ser menor em países com níveis mais elevados de confiança entre as pessoas.[34]

Na verdade, a corrupção é o oposto da confiança.[35] Trata-se de um comportamento não cooperativo, cujo objetivo é obter vantagem pessoal em detrimento do bem comum. Pessoas que confiam mais umas nas outras são mais propensas a respeitar as leis, da mesma forma que indivíduos que acreditam que o sistema legal é justo e imparcial têm maior probabilidade de confiar nos demais.[36] Embora haja mecanismos de retroalimentação, as evidências mostram que o efeito da corrupção sobre a confiança é maior do que o da confiança sobre a corrupção, dando suporte ao provérbio chinês que diz que "o peixe apodrece a partir da cabeça".[37] Nesse sentido, a punição de "peixes grandes" tende a aumentar a confiança da população na eficácia do sistema judiciário, aumentando a própria confiança entre os cidadãos.

Uma extensão muito importante vem do trabalho dos pesquisadores Philippe Aghion, Yann Algan, Pierre Cahuc e Andrei Shleifer, que mostra que a falta de confiança influencia não apenas a regulação existente nos países, mas também a própria demanda por regulação. A partir de dados do WVS para vários países, os autores indicam que a falta de confiança alimenta o apoio para o controle do governo sobre a economia. A falta de confiança gera demanda por regulação mesmo quando as pessoas têm consciência de que o governo é corrupto e ineficiente.[38]

Além da corrupção, outros fatores afetam a confiança entre as pessoas. A intensidade dos laços familiares é um deles: quando os indivíduos são ensinados a confiar apenas nos membros próximos da sua família, também são educados a desconfiar das pessoas fora do círculo familiar,[39] interferindo na eficácia das instituições formais.[40] Além disso, se dentro da família alguém protege e favorece um de seus membros, é considerado um ato natural; o mesmo comportamento na sociedade se transforma em nepotismo e favorecimento indevido.

Muitos atribuem grande peso à influência da educação sobre a confiança. Mas, em países desenvolvidos, as variações na média dos anos de educação são muito pequenas para explicar as diferenças na confiança. Em uma de suas pesquisas, os economistas Yann Algan e Pierre Cahuc[41] exploram os impactos na confiança decorrentes da maneira como os alunos são ensinados — se vertical, através de aulas expositivas dos professores, ou se horizontal, através da interação dos alunos em grupos de estudo, com o professor tendo o papel de dirimir dúvidas, mas com a relação principal sendo aquela estabelecida entre os estudantes.[42] A educação vertical está altamente correlacionada com níveis de confiança nos países.[43]

Além disso, a confiança parece ser herdada: diplomatas da ONU vindos de países com níveis elevados de corrupção violam com frequência as leis de estacionamento da cidade de Nova York.[44] Já estudantes de graduação que chegavam a Londres para estudar apresentavam a propensão a fornecer propinas de acordo com o nível de corrupção dos seus países. Essa correlação, porém, tende a desaparecer ao longo do curso.[45] A conclusão é que o ambiente pode alterar, para mais ou para menos, o grau de confiança das pessoas.[46]

Sendo assim, como — e quais — instituições modelam a confiança? Os professores Algan e Cahuc mostram a existência de forte correlação entre a confiança e a qualidade do sistema judiciário em cem países, e correlação similar entre confiança e qualidade de governança para uma amostra de 163 regiões europeias. As correlações são robustas, usando diferentes medidas de qualidade institucional normalmente utilizadas na literatura econômica, como *rule of law*,[47] força da proteção aos direitos de propriedade, aplicação da lei nos contratos, eficácia do governo, *accountability*, corrupção. A aplicação branda das leis força as pessoas a confiarem em regras locais e informais. Na Sicília, por exemplo, o feudalismo foi abolido muito mais tarde que no resto da Europa (em 1812). O Estado era muito fraco para garantir a introdução dos direitos de propriedade privada da terra. A máfia se beneficiou desse vácuo institucional e passou a oferecer proteção local através de proteção informal, traçando uma linha clara entre os que estavam ou não sob sua proteção.[48]

A qualidade do Judiciário

Como vimos, a existência de leis adequadas — escritas visando o bem-estar da população, evitando privilégios às elites e máfias que se encastelam nos poderes — é condição necessária, mas não suficiente, para que se chegue ao desenvolvimento econômico sustentado e baixos níveis de corrupção de um país. Para que isso ocorra, é necessário que as leis sejam aplicadas igualmente a todos, e que o sistema judiciário funcione de maneira eficiente.[49] Em um estudo sobre o Judiciário italiano conclui-se que: "Um sistema judicial eficiente e independente pode ser definido como aquele em que as decisões são tomadas em um tempo razoável, são previsíveis e eficientemente aplicadas, e em que os direitos individuais, incluindo direito de propriedade, são adequadamente protegidos".[50] Além disso, outros estudiosos apontam que: "A independência do Judiciário pressupõe que os juízes não sejam penalizados pelas suas decisões e que estas sejam aplicadas ainda que afetem negativamente interesses de outros segmentos do governo".[51]

Como apontam as já citadas especialistas em estudos da corrupção Susan Rose-Ackerman e Bonnie J. Palikfa,[52] a independência e a competência do sistema judicial estão positivamente correlacionadas com níveis mais elevados de crescimento econômico, níveis mais baixos de corrupção, maior proteção aos direitos humanos e patamares mais elevados de liberdade política e econômica.[53] Um Poder Judiciário independente ajuda a limitar os desvios de fundos públicos para bolsos privados: em amostra com 144 países, estudiosos encontram correlação de 0,83 entre essas duas variáveis.[54]

Há um interessante estudo empírico investigando em que medida a qualidade das instituições judiciárias tem impacto nas inclinações individuais a comportamentos desonestos ou criminosos e no seu grau de aceitação social.[55] A hipótese testada é a de que a baixa qualidade do Judiciário pode levar à sensação de impunidade, aumentando a propensão à desobediência das leis. Com base em microdados de 25 países europeus, são encontradas diferenças na ocorrência e na aceitação de comportamentos ilícitos entre os países, e explora-se em que medida essas posturas distintas são determinadas pela diferença na qualidade das instituições judiciais.

Dentre os resultados gerais, a pesquisa evidencia que, na amostra inteira de países, nos cinco anos anteriores apenas 1,6% responderam haver pedido indevidamente benefício do governo (0,1% na Holanda e 4% na República Tcheca), ao passo que 6,5% dos entrevistados declararam ter comprado objeto possivelmente proveniente de roubo (1,6% em Portugal e 15% na República Tcheca). Quanto às atitudes desonestas, há resultados surpreendentes. Mais da metade da população (54,1%) de todos os 25 países pesquisados disse não ser possível agir honestamente caso se queira ganhar dinheiro, variando entre 31,7% em Portugal e 69,5% na Itália. Um aumento da qualidade do sistema judicial do nível da Hungria para o da França, por exemplo, reduz a propensão a se acreditar que "não se pode ser sempre honesto caso se queira ganhar dinheiro" em 10%, ou reduz a propensão a aceitar que "sonegar impostos não é errado" em 32%.

Os resultados das regressões mostram que uma melhora na qualidade do Judiciário não apenas tem impacto na inclinação a esconder defeitos de produtos de segunda mão que se queira vender, mas também reduz a propensão a alterar ou fazer mau uso de documentos, pedir benefícios indevidos ao governo, oferecer propina, comprar objetos roubados e fazer requisições baseadas em ocorrências falsas ou exageradas a seguradoras.[56] O impacto é ainda maior quando se trata da aprovação a atitudes desonestas, como considerar correta a afirmação de que "não se pode ser sempre honesto caso se queira ganhar dinheiro" (os coeficientes são significativamente maiores do que os relacionados aos crimes).

São duas as principais virtudes do trabalho. A primeira é que "contribui para a literatura da economia do crime adicionando a qualidade do sistema judiciário à análise da decisão judicial". A segunda é a "demonstração de que a qualidade das instituições judiciais tem um impacto nas crenças e atitudes".[57]Além disso, foi verificado que "a baixa qualidade do sistema judiciário torna mais provável que as pessoas considerem aceitáveis vários comportamentos desonestos, sugerindo que as instituições ajudam a moldar as crenças da sociedade".[58]

São contribuições muito importantes, baseadas em pesquisa empírica cuidadosa e abrangente, indicando que a eficiência do sistema judicial muda os comportamentos dos cidadãos. É um alento saber que não precisamos nos conformar com o peso da história para explicar a manutenção de países presos no círculo vicioso da corrupção. Mudanças institucionais são surpreendentemente poderosas para explicar efeitos na economia e em mudanças ou manutenções de níveis de corrupção em diferentes países, como veremos a seguir.

Itália: corrupção, produtividade e estagnação econômica

A estagnação da economia italiana vem se tornando um enigma a ser resolvido no mundo acadêmico internacional. Os benefícios da sua entrada na zona do euro, como a queda na taxa de juros e no risco soberano, não se refletiram em melhora da economia, ao contrário do que ocorreu com os outros países. Seu PIB está, em 2018, no mesmo nível observado em 2004, e vem se distanciando crescentemente dos demais, como pode ser visto no Gráfico 2. Entre 2005 e o segundo trimestre de 2018, o Produto Interno Bruto da Itália caiu 1,2% enquanto o de Portugal cresceu 4,9%; o da Espanha, 13,7%; e o da Alemanha, 22,8%.

Gráfico 2. PIB da Itália e países da Europa — 2005 a 2018

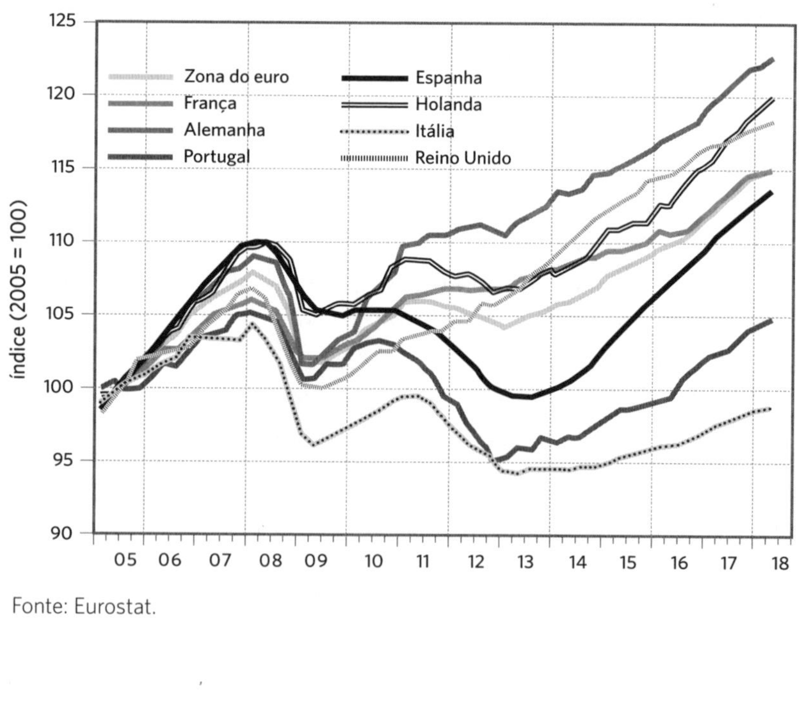

Fonte: Eurostat.

A origem da falta de dinamismo econômico está na queda da produtividade da economia italiana, que depois de crescer em ritmo semelhante ao da Europa Ocidental até meados da década de 1990 se estabilizou e começou a cair a partir de 2000, voltando para níveis observados à época do início da Mani Pulite. Entre 1998 e 2016, por exemplo, a produtividade da economia italiana caiu 17% com relação à alemã e 11% com relação à francesa. O que teria provocado tal reversão?

Não há evidências de que a entrada da China na Organização Mundial do Comércio (OMC) tenha afetado mais a Itália do que outros países da zona do euro, e nem indícios de uma ausência de mobilidade da mão de obra que pudesse afetar a produtividade do trabalho.[59] Há sinais, contudo, de uma contínua deterioração de indicadores de governança da Itália em comparação aos demais países da região, como mostra o comportamento do indicador de

Gráfico 3. Produtividade total dos fatores: Itália, Alemanha, França e Estados Unidos

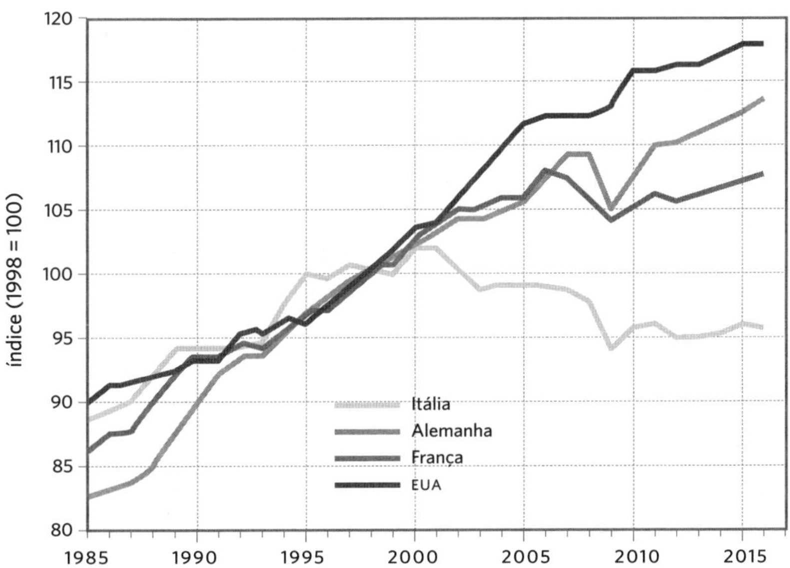

Fonte: OCDE.

Gráfico 4. *Rule of law* — Vários países

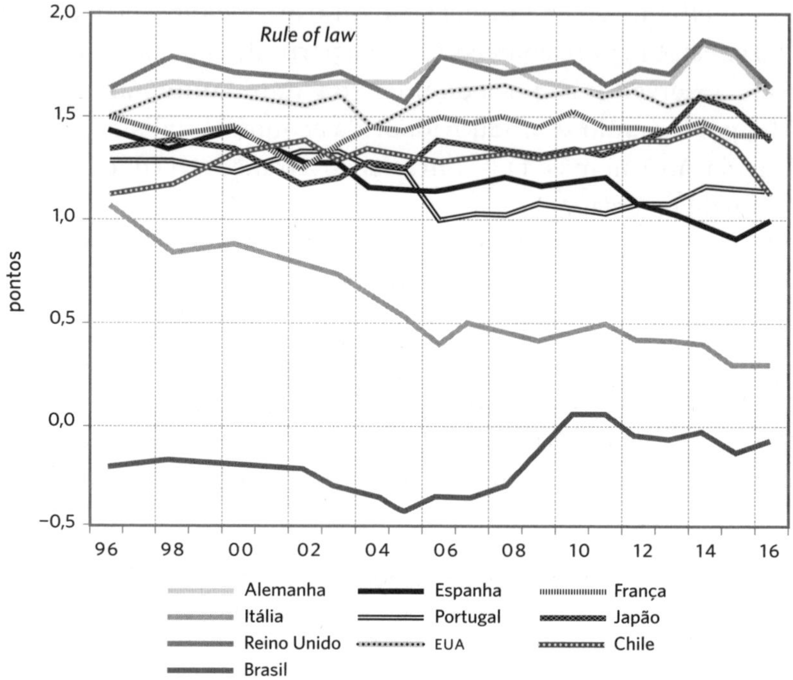

Fonte: Banco Mundial — *Worldwide Governance Indicators.*

rule of law calculado pelo Banco Mundial no Gráfico 4. A reação do sistema político italiano às investigações e punições ocorridas nos primeiros três anos da operação Mani Pulite, com o abrandamento das leis contra corrupção e lavagem de dinheiro e a forte campanha difamatória contra o Judiciário, explica muito dessa queda na qualidade da governança no país, que prejudica sua produtividade e seu crescimento econômico.

Pesquisas realizadas diretamente nas empresas italianas têm gerado explicações importantes para a queda da produtividade no país. Uma das fontes para esse declínio vem da prática de empregar pessoas ligadas à política.[60] Mais de 30% da mão de obra italiana se encaixa nesse perfil, sendo encontrada com mais frequência em setores mais regulados e em empresas maiores. São companhias que empregam mais pessoas e sobrevivem mais tempo no mercado, porém dispõem de mão de obra menos produtiva e são menos inovadoras. Seu desempenho é pior que o da média, com crescimento e produtividade menores. Além disso,

> entre 1985 e 2014 os autores identificaram a existência de uma proporção razoavelmente estável entre as empresas com conexões políticas e o total de empresas. Note-se que no início dos anos 1990, quando ocorreu a Mani Pulite, houve uma forte queda nessa proporção, com a perda de conexão política em aproximadamente 9 mil empresas, mas rapidamente a relação voltou ao nível prévio. Mais interessante, considerando as empresas conectadas com políticos mais graduados (prefeitos, presidentes de províncias etc.), a queda observada no início dos anos 1990 foi seguida de um salto forte (de aproximadamente 50%) e permanente nas conexões. Segundo os autores: "Interpretamos esse resultado como um forte indício de uma mudança de um regime de relacionamento mais 'secreto' entre empresas e políticos envolvendo corrupção e propinas para outro mais formal e do tipo 'segundo emprego'. Esta é uma evidência importante de piora nas práticas de corrupção após a Mani Pulite".[61]

Outra pesquisa revela que a maior parte das empresas italianas seleciona, promove e recompensa pessoas com base na lealdade, e não no mérito.[62] Isso reduz o impacto que os investimentos em tecnologias da informação e comunicação costumam ter sobre a produtividade das empresas: não basta ter equipamentos modernos, é necessário que sejam utilizados por pessoas capacitadas e motivadas. Segundo os autores do estudo, a falta de meritocracia explicaria entre 61% e 83% do *gap* italiano de produtividade, levando-os à conclusão de que laços familiares e de compadrio são as causas últimas da chamada "doença italiana".

Daí surge a pergunta: por que tais práticas não meritocráticas prevalecem na Itália? Certamente, nesse ponto, alguém lançaria mão da hipótese da "cultura". As pesquisas mostram, entretanto, que tais práticas administrativas baseadas na lealdade são a melhor estratégia para as empresas funcionarem e sobreviverem em ambientes nos quais a aplicação das leis é ineficiente ou inexistente. Como o empresário não conta com a lei e sua aplicação para protegê-lo, prefere manter pessoas leais a ele como forma de se resguardar, perdendo eficiência com relação aos demais países em que isso não ocorre. De fato,

> a grande maioria dos indicadores disponíveis aponta a Justiça italiana como das mais ineficientes na comparação com seus pares. O grau de independência das cortes e dos juízes na Itália recebe a pior avaliação dentre os países desenvolvidos da Europa: 57% do público em geral (e 63% dos empresários) o considera muito ruim e ruim, enquanto na França tal proporção é de 37% (e 31%); na Alemanha, 16% (e 20%); e finalmente, na Dinamarca, país com o melhor escore nesse quesito, apenas 7% do público (e 6% dos empresários) consideram ruim ou muito ruim o grau de independência de cortes e juízes. Dentre as razões para tal falta de independência o público em geral (empresários) atribui 29% (40%) ao "status e posição dos juízes como não sendo suficientes para garantir sua independência"; 38% (50%) à "interface ou pressão de interesses econômicos ou de outro tipo"; e 40% (48%) à "interferência ou pressão do governo e políticos". O tempo médio necessário para resolver casos litigiosos da área civil e comercial na primeira instância era de 527 dias na Itália em 2015, de 346 na França e 190 na Alemanha.[63]

Observa-se que o ambiente institucional precário leva à impunidade e à insegurança jurídica, favorecendo a disseminação da corrupção e reduzindo a produtividade e o crescimento da economia italiana. Sem dúvida, a reação do sistema político à Mani Pulite significou mais do que uma oportunidade perdida para a Itália se manter em pé de igualdade com seus pares — foi um retrocesso que vem afastando cada vez mais o país do mundo desenvolvido.

Como chegamos à corrupção sistêmica e à estagnação econômica no Brasil

Sempre que nuvens carregadas aparecem no horizonte brasileiro — e não têm sido poucas as tempestades que temos enfrentado —, é comum ouvirmos que, "apesar da crise, nossas instituições democráticas estão sólidas". De fato, felizmente os três poderes da república funcionam de maneira independente, a imprensa é livre, há eleições e seus resultados são respeitados, há alternância de poder, temos uma Constituição em vigor desde 1988 — considerada muito boa para os padrões internacionais —, entre outros bons sinais. Entretanto, sob essa aparência de normalidade, há engrenagens disfuncionais, cujos efeitos chegam ao cotidiano dos cidadãos sob a forma de crises econômica, ética e política profundas e de longa duração. Ameaças populistas rondam as eleições, alguns sentem saudades dos militares e outros afrontam persistentemente a Justiça de várias maneiras. Em tempos de crise, as instituições são testadas, e o desafio é entender e redesenhar aquilo que levou o país à paralisia e à disfuncionalidade, mantendo o que funciona bem.

Tivemos a recessão mais longa da história, provocada por excesso de interferência estatal na economia, por erros na condução da política econômica e pela destruição de instituições que garantiam a eficiência, a meritocracia, a livre concorrência, o respeito aos contratos e a lisura no trato do dinheiro público, entre outros fatores. A retomada do crescimento só ocorrerá se forem feitas mudanças profundas para recuperar a solvência do Estado, extremamente comprometida. A corrupção tornou-se sistêmica, corroendo a atuação dos partidos políticos, do governo e das empresas, em volumes sem paralelo no mundo. A Lava Jato representa um enorme avanço, mas a partir dos desdobramentos da operação é necessário desmontar o sistema que levou a tamanho grau de desmando na coisa pública. A fragmentação partidária impede coalizões em torno de princípios e propostas e promove "coalizões no balcão de negócios" — ou "cooptações" — norteadas por interesses individuais, e não coletivos. Nossa Constituição teve mais de uma centena de emendas nos seus trinta anos de existência, revelando instabilidade nos marcos legais. Por outro lado, a imprensa continua a ser a maior aliada da nossa democracia. A memória dos terríveis anos de censura imposta pelo regime militar nos ajudou a repudiar um possível "controle social da mídia" proposto pelos governos do PT. Ao fracasso dessas tentativas fundadores do partido atribuem as dificuldades de consolidação do seu "projeto de poder". Sem imprensa livre, não estaríamos aqui falando sobre a Lava Jato.

A discussão sobre as instituições é ampla, com muitas facetas e dimensões, mas quero aqui concentrar o foco sobre duas questões. A primeira é buscar indícios de alterações institucionais que facilitaram a proliferação da corrupção, tornando-a sistêmica. A segunda é examinar quais foram as principais mudanças nas regras que, junto com uma visão comprovadamente equivocada da teoria econômica, levaram o país à recessão e ao colapso fiscal. A escolha dos temas não é fruto do acaso — eles estão profundamente interligados através de inúmeros mecanismos de retroalimentação.

Da corrupção à corrupção sistêmica

A corrupção no país não nasceu durante os governos do PT, mas se transformou em corrupção sistêmica no período em que o partido ocupou o governo federal.[64] Embora não seja possível medir a corrupção, há inúmeras indicações — e até mesmo confissões — que confirmam a hipertrofia e a generalização de práticas corruptas no país.[65] Nesse sentido, é suficiente olharmos para o que mostra o levantamento feito pelo economista e especialista em políticas públicas Bruno Carazza, por exemplo: no "esquema P. C. Farias" de financiamento de partidos e políticos, no início dos anos 1990, do qual participavam empreiteiras hoje no centro da Lava Jato, a Odebrecht aparecia como principal contribuinte, tendo participado com 3,2 milhões de dólares.[66] Entre 2006 e 2014, a mesma Odebrecht, através do seu "departamento de operações estruturadas"

— ou departamento de subornos —, admitiu haver movimentado 3,4 bilhões de dólares.

Os objetivos da corrupção pouco mudaram: recursos públicos são desviados para financiar campanhas eleitorais e gastos de parlamentares. Empresas privadas são convidadas a pagar propinas em troca de favores do governo sob a forma de leis e licitações feitas "sob medida", favorecimento na fixação de impostos e tarifas e concessão e empréstimos com juros subsidiados, informações privilegiadas sobre mudanças de legislação (*inside information*) etc. Identificamos abaixo algumas das alterações nas regras escritas que podem ter afetado a dinâmica da geração de corrupção.

Proliferação de partidos e a cláusula de barreira

A Constituição de 1988 adotou o sistema representativo proporcional[67] e concedeu ampla liberdade de criação de partidos, financiados por recursos públicos através do fundo partidário. Em 1985, havia sido aprovada pelo Congresso uma cláusula de barreira, ou cláusula de desempenho, para entrar em vigor em 2006, restringindo o funcionamento dos partidos que não alcançassem 5% dos votos nacionais. Nesse caso, os partidos não teriam direito aos recursos do fundo partidário, seus membros não poderiam fazer parte de Comissões Parlamentares de Inquérito (CPIs), não teriam direito à liderança ou cargos da mesa diretora nas casas legislativas e sofreriam restrições nos horários de propaganda eleitoral em rádio e TV, entre outras sanções.[68]

Em nome da defesa de minorias, em 2006 o STF considerou inconstitucional a cláusula de barreira. Com isso, a criação de partidos políticos explodiu: há 35 registrados no Tribunal Superior Eleitoral (TSE),[69] dos quais 25 com representação parlamentar, ainda que dez deles tenham menos de vinte deputados cada um, e 40% das agremiações representem menos de 4% das cadeiras da Câmara.[70] Tal fato torna a legislatura (atuante entre 2014 e 2018) a mais fragmentada entre todas as eleitas no mundo nos últimos setenta anos, segundo o cientista político Jairo Nicolau.[71] Criar um partido e ter o benefício dos recursos do fundo partidário virou um "negócio" lucrativo. Produzir maiorias, necessárias para a aprovação de medidas no Congresso, virou um balcão de negócios — o famoso presidencialismo de cooptação, e não de coalizão em torno de propostas. Em 2017, outra emenda constitucional proibiu novamente a celebração de coligações partidárias nas eleições proporcionais e foi de novo introduzida uma cláusula de barreira, ainda que mais branda do que a anterior, a ser implantada progressivamente até 2030.

Ou seja, durante dez anos, criar partidos virou um negócio atrativo para pessoas despreparadas — muitas delas mal-intencionadas —, o que desmoralizou a classe política e o processo legislativo. Tal fato ajudou na redução, para níveis preocupantes, da representatividade dos cidadãos. Foi criada uma monstruosa máquina de compra e venda de favores, movida a propinas e comércio de leis — uma massa de manobra disposta a aceitar a maior oferta no leilão da corrupção. Se a esse quadro adicionarmos as mudanças nas regras de financiamento de campanha e a existência do foro privilegiado, que tende a gerar a impunidade dos crimes cometidos por parlamentares, veremos que o quadro desvendado pela Lava Jato não foi fruto do acaso.

Financiamento de campanha

O financiamento de partidos e campanhas eleitorais deve ter regras claras e controles transparentes, tendo por objetivo restringir o poder econômico nos resultados de eleições e a formação de vínculos entre doadores e políticos. A partir das eleições de 1994, no governo Itamar Franco, o financiamento empresarial passou a ser permitido, levando a um relacionamento promíscuo e simbiótico entre grandes empresas, partidos políticos e governantes, que viraram porta-vozes dos interesses de seus financiadores. Os números são alarmantes: segundo apurado por Bruno Carazza, em cálculo conservador, o volume total de recursos doados por pessoas físicas e jurídicas aos partidos quintuplicou entre 1994 e 2014, passando de 959 milhões de reais para 4,9 bilhões de reais (valores convertidos a preços de 2017).[72] O desempenho do PT é extraordinário: em 2014 recebeu 33 vezes mais recursos do que em 1994. Já o Partido da Social Democracia Brasileira (PSDB) teve seu quinhão multiplicado em quatro vezes, e o Movimento Democrático Brasileiro (MDB), em três vezes.[73]

Investigações e delações revelaram que parte significativa dessas "doações" era feita com uso de caixa dois ou mesmo "caixa três" (quando o doador utiliza outra empresa para fazer a doação e reembolsa o valor ao prestar serviço a ela) em troca de favores dos beneficiados pelos recursos. Muitas vezes os recursos vinham de contratos superfaturados obtidos pelos doadores com empresas públicas através de licitações com cartas marcadas, fechando assim um dos círculos tradicionais da corrupção. Os grandes financiadores pertencem a setores altamente dependentes do governo, do ponto de vista de obras como de regulação — leis, tarifas, isenções, créditos subsidiados etc.

O custo das campanhas eleitorais passou por aumento semelhante, também envolvendo mecanismos de lavagem de dinheiro e esquemas de caixa dois. Segundo depoimentos dos marqueteiros políticos João Santana e Mônica Moura, a campanha de reeleição de Lula, em 2006, teria custado 14 milhões de reais, e a de Dilma, em 2014, 70 milhões de reais. Em valores atualizados, o crescimento seria de 231%, segundo os cálculos de Bruno Carazza.[74]

Em setembro de 2017, o STF, respondendo a solicitação de inconstitucionalidade de parte das leis eleitorais pela Ordem dos Advogados do Brasil (OAB), proibiu a doação empresarial de campanha, tornando o financiamento público e recursos cedidos por pessoas físicas, com limites estritos, a fonte dos recursos para os partidos. A alteração, testada pela primeira vez nas eleições de 2018, pode melhorar o cenário, mas o que nos interessa é identificar os problemas do regime anterior, que vigorou entre 1994 e 2017, fomentando o crescimento da corrupção e a queda de qualidade do Legislativo.

Foro privilegiado

A Constituição de 1988, seguida pelas constituições estaduais, ampliou significativamente a abrangência do foro por prerrogativa de função — ou foro privilegiado — no país. Sob o argumento de que tribunais superiores são menos vulneráveis a pressões externas, o que lhes daria maior independência para julgar autoridades, chegamos a ter perto de 60 mil pessoas com direitos especiais em virtude do cargo que ocupam.[75] Na lista estão incluídos os ocupantes de cargos dos poderes Executivo, Legislativo e Judiciário, membros do Ministério Público e dos Tribunais de Contas, além de comandantes de polícias, corpos de bombeiros e titulares de empresas públicas, entre outros. Ao STF caberia, segundo a Constituição, julgar apenas casos relativos a ocupantes dos cargos de presidente e vice-presidente da República, ministros de Estado, comandantes das Forças Armadas, senadores, deputados e os próprios ministros do Supremo.[76]

O STF não tem vocação para ser corte penal, e foi vitimado por uma bola de neve de processos que tendem à prescrição e à impunidade. Só em 2017 chegaram à corte mais de 100 mil processos.[77] Como aponta o ministro do Supremo Luís Roberto Barroso, havia mais de quinhentos processos contra parlamentares, entre inquéritos e ações penais, em curso no STF antes da delação premiada dos executivos da Petrobras.[78] O Supremo leva em média 565 dias apenas para receber uma denúncia e instaurar ação penal, o que demoraria menos de uma semana nas mãos de um juiz de primeira instância. Desde 2001 já ocorreram mais de sessenta casos de prescrição envolvendo parlamentares, entre inquéritos e ações penais. A lentidão nos julgamentos e as prescrições maculam a imagem da mais alta corte do país e da própria independência e eficiência do Poder Judiciário.

Diante do evidente desgaste sofrido, em maio de 2018 o STF mudou o alcance do foro privilegiado de deputados, senadores e ministros de Estado, restringindo-o apenas a crimes cometidos em exercício e em razão do cargo. Em seguida, o Superior Tribunal de Justiça (STJ) estendeu a restrição aos governadores. Embora o quadro ainda não esteja consolidado, parece irreversível o movimento de aprofundar o sentido de que a lei deve valer para todos, reduzindo uma das principais causas da impunidade no país.

Prisão a partir de julgamento em segunda instância

Temos presenciado enorme gritaria sobre a possibilidade de réus passarem a cumprir sentença de prisão a partir de julgamentos em segunda instância, sobretudo desde o encarceramento do ex-presidente Lula. Poucos atentam para um detalhe crucial, do qual tomei conhecimento, pela primeira vez, através de um artigo publicado pelo jornalista Carlos Alberto Sardenberg: em setenta dos últimos 77 anos valeu no Brasil a possibilidade de cumprimento de sentença a partir da primeira ou da segunda instância.[79] Ou seja, o período de exceção, durante o qual prisões só poderiam ser efetuadas depois de transitados todos os recursos, valeu apenas entre 2009 e 2016. Não por acaso, esse período coincide com o julgamento da ação penal do mensalão e a proliferação de crimes de corrupção descobertos pela Lava Jato.

A evolução de como essa questão foi sendo alterada evidencia uma triste face da influência do poder político e econômico sobre o Judiciário do país. Desde 1941, era possível a prisão de réu condenado em primeira instância. Entretanto, durante o regime militar, em 1973, diante da possibilidade de prisão de Sergio Fleury, o delegado todo-poderoso do Departamento de Ordem Política e Social (Dops) — um órgão de repressão e tortura —, o Congresso aprovou lei garantindo a liberdade ao réu primário e de bons antecedentes enquanto responde a processo. Esse casuísmo ficou conhecido como a Lei Fleury, dando mais segurança e tranquilidade aos ricos e poderosos.

Já a Constituição de 1988 estabelece que a presunção de inocência vale até o trânsito em julgado da sentença, abrindo a discussão sobre a existência ou não de ofensa à presunção de inocência no início do cumprimento da condenação à prisão após a segunda instância. Acionado, o STJ respondeu que não. Em nova interpretação (ou outro casuísmo?), o STF decidiu em 2009 que o condenado em segunda instância pode recorrer em liberdade. O próprio STF, sete anos depois, revisou a decisão, que enquanto durou explicitou a que grau chegaria a impunidade dos crimes praticados por quem estiver no topo da pirâmide da distribuição de renda do país. O processo penal brasileiro é pródigo em recursos, e para render o benefício de prolongar julgamentos, quase sempre até a prescrição, depende de advogados competentes, que custam caro.

Listei acima, e sem a pretensão de ser exaustiva, quatro alterações institucionais — fim da cláusula de barreira, financiamento empresarial de partidos, foro privilegiado e suspensão da prisão após segunda instância — que criaram um ambiente propício à proliferação da corrupção. Traz alento e otimismo observar que, de maneira mais ou menos eficaz, o Judiciário, através do STF, se encarregou de corrigir seus próprios exageros — ou os cometidos pelo Legislativo, como foi o caso do foro por prerrogativa de função.

Além disso, várias foram as leis que facilitaram — ou mesmo viabilizaram — as investigações dos crimes de colarinho-branco e de corrupção. Em 2013, em resposta às manifestações populares, o Congresso aprovou a Lei Anticorrupção e deu eficácia aos acordos de colaboração premiada, fundamentais ao desenvolvimento da Lava Jato. Merece menção também a iniciativa popular conhecida como Lei da Ficha Limpa, que proíbe réus condenados por órgãos colegiados de concorrer a cargos eletivos.[80] Como acabou se tornando uma das maiores beneficiárias do sistema de corrupção do país, a classe política é o maior empecilho a alterações legais que coloquem em risco os seus privilégios. Só o reconhecimento de como chegamos a esse ponto e a pressão popular são capazes de empurrar o país para o caminho certo.

Como chegamos à estagnação econômica

Entre o início e o fim do ciclo do PT no governo, de 2003 a 2016, experimentamos um período de grande prosperidade econômica e terminamos com uma recessão que, além de histórica, é peculiar: a recuperação é a mais lenta já registrada, como mostram os dados do Gráfico 5. Supondo um crescimento de 1% em 2018, o ano terminaria com 5,2% abaixo do pico observado no primeiro trimestre de 2014. Esse desempenho reflete a profunda destruição de instituições existentes, aliada a erros primários de condução da economia e das políticas públicas. Essa "inércia" ocasionada por erros passados impede a recuperação econômica, que só ocorrerá se forem implantadas reformas que os corrijam.[81]

Vivemos um caso clássico de fragilidade institucional, cujo desenho não se mostrou capaz de preservar o interesse público contra o dos grupos que ascenderam ao poder. Uma nova composição de forças se formou, e seus integrantes, cacifados pelo bônus do boom de preços de commodities e a expectativa (irrealmente inflada) de ganhos com as reservas petrolíferas do pré-sal, cooptaram empresários e políticos, formando relações simbióticas de corrupção. Esse

Gráfico 5. Recessões e recuperações — 1981-2018

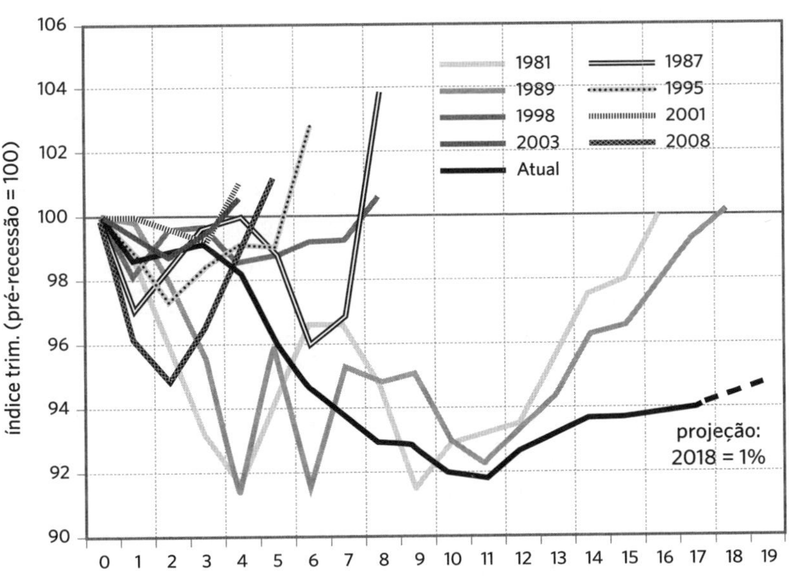

Fontes: IBGE e A. C. Pastore & Associados.

arranjo destruiu os princípios que garantiam o bom funcionamento da economia, da política e da ética pública e privada, levando o país à estagnação. Nas palavras de Acemoglu et al. (2003):

> 1. Em sociedades institucionalmente fracas há poucas limitações sobre os governantes. Na sequência de uma alteração no equilíbrio político, grupos vencedores serão tentados a usar seu novo poder político para redistribuir patrimônios e rendas para eles próprios, criando turbulências econômicas durante o processo. Em contraste, essa fonte de turbulência não ocorrerá em sociedades em que as instituições impedem esse tipo de redistribuição. 2. A ausência de limitações eficientes sobre políticos e grupos politicamente poderosos indica que há ganhos maiores a serem obtidos com a entrada ao poder e, do mesmo modo, perdas maiores decorrentes da ausência de controle sobre o poder político — assim, em geral, há maiores "interesses políticos em jogo". Portanto, em sociedades institucionalmente fracas haverá acirradas disputas entre vários grupos para chegar ao poder e tirar proveito desses grandes ganhos, e consequentemente grande turbulência política e econômica.[82]

Para entender o papel das *instituições — formais* e *informais* — no âmbito econômico, é importante analisar o que ocorreu durante o percurso entre o crescimento e a estagnação, de modo a tirar lições capazes de superar a enorme poluição ideológica que contamina a discussão. Para tanto, a lembrança de alguns fatos relevantes e a análise empírica compõem o guia necessário.

Um golpe de sorte atribuído à virtude pessoal

Lula assumiu a presidência da República em 2003, depois de prometer ao povo brasileiro renunciar à agenda radical do PT e conduzir um governo que respeitaria contratos — não declararia moratória da dívida pública, como pregava seu partido — e seria "*market friendly*".[83] E, pragmaticamente, assim o fez, deixando a agenda econômica nas mãos do ministro Antonio Palocci, que logo obteve

Gráfico 6. PIB — Taxas anuais de variação — 2000-17

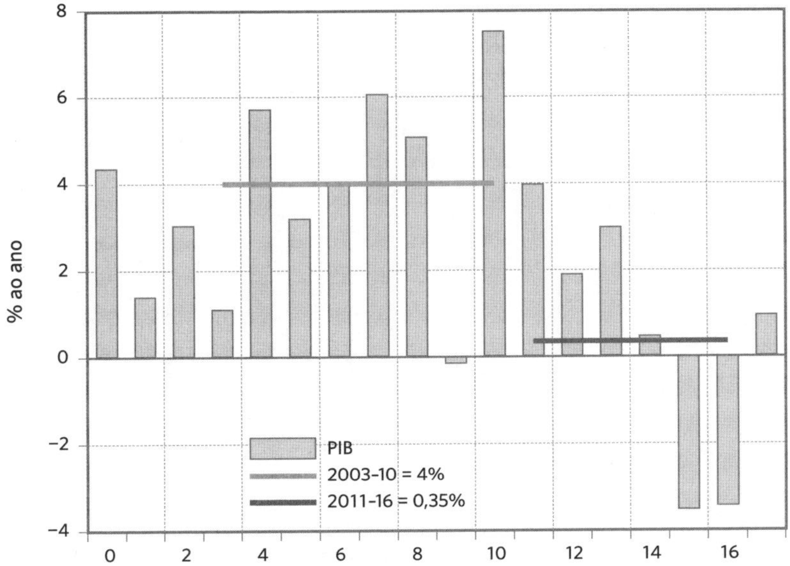

Fonte: IBGE.

a confiança dos agentes econômicos pelas suas maneiras afáveis e discurso pró-mercado. Sob a competente liderança do economista Marcos Lisboa, tal agenda se concentrou no aprofundamento de importantes reformas microeconômicas relativas ao mercado de crédito e lei de falências, entre outras medidas.[84] Em conjunto com outras importantes reformas institucionais adotadas pelo governo de FHC, foi possível promover um aumento dos investimentos e da produtividade na economia. Nos dois mandatos de Lula, o PIB cresceu em média 4% ao ano, apesar da recessão provocada pela crise financeira internacional (Gráfico 6).

Ao mesmo tempo que o poder trocava de mãos no Brasil, o mundo presenciava uma forte valorização das commodities, cujos preços médios cresceram 2,5 vezes entre 2002 e 2008.[85] É sabido que o crescimento do Brasil e dos demais países exportadores de produtos primários se beneficia quando há elevações dos seus preços inter-

Gráfico 7. Taxas de variação dos preços de commodities(CRB) e do PIB no Brasil — taxas anuais (%)

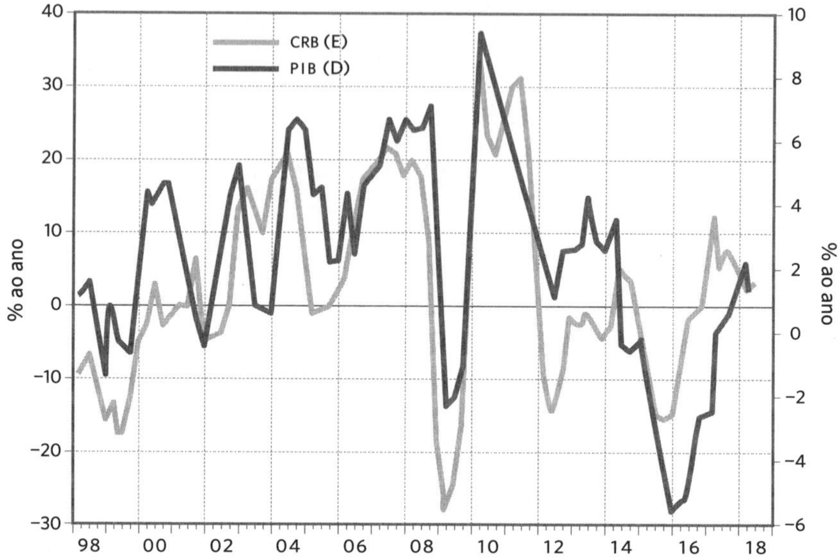

Fontes: IBGE e Bloomberg.

nacionais, sendo o contrário também verdadeiro, como mostram os dados do Gráfico 7.

Observa-se que a correlação entre taxas de variação do índice do Commodity Research Bureau (CRB) e do PIB brasileiro é elevada (0,70), com a causalidade indo do CRB ao PIB. São vários os canais através dos quais aumentos dos preços de commodities promovem a economia, assim como as reduções a desestimulam. Uma melhora nos termos de troca do país incentiva as exportações, permitindo que o acréscimo de importações derivado de aumentos dos investimentos não gere déficits elevados nas contas-correntes. Mas esse não é o único fator que afeta o crescimento. Há impactos positivos sobre o risco do país, sobre as taxas de câmbio e demais ativos financeiros, facilitando o ingresso de capitais e melhorando a confiança, com benefícios ao consumo e, principalmente, aos investimentos.

Gráfico 8. Preços internacionais das commodities (CRB) e do petróleo (Brent) — 1994-2018

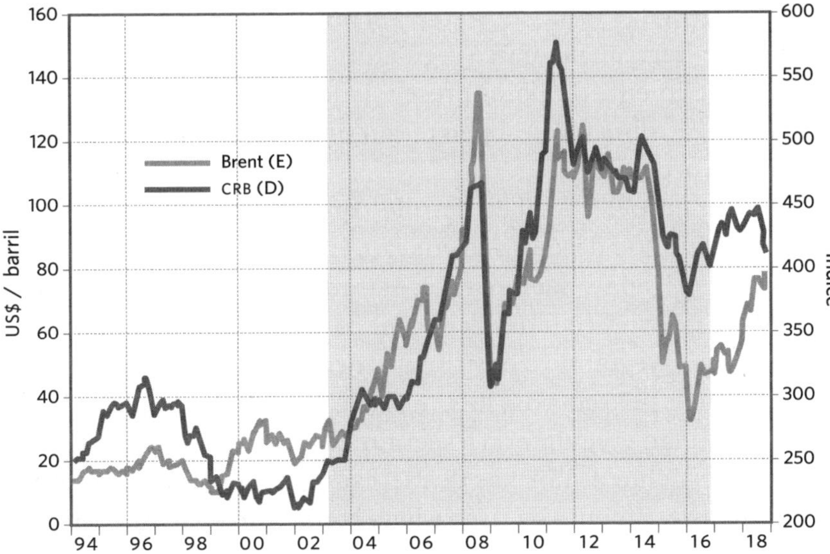

Fonte: Bloomberg.

Merece destaque, dentre as commodities, o salto de quase sete vezes ocorrido no preço do petróleo, que passou de vinte dólares o barril para 135 dólares o barril entre 2002 e 2008, como mostram os dados do Gráfico 8. É importante assinalar que o índice de preços aqui utilizado (CRB) não inclui o petróleo. O comércio mundial cresceu muito acima do PIB nesse período, gerando a "bonança externa" que favoreceu enormemente o Brasil.

Além dos benefícios decorrentes do crescimento dos preços das commodities, capitalizados como mérito exclusivo do governo, outro golpe de sorte traria sérias consequências ao país: o aumento dos preços do petróleo inflou tanto a expectativa de ganhos futuros da sua exploração na camada de pré-sal como a ganância dos governantes, políticos e empresários.

O grande retrocesso

A descoberta das reservas do pré-sal levou o governo a promover profunda alteração no marco regulatório do setor do petróleo, sem a qual dificilmente teríamos presenciado o surto de corrupção que assolou a Petrobras. Vale a pena fazer uma rápida retrospectiva de como isso ocorreu.

A partir de 1997, a Lei do Petróleo quebrou o monopólio da estatal — instituído desde a sua criação, em 1953 —, permitindo que empresas privadas, nacionais ou estrangeiras, participassem em igualdade de condições das licitações para exploração de petróleo e gás no país.[86] Seguindo o espírito das demais mudanças institucionais adotadas pelo governo FHC, a Lei do Petróleo tinha por objetivo dar estabilidade regulatória e segurança jurídica aos investidores, além de respeitar as normas de mercado, modernizando o setor e atraindo investimento de risco e livre concorrência para, com isso, aumentar a produtividade e o crescimento do país.

O modelo foi um sucesso, levando o Brasil à autossuficiência de petróleo. Entre 1997 e 2007, a participação do setor no PIB passou de 2% para 10%; a produção cresceu 110%;[87] e os investimentos passaram de 4 bilhões de dólares para 25 bilhões de dólares.[88] Foi ainda durante a vigência desse marco regulatório que a reserva da bacia de Santos foi descoberta, em 2006, com petróleo a pouco mais de 5 mil metros de profundidade, abaixo da camada de sal. O primeiro poço foi batizado como campo petrolífero de Lula, e o mais importante, o de Tupi, com volume entre 5 bilhões e 8 bilhões de barris recuperáveis, seria anunciado no ano seguinte.[89] O Brasil tinha muito mais petróleo do que se imaginava. Estimativas não oficiais revelam que as reservas existentes podem superar 170 bilhões de barris.

Embora poucos se dessem conta, o país se via diante de uma das mais importantes encruzilhadas da sua história: decidir se transformaria o presente dado pela natureza em "bênção ou em maldição".[90] Havia a possibilidade de escolher caminho semelhante ao da Noruega, que soube utilizar bem os recursos decorrentes do petróleo, ou o da Venezuela, um entre tantos outros que empobrecem apesar da abundância de suas reservas. No caso da Nigéria, por exemplo, um estudo revela que as receitas de petróleo acumuladas entre 1965 e 2000 chegaram a 350 bilhões de dólares a preços de 1995. No mesmo período, apesar de a receita per capita do petróleo haver passado de 33 dólares para 325 dólares, a renda per capita do país permaneceu inalterada, em 245 dólares. E, o que é ainda mais grave, houve forte concentração de renda no país: a porcentagem de pessoas vivendo em estado de pobreza extrema, com apenas um dólar por dia, passou de 36% (19 milhões de pessoas) para 70% do total de habitantes do país (90 milhões de pessoas).[91] O desperdício governamental de riqueza natural ficou conhecido como "doença nigeriana", em adição à já conhecida "doença holandesa", associada à valorização cambial que deprime a indústria dos países quando ocorrem grandes descobertas de recursos naturais.[92]

A história é rica em exemplos de países que não aproveitam descobertas de recursos minerais para se desenvolver — e de nações que mesmo pobres em recursos naturais têm desempenhos econômicos notáveis, como Japão, Cingapura e Coreia, entre outras. Por que isso ocorre? O estudo de caso da Nigéria revela que grandes descobertas de recursos naturais, sobretudo petróleo e minérios, não necessariamente levam ao crescimento econômico em razão do efeito deletério que provocam sobre as instituições. Tais recursos naturais geram "*rent*" — ou seja, representam uma riqueza criada sem esforço, atraindo todo tipo de "*rent-seeker*": pessoas, governantes e políticos interessados em se apropriar desse "maná que não tem dono", que poderia ser utilizado para aumentar o bem-estar social e não o de indivíduos, que assim o fazem de maneira obscura e geralmente corrupta.[93] Além disso, os governos costumam se apropriar de parte dessa riqueza para financiar aumentos de gastos públicos sem que a população tenha de pagar por isso. Em circunstâncias assim, torna-se fácil criar mitos em torno de governantes, que passam a ser vistos como salvadores da pátria, figuras messiânicas que não veem limites às suas ambições. Em tal ambiente, a tolerância com a corrupção aumenta, e criam-se condições para que um círculo vicioso se instale, elevando o grau de corrupção. O Brasil caiu em algumas dessas armadilhas listadas na literatura especializada.

A existência de petróleo no pré-sal foi anunciada como "um bilhete premiado", ou "uma dádiva de Deus" que não poderia ser "entregue" ao setor privado — e muito menos aos estrangeiros. Por isso, o marco regulatório vigente, baseado nas concessões, precisaria ser radicalmente alterado. Foram enviadas ao Congresso, e aprovadas em 2010, leis que, entre outras mudanças, introduziram exclusividade à Petrobras na operação do pré-sal e o regime de partilha da produção em futuras licitações, dando à empresa participação mínima de 30% nos novos consórcios.[94] Com a partilha, a Petrobras retomou seu monopólio, retirando a igualdade nas condições de concorrência com as outras empresas,[95] e passou a arcar com uma necessidade de capital incompatível com a realidade da estatal para participar de tantos projetos. Seu endividamento chegou a 100 bilhões de dólares, e durante seis anos não ocorreram leilões para áreas de exploração, perdendo-se assim a oportunidade gerada pelos preços elevados do petróleo. Paralelamente, a participação do setor no PIB caiu de 10% em 2007 para 6% em 2015 (último dado disponível).

Do ponto de vista institucional, o novo marco regulatório representou um enorme retrocesso com relação ao anterior, gerando insegurança jurídica e opacidade das relações com os investidores através do aumento da interferência do Estado na definição dos contratos e preços dos serviços. A nova legislação provocou aumento de custos e piora na gestão da empresa, como atestam os fatos desvendados pela Lava Jato.

Essa nova realidade está dramaticamente exposta na evolução das cotações da Petrobras. Depois de ter o preço de suas ações aumentado em oito vezes durante a vigência da Lei do Petróleo, o novo marco regulatório provocou queda de 45% nas cotações entre o início de 2011 e o fim de 2016, quando o governo Temer acabou com a exclusividade da empresa na exploração do pré-sal. No mesmo período, apesar da queda dos preços do petróleo, empresas internacionais do mesmo porte não sofreram tal desvalorização, apresentando estabilidade nas cotações, como BP (−1,4%) e Shell (+0,4%), ou crescimento, como Exxon (+16%), conforme demonstrado no Gráfico 9. O desempenho das ações da Petrobras refletiu os efeitos nocivos das interferências políticas na determinação dos preços de combustíveis, que provocaram perdas estimadas em 40 bilhões de dólares, do aumento de custos, da corrupção e de outros fatores que levaram à forte depreciação do valor da empresa.

O crescimento da economia e a descoberta das reservas do pré-sal alimentaram a ilusão de que o país entrara definitivamente em uma nova era de prosperidade e inclusão social — e sem esforço. O governo era apoiado pela maior parte dos empresários, que além de se beneficiarem do crescimento encontravam caminhos para ganhos pouco republicanos. Uma nova classe média surgira com grande velocidade em virtude dos empregos criados pelo crescimento da economia e da farta oferta de crédito às famílias, concedida sobretudo por bancos públicos. A população mais pobre se beneficiava

Gráfico 9. Cotações das ações preferenciais de Petrobras, Exxon, BP, Shell e Brent — 1996 a 2018

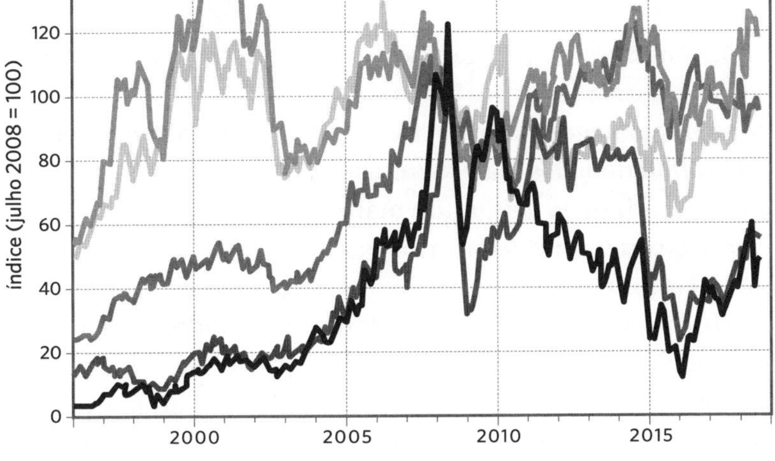

Fonte: Bloomberg.

com as transferências de renda. Mas quando a fase de vento a favor terminou, ficou claro que as bases desse período de prosperidade eram frágeis, e para enfrentar a nova realidade o governo decidiu redesenhar a rota.

A crise de 2008 e a guinada na economia

A crise financeira internacional de 2008, a mais severa desde a Grande Depressão de 1929, foi vendida pelo governo como uma "marolinha", que nada tinha a ver com o Brasil. Apesar do menosprezo manifesto, de início a reação à crise foi bem administrada pela equipe econômica, mediante o uso de políticas monetárias e fiscal adequadas, e tivemos uma recessão curta, com o PIB caindo por apenas dois trimestres.[96] Terminada a crise, porém, foram imprudentemente mantidas as políticas expansionistas, movimento que se consolidou como uma guinada na qualidade da política econômica em geral, e que teve em Dilma Rousseff sua grande artífice.

Com grande autoconfiança e uma crença inabalável no seu conhecimento de economia, a presidente passou a ditar as novas regras do jogo depois de eleita em 2010. Apoiou-se nas demandas dos empresários, acreditando obstinadamente que, sanados os seus problemas individuais, a economia cresceria. Ninguém conseguiu convencê-la da existência da "falácia da composição" contida nas pressões empresariais, e o tempo provou que aquilo que é bom para as empresas nem sempre é bom para o país.

Mas Dilma pagou para ver, e o teste saiu caríssimo: para o país — que sofreu uma das maiores recessões da história — e para ela — que não terminou seu segundo mandato. Ao empresariado que se queixava de que o problema era o custo de produção, o governo respondeu com a redução do preço da energia elétrica, mudando as regras para produtores e distribuidores, ignorando os efeitos sobre a demanda — só não tivemos racionamento de eletricidade porque a economia estava em desaceleração. Os que reclamavam do peso da folha salarial receberam novas renúncias fiscais, com a redução de impostos de vários setores. Exercendo seu poder discricionário na economia, o governo Dilma exigia que bancos públicos concedessem crédito, contrariando as normas da boa governança e transparência no trato da coisa pública. Se a inflação estava elevada, bastava reduzir impostos da cesta básica e controlar o preço dos combustíveis. Nem o Banco Central escapou de determinações autoritárias, perdendo parte importante da autonomia conquistada a partir da criação do regime de metas de inflação.

Adepta da ideia de que "gasto é vida", Dilma prosseguiu concedendo benesses aos empresários, chegando a transferir perto de 10% do PIB (ou 525 bilhões de reais) em recursos ao BNDES para que fossem distribuídos em parte aos campeões nacionais, grandes empresas escolhidas por critérios desconhecidos para se internacionalizarem. O governo transformava-se em hospedeiro de empresários parasitas, que retribuíam os "agrados fiscais" com fartas doações para políticos e membros do governo, como mostram as investigações da Lava Jato.

Para viabilizar o ataque aos cofres públicos, Dilma ignorou as restrições presentes no arcabouço institucional criado para evitar grandes desequilíbrios — em termos de endividamentos — nos entes da federação,[97] e foi punida por isso.

Explosão da dívida e o impeachment

A síntese dos efeitos negativos da política de aumentar gastos e reduzir tributos para alegrar empresários e consumidores encontra-se na evolução de dois indicadores: a enorme recessão produzida e o crescimento da dívida pública, como mostram os dados do Gráfico 10. Entre 2013 e meados de 2018 a relação entre dívida e PIB passou de 53% para 76% do Produto Interno Bruto brasileiro. É profundamente enganoso comparar esse percentual com o de países desenvolvidos, que mantêm por décadas dívidas maiores, uma vez que o prazo médio da nossa dívida é muito menor, e seu custo, significativamente superior aos desses países. Esse nível de endividamento foi gerado pela queda nas receitas recorrentes, que passaram de 18% para 16,5% do PIB — apenas em parte por culpa da recessão —, e

Gráfico 10. Dívida bruta do governo geral
em relação ao PIB — 2007-18

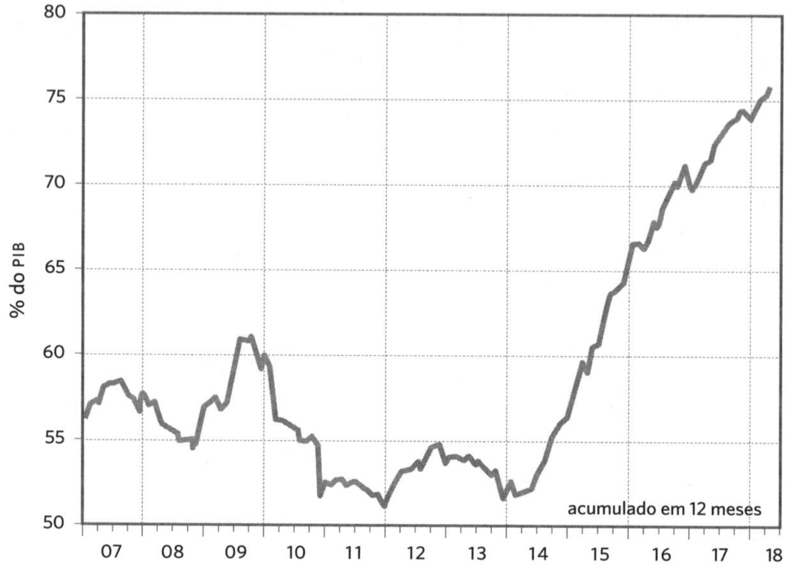

Fonte: Banco Central.

pelo aumento das despesas, que passaram de 17% para 20% do PIB, gerando déficits primários crescentes. Trata-se de uma trajetória dificílima de reverter, a menos que reformas profundas sejam levadas a cabo. Todas elas têm alto custo político, pois conceder privilégios é muito fácil, mas na hora de retirá-los os grupos de pressão se manifestam ruidosamente.[98]

Os desequilíbrios fiscais foram gerados através da alteração de leis e regras que, entre outros efeitos nocivos, tornaram a economia mais fechada ao comércio internacional, prejudicando o crescimento econômico e o bolso do consumidor brasileiro, obrigado a pagar mais caro pelos produtos aqui produzidos. Um exemplo é o Plano Brasil Maior, de 2011, que seria o embrião do Inovar Auto, que incluía isenções tributárias e tarifas sobre as importações de veículos automotores, mudança de tarifas sobre as importações de aço etc. Outras intervenções prejudicaram a alocação eficiente dos recursos, como a redução da tarifa de energia elétrica em 2012 e o congelamento dos preços de combustíveis.

A cartilha da boa gestão pública foi inúmeras vezes violada, como em 2012, no caso do Proinveste, através do qual governos estaduais tiveram crédito no BNDES garantido pela União, ou no programa de redução da dívida dos estados, entre outras medidas arbitrárias adotadas pelo Executivo e aprovadas pelo Congresso. O ápice das más práticas, porém, se configurou naquilo que ficou conhecido como "contabilidade criativa"[99] e, mais tarde, desembocou nas famosas "pedaladas fiscais" que levaram ao impeachment da presidente.

Exemplo de antítese da transparência e lisura no trato da coisa pública, as "pedaladas" foram manobras contábeis utilizadas para mascarar a verdadeira situação das contas públicas. O Tribunal de Contas da União (TCU) apontou que, entre 2013 e 2014, o governo atrasou "sistematicamente" o repasse à Caixa, ao Banco do Brasil e ao BNDES de recursos destinados ao financiamento de programas sociais, como Bolsa Família, Abono Salarial, Seguro Desemprego, Plano Safra e Programa de Sustentação do Investimento (PSI). Além disso, passaram a ocorrer atrasos crescentes nos repasses dos recursos do Tesouro para a Caixa e o Banco do Brasil, configurando empréstimos à União, o que é proibido pela Lei de Responsabilidade Fiscal. O argumento de que tal tipo de atraso havia sido praticado no passado por outros governantes não sobrevive ao exame dos dados, como mostra o Gráfico 11. Na maior parte do período de 2004 em diante, ocorreram sobras de pequena monta nos caixas nos bancos, como uma decorrência normal de "erros e omissões". A partir de 2013, no entanto, os valores passam a ser significativamente elevados, quase todos na direção negativa — ou seja, de atrasos nos pagamentos do Tesouro para os bancos públicos.

Depois do impeachment, e de posse dos dados divulgados pelo Tesouro Nacional, a situação mostrou-se ainda mais grave do que aquela que embasou a condenação do TCU. Com base nos mesmos critérios, os atrasos cresceram a partir de 2009 e chegaram a acumular 60 bilhões de reais em 2015 (Gráfico 12).

Gráfico 11. "Pedaladas" do governo Dilma segundo o TCU

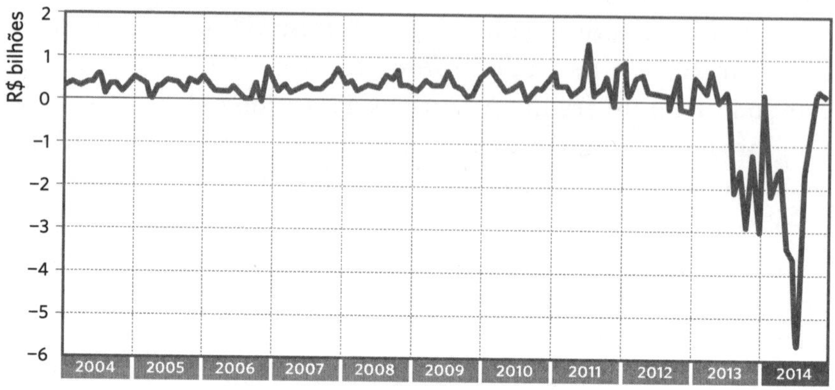

Fonte: Ofício 0014/2015/Defab, de 17 set. 2015 (peças 251 e 252).

Assim foi pavimentado o caminho que nos levou da euforia à depressão econômica. O bônus externo deveria ter sido bem utilizado em investimentos que garantissem a melhora dos serviços públicos, como saúde, segurança, educação, infraestrutura etc. No lugar disso, vendeu-se a ilusão de que o país se tornara rico sem esforço. A profunda e longa recessão econômica, com o consequente aumento do desemprego, foi a maneira mais amarga, embora previsível, de trazer as pessoas de volta ao mundo real. Para que esse "milagre" da distribuição se consumasse, foram afrouxadas amarras institucionais previamente construídas de forma limitar o arbítrio dos governantes, abrindo o caminho para um gigantesco saque aos cofres públicos por políticos, governantes e empresários. A mudança do marco regulatório do petróleo, devolvendo o monopólio à Petrobras na exploração das reservas do pré-sal, explica por que, apesar da nova riqueza descoberta, a empresa perdeu valor de mercado e hospedou o maior caso de corrupção já descoberto no mundo.

Vimos como mudanças institucionais foram promovidas pelo grupo que ascendeu ao poder, tendo por objetivo redistribuir patrimônio público e rendas para eles próprios e seus apoiadores, amparados por uma visão retrógrada e equivocada do papel do Estado no

Gráfico 12. "Pedaladas" calculadas após o impeachment

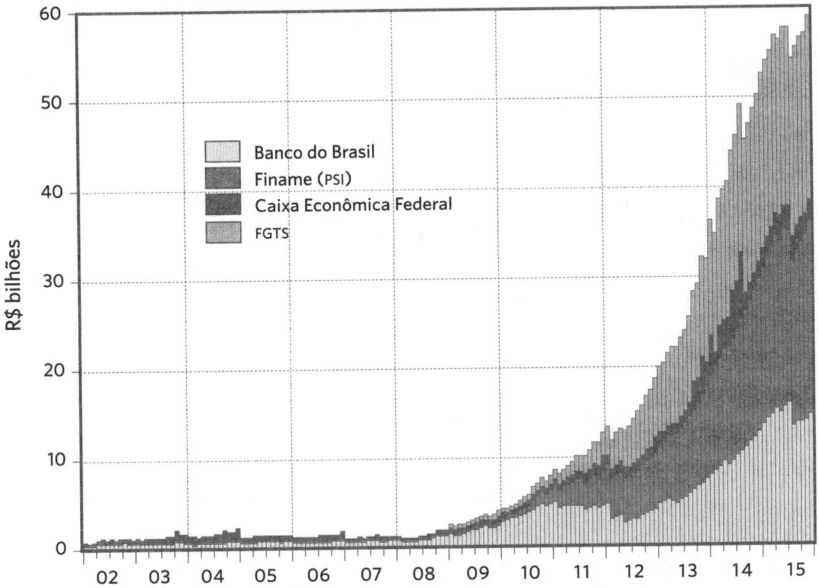

Fonte: Banco Central.

desenvolvimento do país — o nacional-desenvolvimentismo. Esse fato explica como chegamos tanto à corrupção sistêmica como à estagnação da economia. Como um exemplo de manual, temos sob os nossos olhos os efeitos do que a nova Teoria do Desenvolvimento Econômico não se cansa de alertar: a profunda relação existente entre corrupção e desenvolvimento econômico, decorrente da qualidade institucional de cada país.

Conclusões

A corrupção, além de minar os pilares das democracias, produz efeitos profundamente negativos sobre a economia, como indicam a experiência internacional e os casos específicos da Itália e do Brasil, aqui analisados. Na base tanto da corrupção como da pobreza estão instituições incapazes de proteger o bem-estar da maior parte da população. Mas é possível mudar, como mostram a teoria e vários casos de sucesso.[100] Como se trata de um crime racional, é indispensável alterar a relação entre custo e benefício dessa prática, tanto para o corruptor como para o corrupto, reduzindo a sensação de impunidade que permeia sociedades com elevados níveis de corrupção. Punições visíveis de políticos e empresários poderosos, como ocorrem em casos como o das operações Lava Jato e Mani Pulite, são eficientes para conscientizar a população, mas se não forem seguidas de melhoras na qualidade das leis e na eficiência do Poder Judiciário, não haverá avanço.

Não há desenvolvimento econômico sem instituições que garantam o respeito aos contratos, a busca de eficiência econômica, transparência, meritocracia e eficiência no setor público. São necessárias instituições gerando incentivos que "encorajem as pessoas a inovar, a aceitar riscos, poupar para o futuro, e encontrar melhores alternativas para fazer as coisas, aprender e se educar, resolver problemas coletivos e produzir bens públicos".[101] Contudo, ao longo desse caminho sempre surgirão sereias populistas acenando com benefícios instantâneos, riqueza fácil e a cura de todos os males. Além disso, grupos encastelados no poder escrevem leis que os beneficiam, e reagem ruidosamente às tentativas de mudanças. Esses são os desafios a ser enfrentados com ideias, exemplos históricos e espírito público. Afinal, todos nós somos vítimas da corrupção.

São Paulo, 27 de setembro de 2018

2. Corrupção e responsabilidade[1]

GHERARDO COLOMBO

Depois de ser juiz por cerca de quinze anos, em 1989, coincidindo com a entrada em vigor do novo Código de Processo Penal, assumi a função de procurador substituto da República e, entre abril de 1992 e o fim de junho de 2005, conduzi, junto com outros colegas, uma enorme investigação sobre crimes de corrupção, financiamento ilícito a partidos políticos, falsificação de balanços, receptação e outros. Tal investigação ficou conhecida em todo o mundo através do nome "Mani Pulite" (e suas traduções: Clean Hands, Manos Lindas, Mains Propres, Mãos Limpas etc.). Fui o único dentre os meus colegas a participar das investigações desde as fases iniciais (excluindo-se os dois primeiros meses) até o seu último ato. Digo isso porque quero enfatizar que sou o único a ter conhecimento completo da Mani Pulite a partir do interior das investigações e dos processos que ali tiveram origem.

O alvoroço suscitado pelas nossas descobertas provocou grande impacto internacional, e tanto eu como os outros procuradores substitutos da República envolvidos fomos convidados a falar sobre o assunto em vários lugares. Pessoalmente, fiz conferências ou participei de reuniões ou cursos de formação em quase todos os países da Europa, nos Estados Unidos, na Austrália, na África do Sul, na Malásia, na Argentina e no Peru. Conheci o Brasil exatamente por causa da Mani Pulite: a primeira vez em 1993; a segunda, junto com o procurador da República e outros colegas de operação, em 1994 (quando fomos recebidos com entusiasmo pelas autoridades e pelos cidadãos); e várias outras vezes visitei o país até que, em 2016, participei (junto com Piercamillo Davigo, que havia integrado a Mani Pulite comigo e que agora é presidente de seção da Corte de Cassação) de um debate com o juiz Sergio Moro, responsável pelos julgamentos, e o procurador Deltan Martinazzo Dallagnol, coordenador da equipe do Ministério Público encarregada das investigações da Lava Jato.

Conforme adiantei, quando ocorreu a primeira prisão que deu origem a todo o episódio, eu ainda não participava da investigação. Entrei alguns meses depois, em resposta a insistentes convites dos dirigentes do Ministério Público, que desde o primeiro momento haviam intuído que a investigação se agigantaria, e estavam convencidos de que Antonio Di Pietro, o colega por ela responsável desde o início, não conseguiria, sozinho, dar conta de uma quantidade de trabalho tão relevante.

Mais de 5 mil pessoas foram envolvidas nas investigações, dentre as quais quatro ex-presidentes do Conselho de Ministros; uma dúzia de ministros de Estado; mais de 150 membros (à época ou anteriormente) do Parlamento; secretários políticos e administrativos de partidos políticos; conselheiros regionais, provinciais e municipais; oficiais da Guardia di Finanza;* empresários; funcionários de empresas públicas; e até mesmo juízes. As nossas investigações evidenciaram que a corrupção na Itália era um sistema muito, mas muito extenso.

Quando falo de sistema me refiro ao seguinte: existem na Itália regras precisas segundo as quais um órgão público, para contratar a prestação de um serviço de alguma relevância — como a construção de uma estrada, de uma ponte, de um metrô, ou a compra de trens,

* Corpo da polícia responsável pela investigação de crimes financeiros. (N. T.)

ônibus, lençóis para os hospitais, ou o serviço de limpeza — deve fazer uma concorrência pública. Quem vence a concorrência, normalmente oferecendo a melhor qualidade e o menor preço, executa a obra ou serviço. Em linhas gerais, essa é a regra formal, mas a realidade é outra. A verdadeira regra, em vez disso, era a seguinte: quem paga propina vence a concorrência. Mas como era possível que isso acontecesse?

Paradoxalmente, tudo era regulamentado. Uma possibilidade era a de qualquer funcionário público abrir, usando vapor, os envelopes sigilosos com as ofertas das empresas concorrentes e revelar à empresa amiga a situação: aquele ofereceu dez, o outro, onze, e para vencer a concorrência você deve oferecer nove. Outro esquema consistia em determinar sob medida os termos da licitação, ou seja, os requisitos necessários para conseguir o trabalho, de modo que vencesse apenas a empresa a partir da qual os requisitos haviam sido baseados. Tudo isso era frequentemente acertado de antemão com as empresas, às quais, por sua vez, cabia entrar em acordo entre si. No serviço de saúde na Lombardia, por exemplo, encontramos um papel manuscrito no qual estavam listados os hospitais que precisariam de obras e as empresas destinatárias das concessões correspondentes, com a indicação do percentual de trabalhos que era esperado de cada uma. Citando outro exemplo, um grupo de fornecedores de hortifrútis havia feito um acordo para que as concorrências fossem distribuídas entre as várias empresas, segundo esquemas predeterminados. Nos casos em que o número das concessões a ser realizadas fosse inferior ao das empresas concorrentes, aos excluídos seria concedido um ressarcimento.

Para entender como as regras do sistema eram precisas e articuladas, relato o que descobrimos sobre a construção do metrô de Milão. Havia uma tabela das propinas cujo valor variava de 3% a 13,5%, conforme a complexidade do trabalho: cada empresa deveria respeitar rigorosamente a cota correspondente. O dinheiro era recolhido de baixo para cima, partindo do último dos concorrentes para ser entregue por fim a um só empresário, que recebia aquilo que era trazido de degrau em degrau até o topo e entregava por sua vez a soma total a um só político. Esse político distribuía o dinheiro aos partidos envolvidos, ainda conforme os percentuais preestabelecidos. As propinas do metrô eram assim distribuídas: 37,5% ao Partido Socialista Italiano; 18,75% ao Partido Comunista/ Partido Democrático da Esquerda; e 18,75% à Democracia Cristã. O restante ia para o Partido Social Democrático e o Partido Republicano. Era uma regra tão precisa e detalhada (pode-se imaginar quantas discussões precederam a definição de duas casas decimais na distribuição da propina), que variava de acordo com a organização e o tipo da concessão. Assim, as propinas relativas ao Instituto Público de Assistência e Beneficência (Ipab) iam para todos os membros do conselho de administração, qualquer que fosse o partido ao qual pertencessem (e, portanto, até para membro indicado pelo Partido Liberal). Estavam excluídos da divisão das propinas apenas os dois partidos situados nos dois extremos do arco parlamentar, tanto à direita como à esquerda, e não se sabe se por motivos de caráter ético ou porque eram pequenos demais e não tinham nenhuma influência na distribuição das concorrências.

As provas encontradas nos levaram a investigar delitos contra a administração pública e a outros crimes, como falsificação de balanços, receptação e apropriação indébita. O delito mais comum contra a administração pública consistia na corrupção de agentes públicos para convencê-los a abusar da sua autoridade, executando atos contrários às suas funções e deveres. A concussão (o crime cometido por um funcionário público através de um abuso da sua função para induzir um agente privado a lhe entregar uma soma indevida de dinheiro) era uma transgressão muito menos frequente. Por outro lado, era muito comum o financiamento ilícito de partidos políticos. Em muitos casos, na verdade, o ganho da corrupção era utilizado, em parte ou totalmente, para cobrir as despesas eleitorais e os gastos relativos ao funcionamento dos partidos.

As investigações tiveram início a partir de um simples caso de concussão. O presidente de um órgão público de assistência a idosos em Milão, o Pio Albergo Trivulzio (PAT), pediu uma propina ao responsável por uma empresa de limpeza caso ele quisesse vencer a concorrência para prestar aquele serviço. O empresário fingiu estar de acordo, mas revelou o caso à polícia, que prendeu o funcionário público no momento em que recebia o dinheiro. Em seguida foram providenciadas as comprovações de movimentações bancárias, que mostraram a existência de depósitos em valor muito superior ao que ele recebia oficialmente. Imaginou-se, assim, que aquela concussão não fosse um caso isolado, mas uma prática comum. Examinamos em seguida as concorrências que haviam sido vencidas por outras empresas e interrogamos os seus respectivos administradores. Descobrimos que esses empresários haviam dado repetidas vezes dinheiro ao presidente do órgão público em questão para obter em troca favores indevidos. Imaginamos, ainda, que os empresários poderiam ter dado dinheiro a dirigentes de outras instituições em troca de favores, e a nossa hipótese foi confirmada. A essa altura, suspeitando que os representantes dessas instituições públicas pudessem ter recebido dinheiro também de outros empresários, obtivemos, através de depoimentos e documentos, a prova de que também isso havia ocorrido.

Dessa maneira, as nossas investigações cresceram em uma espiral que aumentava cada vez mais, envolvendo funcionários públicos, políticos e empresários, seja da iniciativa privada ou do setor público. No momento em que as nossas investigações foram divulgadas, muitos empresários e alguns funcionários públicos decidiram se apresentar voluntariamente, às vezes motivados por escrúpulos morais, mas muito frequentemente pela esperança de obter atenuantes e, dessa maneira, uma pena menos rigorosa. Essas pessoas revelaram muitos outros crimes a respeito dos quais, até aquele momento, não tínhamos conhecimento nenhum.

Em muitos casos a corrupção não ocorria diretamente entre os dirigentes dos órgãos públicos e os empresários. Muitas vezes um político fazia a ponte entre as duas partes. Negociava a propina e os favores e, em seguida, dava as instruções para que os negócios fossem tratados de maneira favorável aos empresários com os quais havia sido feito o acordo. Frequentemente, o político representava não só o interesse do seu partido, mas também o dos demais.

Em 1994, outra linha de investigações se desenvolveu, quando um suboficial da Guardia di Finanza relatou que o seu superior lhe havia oferecido parte de uma propina recebida durante a auditoria da contabilidade de uma organização. Aproximadamente uma centena de oficiais da polícia tributária foi presa, dentre os quais alguns coronéis e um general.

Em 1996 teve início outra ramificação da operação. Uma senhora nos procurou voluntariamente e revelou algumas informações relativas à corrupção de juízes. Tiveram início as investigações também nesse campo, e os processos decorrentes, examinados pelo tribunal de Milão, duraram até 2005.

Como desde o início das investigações a quantidade de trabalho vinha crescendo freneticamente, no primeiro semestre de 1992 foi criada uma força-tarefa formada por três procuradores substitutos, cujas funções não eram discriminadas com rigor. Todavia, o que ocorreu de fato foi que um dos três passou a se dedicar sobretudo a interrogar os investigados e as testemunhas e a organizar o trabalho. Outro se ocupava de redigir os pedidos de autorização para processar membros do Parlamento, sobre os quais emergiam provas (até novembro de 1993, a Constituição previa que não se podia investigar um parlamentar se a sua casa de origem — Câmara ou Senado — não tivesse dado permissão; a lei constitucional nº 3/1993 limitou a necessidade de autorização a alguns casos, os mais invasivos, e a excluiu por completo para as investigações em geral), bem como solicitações diretas ao juiz para a aplicação de medidas cautelares relativas ao cárcere. Eu era o terceiro membro, e a minha função consistia sobretudo na obtenção e no exame de provas documentais.

Com o passar dos anos, outros quatro procuradores substitutos se juntaram ao grupo, por períodos limitados. O nosso grupo recebia o apoio de cerca de trinta oficiais da polícia judiciária, que respondiam diretamente a nós. Eles trabalhavam nos nossos escritórios, estudando os documentos, transcrevendo depoimentos, testemunhando atos e assim por diante. Inicialmente, eram os *carabinieri* que executavam as nossas ordens de busca, perquisição, redigiam relatórios, executavam ordens de prisão etc. Mais tarde, a Guardia di Finanza começou a desempenhar grande parte do trabalho, em virtude da sua especialização. Quando a documentação obtida e a situação exigiam análises específicas, nós recorríamos a consultores externos. Os recursos tecnológicos daquele tempo (embora primitivos com relação aos existentes hoje) desempenharam importante papel, permitindo o arquivamento de documentos com certa rapidez e o cruzamento de dados com certa facilidade.

A Mani Pulite não foi a única ocasião em que a magistratura esteve perto de descobrir o sistema de corrupção que havia se instalado na Itália. Eu, pessoalmente, em algumas ocasiões, me aproximei de desvendar o que depois foi descoberto com a investigação iniciada em 1992.

Em 1981, como juiz instrutor, junto com o colega Giuliano Turone, ao investigar um caso de sequestro simulado de uma pessoa, descobri uma quantidade considerável de documentos relativos a uma loja maçônica secreta e corrompida, a P2: sou capaz de garantir que, se as investigações tivessem permanecido em Milão, onde eu trabalhava, o sistema teria vindo à tona naquela época. O mesmo teria acontecido em 1984, no âmbito das investigações acerca dos fundos ocultos (cerca de 360 bilhões de liras, hoje equivalente a aproximadamente 2 bilhões de euros) de duas sociedades do grupo IRI, uma enorme empresa estatal. Em ambas as ocasiões, a Corte de Cassação estabeleceu que o processo era da competência da promotoria de Roma, que o havia reivindicado alegando um conflito de competência, e do sistema da corrupção acabou não emergindo nada.

Nas primeiras fases da Mani Pulite, e mesmo em alguns dos anos iniciais, cheguei a atribuir a alguns instrumentos processuais e à postura da opinião pública o fato de que as nossas investigações finalmente tivessem conseguido retirar o véu que escondia o sistema da corrupção. Recupero, textualmente, o que eu afirmava em algumas das minhas participações em encontros internacionais ocorridos naqueles anos.

Os seguintes fatores contribuíram para o sucesso das nossas investigações:

- A independência da magistratura, seja internamente (não há hierarquia), seja externamente (os magistrados não dependem nem do Poder Legislativo, nem do Poder Executivo; não são influenciados pela opinião pública, pela mídia e assim por diante). Um pré-requisito essencial para o sucesso das nossas investigações consiste no fato de que as carreiras de procuradores e de juízes não são separadas. Assim, os procuradores podem participar da cultura da função judicial, e os juízes podem conhecer melhor os aspectos técnicos das investigações.
- A circunstância de que a polícia judiciária depende diretamente de nós. Desse modo é assegurada a lealdade da polícia e o fato de que as nossas ordens sejam de fato respeitadas. Ao mesmo tempo, a polícia é protegida pela nossa independência.
- O sigilo existente nos primeiros momentos da investigação, por cerca de três meses. Desse modo se evita o risco de destruição de provas.
- A possibilidade de ordenar busca e apreensão sem necessidade de autorização do juiz.
- A possibilidade de requerer ao juiz não apenas a aplicação da medida de custódia cautelar no cárcere (de modo a não permitir a destruição de provas, a fuga do investigado e a repetição do crime), mas também escutas telefônicas para obtenção de novas provas.
- A retirada completa do sigilo bancário.
- A possibilidade de recorrer a acordos de colaboração e a *giudizio abbreviato** (instrumentos que permitem a redução da pena e favorecem a colaboração do investigado).
- O apoio da opinião pública e da mídia, que, sem influenciar o nosso comportamento, desarmam o acusado, ressaltando a ilicitude do seu comportamento.

---

* "Julgamento sumário", que pode ser pedido pelo réu com a possibilidade de penas menores. (N. T.)

Esses fatores, e especialmente alguns deles (as escutas telefônicas não tiveram influência significativa, já que foram pouco utilizadas por nós), tornaram menos difícil o andamento das investigações e processos.

Eu não enfatizava outros por considerá-los óbvios, mas agora penso que devam ser colocados em bastante evidência, porque me dou conta de que não estão presentes em todas as legislações (se as informações que tenho são corretas, o ordenamento jurídico brasileiro também não os contempla), e a sua relevância pode escapar àqueles que não conheçam a fundo o sistema judiciário italiano.

A Constituição, no capítulo IV da segunda parte, quando trata da magistratura, introduz, entre outros, dois princípios cuja observância constitui a garantia de imparcialidade e de equidistância entre o poder do Estado, das instituições, dos interesses dos poderosos e o cidadão. O artigo 101 estabelece, entre outros, que "os juízes estão sujeitos apenas à lei", e o artigo 104 afirma também, entre outros pontos, que "a magistratura constitui uma ordem autônoma e independente de qualquer outro poder". Esses princípios constitucionais foram postos em prática instituindo o Conselho Superior da Magistratura, que garante sua autonomia, estabelecendo a inamovibilidade dos magistrados, determinando que sejam nomeados por concurso, excluindo qualquer discricionariedade no exercício da ação penal, que na Itália é obrigatória, e até mesmo para dispensar o Ministério Público do dever de responder perante a outros sobre a sua escolha de aceitar ou rejeitar o caso. O mesmo vale para o Código de Processo Penal, que estabelece (exatamente no sentido de garantir a independência também de si próprio, e retomando um princípio já expresso no Código precedente, que remonta a 1930 — ou seja, criado no período fascista) que aquele que investiga (ou desempenha a função de juiz no curso das investigações) não está habilitado a pronunciar sentença condenatória com relação a quem tiver sido objeto de investigações (exceto com a concordância deste, pedindo para ser julgado no assim chamado *giudizio abbreviato*). Também está prevista uma série de situações (dentre as quais aquela de haver feito sugestões ou manifestado seu parecer sobre o objeto do processo fora do exercício das funções judiciárias) que impõem ao juiz se abster, além de conceder às partes a prerrogativa de recusá-lo (por exemplo, se houver manifestado indevidamente seu próprio convencimento sobre fatos objetos da imputação no exercício das suas funções antes que a sentença seja pronunciada).

Acredito que se trate de disposições essenciais para tutelar acima de tudo o cidadão que, por qualquer razão, esteja envolvido em um procedimento penal, e em seguida a credibilidade dos juízes e de seu trabalho. Permitir que o responsável pela investigação emita uma sentença de condenação coloca em grande risco não apenas em termos formais, mas também substancialmente, a imparcialidade, por óbvias razões, que não se limitam ao caráter psicológico. O juiz deve ser a terceira parte, e isso significa que não pode julgar aquilo que fez ou tenha ajudado a fazer. Há o risco de que alguém que tenha feito parte das investigações se "enamore" da sua própria atividade e das suas próprias teses e seja levado a sustentá-las mesmo se forem erradas. Pelas mesmas razões, não se pode formar um pré-julgamento sobre a matéria do processo (o fato que o expresse é na verdade secundário, porque a distorção da função está exatamente na formação de um pré-julgamento, circunstância que de forma inevitável invalida todo o processo, porque o juízo não pode ser formulado antes que todos os trâmites tenham se desenrolado). Pois bem, a Constituição e o Código de Processo Penal contribuíram significativamente para tutelar a nossa credibilidade perante os cidadãos e a opinião pública, ao menos até que elementos completamente estranhos ao nosso trabalho e àquele de quem julgava os acusados produzissem uma verdadeira rebelião contra a própria descoberta e a própria repressão da corrupção.

Em suma, eu estava pessoalmente convencido da utilidade do nosso trabalho, tanto que aceitava os convites que chegavam de tantas partes do mundo para explicar os nossos métodos investigativos e os resultados das nossas apurações.

Acreditava que a pena fosse um instrumento indispensável para induzir as pessoas a respeitar as leis, ainda que pudesse ser desagradável aplicá-la (a interferência na vida de outro, que caracteriza o trabalho do magistrado, sempre me causou desconforto). Considerava também que se devesse seguir um processo justo, conduzido por um juiz independente e imparcial, com todos os direitos do imputado respeitados, mas acreditava de fato que a pena pudesse desempenhar uma função preventiva, constituindo — como estava escrito nos compêndios de direito penal — um desincentivo ao impulso criminoso que estimulava o transgressor. E achava justo que ao final fosse aplicado, mesmo nos casos envolvendo a prisão, o princípio da igualdade perante a lei: se para lá acabavam indo os pobres, como ocorria normalmente, também para lá deveriam ir os criminosos de colarinho-branco, que até aquele momento jamais iam para a cadeia. Enfim, eu via a Mani Pulite como um meio para colocar em prática a igualdade, mais do que descobrir a corrupção. Do meu ponto de vista, os instrumentos utilizados para enfrentar os marginais (por exemplo, a delação) eram legitimamente utilizáveis no enfrentamento dos crimes de colarinho-branco. Eu ainda não havia sentido o forte ruído existente entre os métodos tradicionais e o espírito da Constituição, e não me dava conta de que era necessário escapar dessa contradição respeitando principalmente a dignidade dos miseráveis.

Eu ainda não havia tomado consciência (fato que ocorreu pouco depois, com o passar do tempo) de que um fator essencial que permitiu a descoberta do sistema de corrupção fora a queda do Muro de Berlim — ou seja, a superação da divisão do mundo entre o bloco ocidental e o bloco comunista. Essa evolução do quadro político global na verdade desorientou os blocos de poder que anteriormente haviam impedido as investigações de passar dos primeiros estágios.

Acreditava, portanto, que o nosso trabalho, cujos méritos eu divulgava nas ocasiões em que era convidado a falar sobre o assunto, teria desmascarado definitivamente o sistema, permitindo aos cidadãos tomar consciência e não se sujeitar a ser governados por aqueles que faziam parte do esquema. Simultaneamente, porém, quando eu participava das investigações por não mais de três meses, já percebera o risco de que a máquina de processo penal não seria capaz de dar conta da enorme quantidade de crimes que estavam emergindo. Já era evidente que a corrupção formava um sistema, e que não pararíamos de descobrir crimes durante anos. Era previsível que a enorme quantidade de descobertas sobrecarregaria a máquina do sistema judicial, e a prescrição comprometeria uma parte muito consistente das posições, de tal modo que a sensação de impunidade que acompanhava os crimes contra a administração pública, em vez de ser colocada em crise, seria confirmada. Expressei a minha opinião ao jornalista Leo Sisti, publicada na edição do semanário *L'Espresso* de 26 de julho de 1992. Lancei uma ideia a Sisti na entrevista:

> O Parlamento aprova uma lei que fixa um fim preciso, definitivo, digamos alguns meses. Até aquela data, aqueles, políticos ou empresários, ainda não envolvidos nas investigações, se apresentam aos juízes, contam tudo e restituem o dinheiro ou indicam a quem o dinheiro foi dado... quem assim proceder estará isento de pena, não será processado, ainda que sem dúvida deva ser proibido, por um período razoável, de exercer funções públicas. Para aqueles que não fizerem isso, a lei continuará a ser aplicada.

Teria sido o caminho para fazer emergir toda a corrupção ocorrida e desarticular de verdade o sistema. Eu tinha certeza de que a minha proposta não seria aceita, e assim aconteceu. Sendo o sistema tão sólido, na verdade o interesse não era eliminá-lo, mas evitar que as investigações pudessem colocá-lo em risco. Vejo o descaso que acabou com a proposta como a aplicação do famoso ditado siciliano: "*Calati juncu ca passa la china*", ou seja, "Abaixa, junco, que logo passa a chuva e tu poderás te levantar quando as águas voltarem a ficar calmas".

Em todo caso, a incerteza provocada pela queda do Muro de Berlim foi passageira, os blocos de poder entraram em acordo, e, já nos últimos anos do velho milênio, por um lado as instituições começaram a tomar medidas capazes de anular os resultados das investigações e, por outro, a sociedade se deu conta de que as provas progressivamente obtidas não se limitavam ao envolvimento dos habitantes dos andares mais altos dos edifícios, mas se referiam também à pequena corrupção, aquela posta em prática no cotidiano pela gente comum.

Assim, em julho de 1997, foi alterado o crime de abuso de função; em março de 2001, foi reduzida a eficácia probatória das declarações de investigados em crimes conexos (dispondo que o que fosse afirmado nas fases preliminares das investigações não teria valor se aquele que a houvesse concedido não a tivesse confirmado na fase de interrogatório, ficando livre, nessa última fase, para se abster de responder); em abril de 2002, foi praticamente abolido o crime de falsificação contábil; em dezembro de 2005, foram reduzidos de forma considerável os tempos de decurso a partir dos quais a prescrição extingue um crime. Em consequência, muitas pessoas ficaram livres dos processos com a fórmula "o fato não está mais previsto como crime" (mas, obviamente, o era antes: as condenações em primeira instância pelo crime de falsificação contábil, que às vezes tinham se concretizado em penas até de certa dureza, foram anuladas em segundo grau em decorrência da modificação introduzida na lei); outras absolvições se deram "por não haver cometido o fato" ou "porque o fato não subsiste" (porque não eram confirmadas as denúncias da fase preliminar, sem as quais os elementos de prova, embora continuassem existindo, perdiam a univocidade); e ainda havia a fórmula do "não se deve processar porque o crime foi extinto por prescrição".

A partir do desfecho dos primeiros processos, eu mantinha atualizada uma estatística dos resultados do nosso trabalho, entre condenações e absolvições. Em intervalos regulares, eu imprimia os dados, que no computador eram atualizados com frequência. Infelizmente, dessas planilhas impressas me restaram apenas algumas, e o intervalo de tempo entre a primeira, que ainda conservo, e a última é de apenas três anos. Entretanto, a comparação é expressiva. Em fevereiro de 1999, as pessoas inocentadas por juízes nas investigações preliminares constituíam aproximadamente 15% daquelas com julgamento requerido; em julho de 2002, quase 20%; em fevereiro de 1999, os inocentados ou absolvidos em tribunal eram pouco mais de 20%; em julho de 2002 mais de 40%. De memória, posso dizer que nos primeiros processos, em 1993, o percentual de absolvição era de 4%, e a prescrição era quase inexistente.

Antes ainda que ocorressem as alterações legislativas, a postura da opinião pública com relação às investigações mudou, passando de um apoio completo e até mesmo incondicional à atividade dos magistrados a um difuso senso de desilusão ou de indiferença, quando não de mal-estar ou de aberta hostilidade por parte considerável da população. Explico o fato observando que no início das investigações ninguém, ou quase ninguém, conseguia se identificar com aqueles que estavam envolvidos, porque pertenciam aos estratos mais elevados da sociedade (quem poderia se ver no lugar de um parlamentar, de um secretário nacional de um partido, de um prefeito de uma cidade como Milão?), e por isso a atitude era de forte reprovação — às vezes até acima do normal — dos comportamentos que progressivamente eram colocados sob as vistas de todos. Porém, à medida que as investigações prosseguiam, emergia também a corrupção de rua, aquela cometida pelo cidadão comum, de pessoas com as quais era fácil se identificar. E assim se afastaram do nosso trabalho, quase como se estivessem dizendo: "Mas o que pretendem esses magistrados, de olho até no que *eu* faço?". E, uma vez que as provas eram obtidas a partir de depoimentos ou provas documentais, as bocas se calaram e os documentos sumiram. Assim escreveu Luigi Ferrarella, histórico cronista judiciário, na edição do *Corriere della Sera* de 15 de fevereiro de 2012, com o título: "Da Mãos Limpas a Mãos Desbotadas":

> Na "traição" da Mani Pulite não faltou nem "o povo" da Mani Pulite: aquele que aplaudia as algemas enquanto eram atadas apenas nos pulsos dos "poderosos", distantes dos cidadãos comuns, rapidamente retirou o apoio aos magistrados, até fazer com que de repente se sentissem "trabalhadores socialmente inúteis", assim que começaram a bater à porta dos contadores, atrás de quem estavam os sonegadores fiscais, os médicos que trapaceavam o sistema de saúde pública, os juízes vendidos, os coronéis pagos pelas famílias para isentar os filhos do

serviço militar, os guardas municipais mercenários, os inspetores do INPS pelas pensões por invalidez. Ao ponto de fazer assemelhar a Mani Pulite à protagonista de um conto de Joseph Roth de meio século antes: "Ninguém queria que permanecesse viva e por isso morreu".

Apesar dos treze anos de investigações e processos, a corrupção na Itália não desapareceu. Ao contrário, a opinião geral é de que esteja no mesmo nível ou até mesmo de que a situação tenha piorado. O mais recente Índice de Percepção de Corrupção elaborado pela Transparência Internacional coloca a Itália, em 2017, no 54º lugar no mundo, entre 180 países, na classificação dos países onde a legalidade é mais respeitada com um escore de 50 (em uma escala na qual 100 é a perfeição e 0 é a máxima corrupção).

Abro um parêntese para apontar que, exceto em 2012 e em 2014, a percepção de corrupção no Brasil sempre foi mais elevada do que na Itália. Faço essa observação porque a difusão da corrupção na sociedade brasileira não parece menos desenvolvida do que na italiana, e esse é um elemento que, de qualquer maneira, aproxima as duas realidades.

Portanto, na Itália, a cultura da corrupção vence a cultura da Constituição, da legalidade constitucional. As regras escondidas, subterrâneas, ocultas, segundo as quais a função pública passa a perseguir a obtenção de privilégios para si e para aqueles que fazem parte do sistema, frequentemente prevaleceram sobre as regras oficiais, sobre as leis, que preveem que a função pública deva ser praticada atendendo ao interesse de toda a comunidade.

As regras da Tangentopoli* levaram a melhor porque, quando a corrupção é endêmica, articulada e capilarizada como acontecia na Itália (e como infelizmente parece ocorrer também agora), a legalidade não pode ser restabelecida através do processo penal. Ou melhor, para mim é evidente que a Mani Pulite é a comprovação de que o processo penal não pode reduzir a corrupção. As investigações

* Em italiano, *tangente* significa "propina", "suborno", e a operação Mani Pulite ficou também conhecida como Tangentopoli, ou "cidade da propina" ou "do suborno". (N. T.)

sem dúvida contribuíram para revelar um sistema submerso incrivelmente difuso. Mas o sistema revelado era tão bem estruturado (e dele fazia parte uma parcela tão considerável da população) que venceu o confronto com o aparato repressivo do Estado.

Por volta de 1998, as investigações terminaram quando findou o filão relativo à corrupção dos magistrados, mas os processos continuaram. Entre 2002 e 2003, no momento em que os julgamentos também estavam se concluindo, apresentei meu primeiro pedido de transferência para a Corte de Cassação, que não foi aceito. Pouco tempo depois, apresentei novo pedido, adicionando todas as qualificações possíveis que comprovavam meu direito de ter a transferência aceita. E foi o que aconteceu dessa vez. O último ato que assinei como procurador substituto da República em Milão foi substancialmente o último ato da Mani Pulite. Tratava-se de um recurso contra a sentença favorável em tribunal a um acusado que, por coincidência, era relativa à corrupção.

Na Corte de Cassação, o topo do sistema judiciário italiano, aquilo que nos outros lugares é chamado de Corte Alta ou Corte Suprema, fui juiz por dois anos. Esse período contribuiu para me convencer de que, caso definitivamente se pretenda reduzir a transgressão, é necessário trabalhar em um campo de ação diferente das salas de Justiça.

Foi ali, enquanto eu trabalhava na Cassação, que comecei a me sentir como um encanador. Um profissional que é chamado uma manhã por um senhor que acorda, vai à cozinha para fazer seu café, abre a torneira, mas a água não sai. O encanador chega, começa a trabalhar e desmonta aqui, monta lá, muda isso, substitui aquilo, mas nada de conseguir fazer a água sair. Então ele tem uma ideia e se pergunta: "Talvez fosse bom verificar se não há algum problema que esteja impedindo que a água chegue à torneira". Ele segue a tubulação, acaba no subsolo, e lá se depara com o registro principal, aquele que leva água para todas as torneiras do condomínio. Examina a situação, saca suas ferramentas e se põe a trabalhar. Não se sabe por quanto tempo fica por lá, mas no fim ele volta à cozinha, abre a torneira e a água escoa. É como se, por 33 anos, tempo que permaneci na magistratura, eu tivesse me ocupado da torneira da cozinha. Por mais esforço que fizesse, por mais trabalho que tivesse, não havia nada a ser feito. O sistema judiciário funcionava muito mal. E então eu me perguntei: "Mas será que para fazer funcionar a Justiça, para que haja justiça, não haverá algo a ser feito antes dos tribunais, das cortes de apelo, dos juízes, dos advogados, dos procuradores, dos indiciados, das condenações, das absolvições?". Olhei em torno e encontrei o registro principal.

A Constituição italiana é muito avançada, inverte textualmente os pontos de referência dos ordenamentos sociais que antes se sucederam no tempo, com base no reconhecimento da discriminação e na verticalidade como valores centrais. Na verdade, em seu cerne a Constituição coloca a pessoa e sua dignidade e determina que, em relação a ambas, todos devem ser considerados iguais perante a lei (artigo 3), razão pela qual as características pessoais como gênero, língua, etnia, religião, opiniões políticas, condições pessoais e sociais não podem ser causa de discriminação. A todos são garantidos os mesmos direitos, não podem existir privilegiados. Estabelecido o princípio, ele se desenvolve nos vários setores nos quais se exerce a vida humana: por exemplo, a Constituição estabelece que a escola é aberta a todos, que a instrução por ao menos oito anos é obrigatória e gratuita (artigo 34), garante cuidado gratuito aos indigentes (artigo 32), estabelece que a remuneração dos trabalhadores deve ser "sempre suficiente para assegurar" a eles e sua família "uma existência livre e digna" (artigo 36). Ou seja, se preocupa em afirmar a ideia de que cada membro da coletividade possa se realizar e viver dignamente. Um modelo social desse tipo (que é bastante parecido com o adotado no Brasil, cuja Constituição afirma, no artigo 3, que os objetivos fundamentais da República consistem, entre outros, na erradicação da pobreza e exclusão, redução das desigualdades sociais e regionais, promoção do bem de todos, sem preconceito de origem, raça, sexo, cor de pele, idade e qualquer outra forma de discriminação), se concretizado de fato, reduz consideravelmente a exposição à corrupção daqueles que poderiam recorrer a esse expediente por motivos de sobrevivência ou para sair dos níveis mais baixos da escala social, influenciando a avaliação que os cidadãos fazem da corrupção em geral e até mesmo daqueles que na sociedade ocupam os estratos mais elevados.

A minha primeira viagem ao Brasil ocorreu logo após o assassinato de oito rapazes pela polícia do Rio de Janeiro em frente à igreja da Candelária. Passei pelo local com alguns amigos e havia ainda os contornos dos corpos dos meninos, desenhados na calçada com giz, como ocorre quando se tenta preservar a cena do delito. Perguntei às pessoas que moravam por ali como os garotos haviam sido mortos. E as pessoas me responderam que aqueles rapazes desciam das favelas, incomodavam muito os comerciantes, que pagavam os agentes da polícia para que os defendesse deles. Ouvi dizer também que àquela época o salário mensal de um policial correspondia a 25 garrafas de cerveja. Compreende-se de fato a relevância dos aspectos econômicos que garantem uma vida digna? Compreende-se de fato o que é a cultura? Se as informações que me passaram forem verdadeiras, esse episódio me diz que, quando se chega a matar meninos por pequenas somas de dinheiro, evidentemente a disponibilidade à corrupção é elevadíssima. Mas se os policiais recebessem um salário digno, creio que seria mais difícil recorrerem a atos tão terríveis como aquele que cometeram. Jamais o teriam praticado se tivessem compartilhado e sentido na pele os efeitos do princípio da igualdade e dignidade para todos.

Aqui está, portanto, uma parte do registro principal desse encanamento: a igualdade social. No entanto, isso depende de outro aspecto, de importância ainda maior: para que não existam discriminações, é necessário que se considere justo que as pessoas sejam consideradas iguais perante as leis. É necessário que as palavras escritas na Constituição italiana (fortemente ecoadas pela brasileira) sejam um grande consenso entre os cidadãos. Na verdade, há apenas uma via que leva à observância generalizada das leis onde não exista uma forte ditadura que a imponha com o terror: o consenso, que, por sua vez, depende do conhecimento e da capacidade de discernir. O que estou afirmando é que, se existisse uma conformidade de opiniões em relação às regras da Constituição em decorrência do seu entendimento e da sua consequente assimilação, as pessoas as observariam de bom grado na enorme maioria dos casos. Dessa forma, a sociedade seria equilibrada, a dignidade de todos seria respeitada, e a corrupção seria relegada à marginalidade (assim como grande parte das transgressões).

Essencialmente, depois da Mani Pulite e da minha experiência na Corte de Cassação, entendi que o verdadeiro registro principal é a educação à observância das regras. Apenas se as leis forem observadas espontaneamente por grande parte dos cidadãos a Justiça poderá funcionar e poderá ser exercida. Por isso decidi me demitir da magistratura em meados de 2007, e passei a me dedicar a me encontrar com jovens para dialogar sobre a questão das regras.

O instrumento penal é ineficaz também porque frequentemente nos esquecemos do fato de que o sistema judicial é apenas uma peça de um quebra-cabeça, uma pequena parte de um mosaico muito maior e mais complexo. É uma pequena peça que, para funcionar, deve se encaixar corretamente com todas as outras que compõem a imagem do quebra-cabeça. Caso contrário, está destinada a fracassar, e quem a pratica corre o risco, em nome da justiça, de criar injustiça. Na Itália, por exemplo, a Justiça funciona muito mal por ser uma peça que não se encaixa facilmente no quebra-cabeça desenhado pela Constituição. Eu me refiro, aqui, claro, à justiça penal, e para explicar o que digo tomo um exemplo do Código Penal, escrito em 1930, quando a sociedade italiana era organizada de um modo muito vertical e discriminatório. A Itália era governada pelo fascismo, que — exacerbando ainda mais o que havia antes — se baseava nos princípios de autoridade, de exclusão da diferença, da tutela jurisdicional diferenciada conforme a posição ocupada no âmbito social (por exemplo, o homem era muito mais protegido que a mulher). A Constituição, como vimos, é baseada em princípios diametralmente opostos: compartilhamento, inclusão, igualdade de proteção e de oportunidades. Diversas tipificações de crimes foram modificadas, mas a parte geral do Código — aquela que disciplina, entre outros, a imputabilidade, o nexo causal, o elemento psicológico do crime, a coautoria — permaneceu, com algumas variações, substancialmente a mesma. A peça do quebra-cabeça formada pela justiça penal não pode se encaixar no sistema constitucional porque o Código Penal foi elaborado por uma sociedade autoritária e excludente, e não por uma sociedade democrática e inclusiva.

E lanço ainda outra pergunta: pode a Justiça de fato ter credibilidade se não houver garantia de que o juiz seja mesmo independente — e, por consequência, imparcial — da opinião pública, do Legislativo, do Executivo e até de si próprio, isto é, de suas crenças, valores, sentimentos, simpatias e antipatias, da fidelidade que dedica às amizades, da opinião política e assim por diante? Essas considerações valem para o Judiciário, mas não são muito diferentes das que poderiam se referir às outras peças do quebra-cabeça, que às vezes não se encaixam direito na figura, circunstância que interfere também na possibilidade de posicionar corretamente a da Justiça. Se a escola fosse verdadeiramente aberta a todos e de fato gratuita (e não se observassem os fenômenos de evasão escolar típica sobretudo em algumas regiões da Itália); se o desemprego fosse mínimo; se não existissem vertiginosas disparidades sociais; se, para voltar à metáfora, todas as peças do quebra-cabeça se encaixassem com perfeição, até mesmo a do sistema judicial conseguiria ser colocada sem dificuldades. São problemas que dizem respeito à Itália, mas que talvez não sejam estranhos ao Brasil, cuja figura desenhada na Constituição tem por objetivo a construção de uma sociedade livre, justa e sólida, o desenvolvimento nacional, a erradicação da pobreza e da marginalidade, a redução da desigualdade social e regional, a promoção do bem comum, sem preconceito de origem, raça, sexo, cor da pele, idade e qualquer outra forma de discriminação (artigo 3).

Portanto, se a Constituição é pouco difundida e pouco compreendida, se não são conhecidas as origens e as razões, a consequência é que também as leis, às vezes, não estarão em sintonia com o desenho constitucional (por exemplo no caso do Código Penal italiano); e se estiverem, não serão respeitadas. Portanto, o percurso de adequação é longo e nem um pouco simples. É necessário, em essência, passar de uma mentalidade difusa de opressão a uma mentalidade, igualmente difusa, de oportunidades iguais, para que a Justiça funcione. A pergunta — ou a objeção — que se pode aventar é: muito bem, mas, mesmo se concordássemos com toda essa argumentação, o que ocorreria no curto prazo, visto que seria impossível, por definição, atingir rapidamente uma mudança tão radical?

A pergunta, ou a discordância, é legítima. A cultura só pode se modificar gradualmente, e sem dúvida não é possível abandonar de forma repentina a estrutura existente e introduzir de imediato a de uma sociedade democrática. Não há como funcionar, como mostra a Constituição italiana, tão amplamente inaplicada, assim como, creio eu, a brasileira. É necessário que os passos sejam pequenos e curtos, que as movimentações sejam feitas com consciência da dificuldade da empreitada. Mas é necessário ter ideias claras e não se iludir acreditando que o objetivo possa ser atingido utilizando instrumentos errados. Em suma, é necessário que cada pequeno passo seja coerente com os outros e que se caminhe em todos os campos nos quais é necessário avançar.

Não se pode abolir repentinamente as punições, o que significa que não é possível abolir o processo penal. Mas esses instrumentos devem ser adequados aos poucos ao sistema indicado na Constituição, seguindo (ou antecipando) passo a passo as mudanças que são necessárias nos outros setores: promoção da educação, erradicação da pobreza, afirmação da responsabilidade do indivíduo e dos grupos. Responsabilidade que, para fechar o cerco, não se obtém através da ameaça da punição, mas através da conscientização.

O instrumento penal, portanto, deve ser imediatamente utilizado de modo que respeite a dignidade das pessoas envolvidas, investigados e condenados incluídos; que não exorbite os seus fins, que são aqueles de apurar se um crime foi cometido e, em caso afirmativo, por quem; que seja e aparente ser independente e imparcial. A experiência da Mani Pulite mostrou isso também: basta que a gestão da Justiça pareça parcial, mesmo quando não é, para perder a sua credibilidade.

Eu e os meus colegas que conduziram as investigações da Mani Pulite fomos submetidos a enorme quantidade de agressões, que tinham por objetivo minar a nossa credibilidade, tanto no plano penal como no disciplinar e no midiático. Pessoalmente, fui submetido a cinco processos disciplinares; o número de inscrições no registro dos investigados do tribunal em alguns momentos era de dar inveja a um chefe da máfia. Em programas de televisão, revistas e jornais, fui acusado de haver falsificado provas, induzido a suicídio, ter favorecido um lado político, desrespeitado a Constituição, colocado em prática um golpe de Estado. Todos saímos ilesos dessas acusações, porque não havíamos feito nada daquilo que nos imputavam. Apenas nos dispusemos a seguir as provas, aonde quer que nos levassem, sem nunca hesitar; não negligenciamos nenhuma notícia de crime; pressionamos o Parlamento com os nossos pedidos de autorização para processar qualquer parlamentar que estivesse envolvido nas investigações, fosse qual fosse o partido ou a facção do envolvido.

A publicidade contra nós, porém, deu uma justificativa à mudança brusca de postura de quem, depois de haver sustentado as investigações desde o início, começava a temê-las. E não foi difícil destruir a nossa credibilidade, e a da magistratura, com afirmações — inverídicas — de parcialidade. Pode-se imaginar o que teria ocorrido se tivéssemos dado motivos ao desejo de nos desacreditar. No entanto, não é exatamente esse o ponto. Não se trata apenas de credibilidade, que de fato é importante, mas poderia se transformar em dependência do consenso da população. Trata-se, sobretudo, de fidelidade ao próprio dever institucional e, consequentemente, de fidelidade à Justiça. Se de fato tivéssemos sido parciais, se as nossas ações tivessem se submetido à influência desta ou daquela força política, deste ou daquele grupo econômico, ou se tivéssemos nos enamorado das nossas teses, teríamos negligenciado a nossa função e colocado em sério perigo a própria existência do estado de direito. Não aconteceu conosco e não deveria acontecer em nenhuma parte do mundo.

Ter uma visão parcial significa trair a própria natureza da função judiciária.[2]

Milão, 30 de março de 2018

3. Itália: um país resignado?[1]

PIERCAMILLO DAVIGO

Algumas noções sobre a corrupção na Itália

As investigações judiciárias ocorridas a partir de 1992 lançaram luz sobre uma vasta rede de corrupção na Itália, que envolvia o mundo político e empresarial, indo até as instâncias mais altas do trato da coisa pública.

A propósito, vale a pena citar o texto de um interrogatório de uma pessoa investigada, redigido em 1992, que se referia a um esquema presente em uma instituição nacional (cujo nome aqui se omite indicando-o com YYY):

> A propósito deste último, posso dizer que há muitos anos, na YYY, funciona um cartel formado por cerca de duzentas empresas, que se reúnem periodicamente, olham a lista das obras que foram ou deverão ser examinadas pelo conselho de administração da YYY e decidem como será realizado o rodízio de quem deve vencer. Isso acontece de tempos em tempos e serve para decidir concretamente a qual grupo de empresas os trabalhos devem ser destinados: a escolha ocorre através de um sorteio, ou seja, os nomes das empresas são escritos em pedaços de papel que são sorteados em seguida.

No sorteio, ou melhor, através do sorteio se decide que ao primeiro grupo de empresas se atribui o primeiro contrato, ao segundo grupo de empresas, o segundo contrato, ao terceiro grupo, o terceiro, e assim por diante. São nomeados os coordenadores das empresas que têm a missão, quando a concorrência subsequente for anunciada, de chamar as outras empresas, às quais serão destinadas as concorrências seguintes, para solicitar o "agradecimento" (isto é, a renunciar às concorrências que não devem vencer), ou melhor, para comunicar-lhes o valor do desconto que devem colocar nas suas ofertas de maneira a não vencer: tudo se passa obviamente através da comunicação do valor da planilha secreta.

Isso funciona tanto no nível da direção-geral da YYY de Roma como nos seus departamentos, com as empresas regionais. Com base nesses mecanismos, as empresas pré-escolhidas vencem as concorrências.

Nem sempre, porém, as coisas saem conforme o planejado. Às vezes acontece de empresas não ligadas ao cartel ou, o que é mais raro, empresas estrangeiras conseguirem fazer a oferta vencedora por pura sorte, calculando exatamente o percentual do desconto a ser apresentado na oferta (o valor da oferta vencedora com o desconto máximo somando o acréscimo de 5% ou 7%, que faz com que quem oferecer um preço superior à média mais o acréscimo seja excluído).*

Em tais casos ocorrem frequentemente grandes conflitos no interior do cartel de empresas, porque surge a suspeita de que uma das empresas menos favorecidas nos sorteios (e que deveria obter, digamos, a concorrência número trinta, devendo esperar muito tempo para iniciar os trabalhos) venda a outras empresas as suas informações, prejudicando os demais membros do cartel.

Qualquer pessoa faz o pagamento à YYY, quer dizer, até mesmo funcionários assistentes. Mais especificamente para o que interessa aqui, à YYY se paga seja para a estrutura da organização (o ministro [...] preside o conselho de administração da YYY), seja para o sistema de partidos.

* Pelo sistema vigente à época, eram excluídas as ofertas que se desviavam, por determinado percentual, acima ou abaixo da média das outras ofertas. As remanescentes eram definidas como ofertas normais. (N. T.)

> Em nome dos partidos, recebem os secretários nacionais administrativos, ou seja, os receptadores são os secretários nacionais dos partidos majoritários e dos maiores partidos da oposição [...] o fluxo sobre o qual falei é padronizado há pelo menos vinte anos.[2]

Dessas declarações aflora o quadro de uma corrupção muito difundida e muito antiga. Entretanto, não é possível saber quanta corrupção havia (ou há) realmente na Itália. Denomina-se "*cifra nera*", ou cifra negra, a diferença entre o número de crimes realmente cometidos e aqueles que aparecem nas estatísticas judiciárias. A cifra negra varia de acordo com muitos fatores, dentre os quais o tipo de crime e o contexto no qual é cometido. Os delitos de corrupção apresentam uma cifra negra elevada, como se infere pela diferença entre os casos que aparecem nas estatísticas judiciárias (que, por exemplo, são mais baixos do que os registrados na Finlândia, tida como um dos países menos corruptos do mundo) e os índices de percepção de corrupção elaborados pela Transparência Internacional, que situam a Itália em uma posição dramática na classificação da corrupção, pior do que muitos países africanos e asiáticos.

Há quem conteste a credibilidade desses índices argumentando que, exatamente por serem índices de percepção, medem não a disseminação da corrupção, mas a opinião geral sobre tal disseminação. Entretanto, os índices de percepção são corroborados pelo índice Picci-Golden, que mede o custo das obras públicas em vários países.[3]

É possível tentar entender quais fatores determinam a cifra negra e se são uniformemente distribuídos no território nacional. A cifra negra da corrupção se alimenta sobretudo da baixa propensão à denúncia por parte das vítimas, que normalmente ignoram o fato de que são vítimas. Na verdade, a corrupção é um crime cuja vítima é difusa — prejudica um enorme número de pessoas, mas nenhuma especificamente. Além disso, não há testemunhas, já que raras vezes o ato de corrupção é realizado na presença de pessoas desconhecidas.

Por outro lado, a distribuição geográfica das condenações definitivas por corrupção não é homogênea, como se infere dos dados do Casellario* Giudiziale Centrale.[4] Tal diferença não parece refletir variações na dimensão do fenômeno criminoso real, e sim diferenças na extensão da cifra negra. Impressiona, por exemplo, o dado da região da Corte di Appello** de Reggio Calabria: apenas duas condenações definitivas por corrupção ocorreram em vinte anos.

Poderíamos pensar ingenuamente que tal região fosse uma "ilha" de felicidade, imune a todas as formas de corrupção. Todavia, a conclusão é outra quando se leva em conta as declarações de Agatino Licandro, que renunciou à prefeitura de Reggio Calabria no dia 13 de maio de 1992 por problemas pessoais ligados à corrupção, depois de haver contado aos investigadores "os detalhes do vergonhoso acordo de corrupção entre políticos com nomes, fatos, circunstâncias e citando todos os documentos necessários para encontrar confirmações e provas".[5]

Como a criminalidade submersa parece ser mais elevada nas áreas do Centro-Sul da Itália, é possível levantar a hipótese de que a presença maciça do crime organizado e da subcultura que dá origem à sua matriz ideológica dificulte o reconhecimento da criminalidade ligada às más condutas político-administrativas (concussão e corrupção).

Nas regiões do Sul da Itália, em particular, a corrupção pode ser aparentemente atribuível em parte ao "submerso" e em parte ao "tolerado". Em ambos os casos, os episódios de corrupção não emergem ou porque são "invisíveis", ou porque, embora visíveis, não aparecem na esfera perceptível dos cidadãos na sua dimensão de caráter ilegal.

A economia legal "visível", da qual tira vantagem o crime organizado, necessita do delito político-administrativo e, por sua vez, o alimenta e o "estabiliza" — não apenas pelo conhecido efeito "espiral" ou de "redemoinho"[6] típico da corrupção nas áreas onde prevalece a economia legal, mas também pelo clima de intimidação e de *omertà*,

---

* Registro ou arquivo de antecedentes penais e cíveis. (N. T.)

** Tribunal de segunda instância. (N. T.)

ou pacto de silêncio, que caracteriza a área de elevada densidade de organizações criminosas.

A corrupção político-administrativa se insere, na verdade, nos tipos de ilícitos sobre os quais se apoia (e prospera) a criminalidade organizada e mesmo "violenta": concorrências, licenças para construção civil, contratos de assistência técnica, contratação de funcionários, financiamento de empresas.[7]

O instrumento principal utilizado pela máfia e outras organizações criminosas não é a violência, e sim a corrupção.[8] Na verdade, "pagando políticos, funcionários públicos, magistrados ou agentes de política para que fechem os olhos ao tráfico ilegal, o grupo criminoso age como um corruptor comum".[9] Uma ressalva deve ser feita ao excesso de "vínculo", base dos acordos corruptos, em razão exatamente da cultura da *omertà* e ao maior incentivo a honrar os acordos que tenham o elemento "garantidor"[10] derivado justamente do crime organizado.

A cifra negra é reforçada pela própria cultura da *omertà*, que é fruto do clima de intimidação, fazendo com que em muitas regiões do Sul da Itália haja uma tendência de a corrupção permanecer escondida, mesmo quando no resto do país são trazidos à luz numerosos delitos do gênero.

Voltando ao caso de Agatino Licandro, encontramos o relato:

> Assim que acabei de completar a fita com a gravação das minhas confissões, tive que mudar a minha vida, a dos meus filhos, da minha mulher Carla e das pessoas que mais me amam. Tive que partir imediatamente para um lugar secreto. Eu e Carla e nossos filhos vivíamos blindados. Casa, carros, hábitos: tudo de cabeça para baixo. Uma coisa é a corrupção em Milão. Outra coisa é a corrupção transformada em ponto de referência da máfia, como em Reggio Calabria. Se alguém fizer uma denúncia em Milão, ganha o respeito das pessoas. Se fizer o mesmo em Reggio, pensam que é um vilão.[11]

Pode-se então concluir que, sendo o mercado da corrupção um mercado ilegal, é mais bem gerido pelo crime organizado — como os demais mercados desse tipo —, mas também que o crime organizado e a corrupção vivem em simbiose e se alimentam mutuamente.

Quando eu era um jovem magistrado do Ministério Público, um funcionário da polícia me disse: os mafiosos são como piolhos, prosperam apenas onde há sujeira. Assim sendo, o jogo é único: a luta contra o crime organizado deve vir junto com o combate à corrupção e vice-versa.

O dado citado sobre a região de Reggio Calabria — apenas duas condenações por crime de corrupção em vinte anos — não condiz também com os resultados do Grupo de Trabalho da Comissão Parlamentar de Inquérito sobre a máfia, criada com a lei nº 94 de 1988, encarregada de investigar o recrudescimento de episódios criminais durante o período eleitoral em algumas províncias. No relatório resultante da Comissão lê-se que

> os grupos mafiosos vão ao encalço do poder político e às vezes homens do partido não conseguem vencer a tentação de comprar "pacotes" de votos que lhes são oferecidos; grandes interesses estão presentes no setor de concorrências públicas, com uma consequente interligação muito estreita entre a má gestão administrativa, relações com delinquentes, ameaças e violência [...]. A proliferação dos grupos mafiosos e de seus conflitos internos reconduz à exigência da delinquência organizada de administrar o território não apenas através de práticas antigas de costume mafioso tradicional como extorsão e sequestro, mas também com novas maneiras de relacionamento com as administrações municipais e de maneira geral com os poderes públicos. [...] O ente local no Mezzogiorno é hoje um importante distribuidor de gasto público, mais do que de serviço; tal circunstância não passou despercebida a esta criminalidade que, diretamente ou com mediações de vários tipos, tenta orientar a atividade municipal para conquistar mais espaço econômico e de poder.[12]

Nesse ponto, é preciso entender que *corrupção* e *crime organizado* são "companheiros de viagem" mais ou menos frequentes. Se a corrupção descoberta em Milão em grande medida se mostrava independente da organização mafiosa, nos lugares onde há presença maciça do crime organizado a máfia acaba por dirigir o mercado da corrupção.

A existência de uma sinergia entre a criminalidade mafiosa e a criminalidade dos funcionários públicos já aparecia, ainda que de maneira não explícita, nos resultados das Comissões Parlamentares de Investigação propostas por diversas vezes desde o fim dos anos 1950, exatamente porque se suspeitava que existisse uma inter-relação significativa da máfia com as concorrências públicas.

> A construção civil sempre foi um setor de investimentos muito caro ao crime organizado italiano. Como não exige tecnologias avançadas ou elevado grau de expertise, pode ser utilizada para atividade de lavagem de dinheiro [...] e permite o controle do território por meio da oferta de trabalho e da canalização do consenso político. Existe, na verdade, uma conexão entre organizações criminosas, poder político, administração pública e diversos setores da economia de maneira a determinar uma convergência de interesses entre sujeitos que operam na área das concorrências públicas: o político fornece trabalho ao empresário em troca de uma propina, o empresário paga propina ao político e fornece dinheiro e trabalho ao mafioso; o mafioso recebe o dinheiro do empresário, assegurando, em troca, a paz social e o controle sobre a força de trabalho, e garante apoio eleitoral ao político.[13]

No entanto, nota-se que via de regra

> tanto a organização mafiosa como a corrupção são "indústrias" que se ocupam de bens distintos: proteção privada, em um caso, direito de propriedade sobre receitas políticas, no outro. Do outro lado, os serviços fornecidos por quaisquer das duas "indústrias" basicamente são úteis para a atividade umas das outras, ou então são consumidos pelos empresários, intermediários, mafiosos, políticos. Os acordos de corrupção e as trocas de favores políticos e eleitorais são reforçados pela tutela mafiosa, que garante simultaneamente a *omertà*: é notável que as confissões cruzadas de corruptos e corruptores, que deram à investigação

"Mani Pulite" uma grande propulsão sobre o resto da Itália, não prosperaram nas áreas de maior concentração mafiosa.[14]

Este último tipo de corrupção tem motivação essencialmente econômica, mas contém toda uma série de características independentes das variáveis econômicas "clássicas" na sua projeção dinâmica. Segundo uma pesquisa do instituto Censis,

> as características principais da criminalidade organizada hoje podem ser resumidas: 1) na transformação dos empreendimentos ilícitos em empresas, com a criação de verdadeiras *crime companies* que rompem com o velho modelo "cultural" da máfia; 2) no controle do território, que é uma demonstração de poder ilícito, exercendo o domínio através da criação de um consenso extraído à força, pondo as empresas criminosas em uma condição de vantagem com relação às outras empresas.[15]

É preciso refletir, agora, sobre o fato de que a corrupção tem sido o instrumento de modificação interna da estrutura do crime organizado e que hoje é o instrumento através do qual se mantêm os novos sistemas de poder fundados na sinergia entre economia legal, economia criminosa e poder político institucional.

Com relação à ligação entre a corrupção e o crime organizado, é oportuno lembrar ainda que o mercado da corrupção é um mercado ilegal, no âmbito do qual não é possível obter o respeito às regras e aos acordos firmados recorrendo à forma de tutela legal. Portanto, a "tutela" é confiada à pressão do próprio mercado ilegal (exclusão de uma empresa que não tenha depositado uma propina prometida por sucessivas concorrências relativas ao fornecimento de bens e serviços, exclusão do funcionário público que não tenha se comportado de acordo com o que havia sido combinado e pelo qual recebera ou receberia dinheiro, e às vezes exclusão do mesmo funcionário através da transferência ou do impedimento à recandidatura em uma eleição).

Tais mecanismos, além disso, são eficazes apenas se todos os atores do mercado ilegal os consideram *estáveis* no decorrer do tempo e *satisfatórios* no seu funcionamento.[16] Isso não é característico apenas da corrupção, mas, ainda que com particularidades específicas de acordo com os setores, também de outros mercados ilegais, como o tráfico de drogas, os jogos de azar etc. Quando, ao contrário, um mercado ilegal é gerido pelo crime organizado, o respeito relativo à regra é assegurado pelo poder de intimidação que emana das organizações criminosas e — quando este não bastar — pelo uso da força.[17] Parece óbvio, portanto, que os mercados ilegais geridos pelas organizações criminosas apresentem um melhor funcionamento com relação àqueles confiados apenas na aceitação das regras do jogo cuja violação é punida de maneira muito mais branda.

Sobre esse último aspecto, não deixa de ser preocupante por um lado o aprofundamento do fenômeno corruptivo em uma cidade como Milão, onde no passado houve redução dos índices (as estatísticas judiciárias assinalam que a partir de 2000 as condenações por corrupção caíram a níveis muito mais baixos do que os existentes antes de 1992), e por outro o recrudescimento da presença de organizações criminosas no território lombardo, constatadas em recentes procedimentos penais.

O que foi a "Mani Pulite"

Já se passaram 25 anos desde aquele que é considerado o início das investigações que os meios de informação chamaram de "Mani Pulite", ou seja, quando, no dia 17 de fevereiro de 1992, foi preso em Milão o presidente de um órgão público (o Pio Albergo Trivulzio e Consiglio degli Orfanotrofi) flagrado recebendo uma modesta soma em dinheiro.

Aquela não foi a primeira vez que um funcionário público foi pego em flagrante de corrupção, nem a última. Por que razão, então, depois de tanto tempo, o episódio ainda é recordado na Itália? Acredito que se deva buscar a explicação no surpreendente desenvolvimento das investigações detonadas por aquele caso e que, em um prazo relativamente curto (em especial levando-se em conta a morosidade da administração judiciária na Itália), levou à descoberta de um número impressionante de crimes e ao envolvimento de centenas de políticos, funcionários públicos e empresários.

Os primeiros a ser surpreendidos fomos nós, os próprios promotores. Pouco tempo após a sua prisão, o presidente do Pio Albergo Trivulzio decidiu colaborar com a Justiça e confessou que também havia recebido dinheiro de outros oito empresários. Estes, por sua vez, revelaram ter dado dinheiro a outros políticos, provocando um efeito dominó que em pouco tempo levou à incriminação de cerca de 4200 pessoas, dentre as quais quatro ex-presidentes do Conselho de Ministros, doze ministros e 130 parlamentares, entre deputados e senadores.[18] Foi surpreendente a descoberta de um sistema no qual as empresas consorciadas pagavam à empresa líder do grupo somas proporcionais às suas participações, e esta, por sua vez, as transferia a um político, que as dividia com outros de diversos partidos, fossem da situação, fossem da oposição.[19]

Como consequência do que emergiu nas investigações, nas eleições de 1994 desapareceram cinco partidos, um dos quais havia sido o partido majoritário desde o final da Segunda Guerra Mundial (Democracia Cristã) e, dos outros quatro, três tinham mais de cem anos de história (Partido Republicano Italiano, fundado em 1895; Partido Liberal Italiano, fundado em 1924, mas resultante da fusão com a União Liberal de Cavour e o Partido Socialista Italiano, fundado em 1892).

Trata-se, portanto, de um abalo político sem precedente na história da democracia na Itália, uma vez que alterou profundamente o sistema político estabelecido depois da queda do fascismo, no momento em que o colapso dos regimes do Leste Europeu determinou também uma mudança profunda daquilo que havia sido o Partido Comunista Italiano.

Do lado das empresas implicadas, descobriu-se que os principais grupos industriais italianos, públicos e privados (dentre os quais Enel, Eni, Fiat, Ferruzzi, Montedison), ou as sociedades por eles controladas, estavam envolvidos no pagamento de propinas ou no financiamento ilícito de partidos políticos.

Por que as investigações da Mani Pulite tiveram tanto sucesso no período inicial

O que fez a diferença entre a Mani Pulite e as outras investigações que vieram antes e depois? Muita asneira tem sido dita a esse respeito nos últimos anos: "todos sabiam", "onde estava a Justiça antes?", "foi um golpe" (orquestrado pelos comunistas, pela CIA, pelos poderosos, e todo o possível e imaginável).

Para começo de conversa, não é verdade que "todos sabiam". Nem os meus colegas e nem eu — mesmo tendo a percepção de que os crimes de concussão, corrupção, financiamento ilícito e falsificação contábil eram mais numerosos do que as estatísticas judiciárias apontavam — imaginávamos a dimensão da ilegalidade que efetivamente foi revelada.

Tampouco os cidadãos imaginavam que a corrupção tivesse atingido dimensão similar e, sobretudo, que membros de partidos com orientações tão diversas dividissem as propinas entre si. Afinal, ao comentar a prisão do presidente do Pio Albergo Trivulzio, o secretário do seu partido, Bettino Craxi, disse que se tratava de um "larápio isolado". Os italianos ficaram, portanto, atônitos quando, em 29 de abril de 1993, o mesmo Bettino Craxi, na Câmara dos Deputados, falou sobre a existência de um sistema de financiamento ilegal na política que envolvia a todos.

Dentre os presentes no recinto certamente havia deputados honestos e que não sabiam o que acontecia dentro dos próprios partidos. No entanto, naquele dia, nenhum se levantou para manifestar sua estranheza e indignação ao ver-se igualado à ladroagem geral para responder: "Mas como se atreve a afirmar tal coisa?".

Digo isso não porque penso que todos fossem ladrões, mas porque ninguém sabia exatamente o que acontecia dentro dos próprios partidos. Trata-se de um caso exemplar de negação da democracia, que pressupõe transparência, conhecimento dos mecanismos de funcionamento, controle — ou *accountability*, como diriam os anglo-saxões —, mas no nosso país parecia não haver nada disso. E tenho muitas dúvidas de que alguma coisa tenha se alterado nesse aspecto nos últimos anos.

São oportunas algumas reflexões sobre os motivos que fizeram emergir tais fatos, com tanta clareza, naquele momento. Em primeiro lugar, é bom lembrar (ainda que pareça óbvio) que a caça e a conquista de uma presa são coisas distintas. É possível seguir com perfeição as regras de uma caçada e não pegar nada, assim como se pode ser um péssimo caçador e, apesar disso, ter sorte, voltando para casa com um farto butim. Do mesmo modo, os promotores podem conduzir as investigações da melhor maneira, mas sem resultado nenhum.

Na minha opinião, em 1992 as investigações conseguiram resultados extraordinários em razão da profunda crise econômica que atingia a Itália. Há uma recorrência empírica, ou seja, as investigações se concluem com êxito sobretudo nos momentos de grave recessão, o que exige uma explicação.

Para exemplificar, quero lembrar três grandes escândalos italianos: a fraude ligada ao petróleo, em 1974; o caso da loja maçônica P2, seguida em 1981 do escândalo do Banco Ambrosiano, com alguma conexão entre si; e por fim a Mani Pulite, em 1992: três casos que explodiram concomitantemente a três graves crises econômicas, com queda do PIB e, sobretudo, declínio do gasto público para aquisição de bens e serviços.

Qual é a explicação possível? Em um artigo, o professor Marco Arnone e eu tentamos reconstruir a causa da existência desse nexo.[20] Há dois motivos a ser considerados. O primeiro é o do recebimento da notícia-crime. Limito-me aqui à corrupção, mesmo se alguns dos delitos digam respeito a fatos em parte diversos, que geralmente não são levados ao conhecimento das autoridades judiciárias. A corrupção em geral é descoberta quando o pacto de solidariedade entre os que cometeram esse crime é rompido, ou seja, quando os participantes se desentendem. Isso costuma ocorrer quando o "bolo" não só não cresce mais, como se reduz — ou seja, quando diminui o gasto destinado às compras de bens e serviços e assim não se pode utilizar uma certa soma de dinheiro, sempre maior a cada ano, para contentar os novos integrantes ou apaziguar as brigas. Aqui começam as controvérsias nas quais os investigadores conseguem se inserir e obter denúncias.

A segunda razão é que, nos momentos de recessão, a opinião pública fica menos disposta a aceitar mentiras: ela se enfurece, por exemplo, quando ouve dizer que a classe dirigente é perseguida por magistrados malucos que, na melhor das hipóteses, são meros substitutos e, na pior, comandam um complô midiático-judiciário para expulsar os ocupantes do poder.

Em condições normais, ou durante uma Copa do Mundo, é possível que as pessoas não prestem atenção a essas coisas, e não digo que cheguem a aceitá-las, mas pelo menos não ficam indignadas; ao contrário, quando o dinheiro não chega ao fim do mês, elas se enfurecem, até porque é generalizada a sensação de que a maior parte desses fatos é verdadeira. Seguramente, quando a situação melhora um pouco, é possível revelar coisas desconcertantes, para dizer o mínimo. Um parlamentar italiano afirmou que o assim chamado "Parlamento dos investigados", aquele que teve o maior número de parlamentares submetido a procedimentos penais na história da República, era na realidade um grupo de perseguidos e, para defender sua tese, afirmou que todos haviam sido absolvidos. Ora, sem contar o fato de que muitos daqueles parlamentares não haviam sido absolvidos, e sim postos em liberdade porque os crimes a eles atribuídos prescreveram, o que é uma coisa diferente, o problema é também que muitos dos absolvidos foram beneficiados porque as leis mudaram. Se as provas que existiam não valem mais ou os crimes foram anulados ou modificados, é evidente que foram absolvidos.

Por outro lado, em uma situação de crise econômica, com a opinião pública furiosa, quando as investigações ganham ritmo, a situação muda radicalmente, como prova o comportamento de muitos empresários que entre 1992 e 1994 se apresentavam espontaneamente na Procuradoria para nos dizer quanta propina haviam pagado. Seguramente, não eram empresários "convertidos" da noite para o dia.

O problema era que eles tinham certeza de que seriam descobertos e submetidos a procedimento penal. Naquele ponto, o interesse do empresário era evitar o *strepitus fori*,* porque, se há o processo, os jornais falam em termos negativos da sua empresa, com consequente dano de imagem. Por isso, preferiram ir às autoridades competentes, confessar, fazer acordo, e assim sair do processo. Se, ao contrário, uma pessoa está convicta de que dificilmente o processo terá início e que, admitindo que comece, será difícil sustentar a acusação em juízo, e admitindo que haja a condenação, a legislação confusa fará com que através de apelações ou nas instâncias superiores o processo possa se encerrar e, no final, talvez chegue até a prescrever, ela escolherá o segundo caminho, isto é, decidirá não colaborar com a justiça.

Trata-se de um simples cálculo entre custo e benefício. Dou um exemplo. O cerne da Mani Pulite foi a investigação sobre o metrô de Milão: um caso particularmente inquietante descoberto em 1992, mas que poderia ter sido desvendado muito antes porque o sistema ilegal revelado existia desde 1984, pelo menos.

Além disso, em 1987 já havia sido preso o presidente do metrô milanês, que (segundo muitos) foi o inventor do tal sistema. Aconteceu que uma empresa havia falido, e os empresários, presos por falência fraudulenta, se defenderam dizendo que uma parte do dinheiro havia sido roubada, enquanto a outra parte tinha sido destinada a propinas que eram obrigados a pagar. Diziam-se vítimas de concussão. Foi, então, preso o presidente do metrô milanês.

O presidente do Conselho de Ministros da época anunciou através da imprensa que havia pedido e obtido permissão para visitar o preso, pois eram muito amigos, e para falar dos problemas derivados da militância no partido ao qual ambos pertenciam.

O magistrado deve cumprir seu dever mesmo se o presidente do Conselho se comporta dessa maneira, mas, olhando a coisa do ponto de vista da testemunha ou do investigado que deve prestar declarações no processo, ele pensará que o Estado é de fato representado pelo magistrado que o interroga ou, ao contrário, achará

* Publicidade de fatos íntimos discutidos no processo. (N. T.)

que o Estado é representado pelo detento, visto que o presidente do Conselho é seu amigo e faz chegar a todos, através da imprensa, que quer falar com ele na prisão? Sua conduta levará em conta esses fatos porque lidará com o processo nos seguintes termos: "Mas esse juiz instrutor — ou esse promotor substituto — é um cabeça quente que cedo ou tarde será enquadrado por alguém e, assim sendo, por que razão devo obedecer? Basta que eu resista um pouco e alguém se encarregará dele".

Quando em vez disso se percebe que o poder político está um pouco fragilizado — porque há disputas internas, ou porque há uma crise econômica etc. —, havendo, portanto, menor impacto sobre a opinião pública, então a relação de força se inverte e, consequentemente, cresce o número daqueles que estão dispostos a colaborar.

O mesmo ocorre na luta contra o crime organizado, tornando imediatamente clara esta questão: em alguns momentos há pessoas que decidem colaborar (os delatores, os arrependidos — "*i pentiti*"), mas em outros isso não acontece. A avaliação que um investigado faz — ou seja, se vai colaborar ou não — depende de uma série de fatores, dentre os quais está a previsão se será ou não condenado, qual será a pena, se haverá redução na sentença e de que maneira isso ocorrerá.

Se de fato ele souber que será condenado à prisão perpétua e que a atenuação da pena seguirá o que está previsto no artigo 41-bis do ordenamento penitenciário, também conhecido como *carcere duro*,* cresce enormemente a probabilidade de que decida colaborar. Caso contrário, se se começa a discutir a abolição da prisão perpétua, do artigo 41-bis, ou o fato de ser aplicada ou não uma série de benefícios alternativos, indultos e afins, tal pessoa, fazendo uma avaliação adequada, conclui que, caso decida colaborar, a pena sofrerá redução de apenas dois ou três anos e provavelmente decidirá não colaborar, evitando assim expor a si própria e a família a possíveis retaliações.

* Em tradução livre, prisão de segurança máxima. (N. T.)

Não concordo com a análise segundo a qual uma das causas determinantes do sucesso das investigações de 1992 teria sido a política internacional, a queda do Muro de Berlim. Essa hipótese se apoia na seguinte consideração: haveria menos corrupção se existisse alternância de poder; na Itália a alternância não era possível porque havia uma determinada situação internacional (o Partido Comunista Italiano, o mais forte do Ocidente, monopolizava a esquerda nacional, e a sua participação no governo colocaria em debate a participação da Itália na Otan). Isso é verdade, mas a sua eficácia causal é desmentida pelo fato de que, em níveis locais (regiões, províncias e prefeituras), havia alternância e se roubava do mesmo jeito.

A tragédia italiana não é que no nosso país existam corruptos, porque esses existem em todos os países, mas que a situação e a oposição dividissem as propinas!

Lembro do meu estupor quando, interrogando o secretário regional de um partido que havia recebido 150 milhões de liras — na calada da noite, em dinheiro vivo, em uma garagem — de um conselheiro regional de um outro partido, ele respondeu que se tratava apenas de um financiamento ilícito. Incrédulo, perguntei: "Por que, pertencendo a um partido, o senhor deveria financiar um outro partido? Se o senhor gosta do outro partido, deveria se filiar a ele!". Bem, esse secretário me olhou e disse: "O senhor não entende nada de política".

Sem dúvida, não entendo nada dessa política, porque penso que a política deve funcionar segundo regras diferentes. Não acredito que se possa esperar uma colaboração maior enquanto as regras de seleção dos políticos permanecerem como estão. Explico melhor. Durante anos nos disseram que as propinas eram o "custo da democracia". Na verdade, os partidos não eram financiados com as propinas, já que apenas uma pequena parte delas terminava nos cofres dos partidos: a maior parte era destinada às articulações internas, ou seja, às diversas correntes dentro da mesma legenda. Era assim que funcionava concretamente o sistema de seleção da classe política na Itália.

Estamos habituados a acreditar — e nos enganamos — que os eleitos são escolhidos pelos eleitores: não é assim, ou, se for, é em escala mínima. Para ser eleito é necessário antes ser candidato, e os candidatos são escolhidos por quem faz as listas eleitorais, porque propondo a candidatura de uma pessoa em um colégio eleitoral confiável ela é eleita, ao passo que se a candidatura for apresentada em um colégio eleitoral não confiável, perde-se a eleição.

Tivemos até mesmo uma lei eleitoral segundo a qual, dependendo da colocação do candidato na lista, ele era ou não eleito. Quem faz as listas eleitorais? Exceto nos casos de partidos pessoais, as listas são elaboradas por quem detém o controle partidário, por haver vencido a convenção do partido. Mas quem vence a convenção? Vence quem tiver o maior número de votos que, na maior parte das vezes, são expressos mediante procuração — ou seja, quem detém o voto do maior número de inscritos no partido. O problema real é que os filiados, em sua maioria, não existem; são inventados.

As filiações aos partidos políticos são pagas com propinas. Dou três exemplos. Quando o presidente do Pio Albergo Trivulzio foi preso, explicou que com o dinheiro das propinas mantinha aberta uma seção do seu partido, da qual pagava tudo — aluguel, energia elétrica, propaganda, carteirinhas de inscrições — porque não havia nenhum militante de verdade.

Dez anos depois, o diretor-geral do Molinette, o principal hospital de Turim, foi preso e explicou que com o dinheiro das propinas todo ano comprava oitocentas carteirinhas de filiação ao seu partido porque queria se tornar assessor regional da Saúde e, futuramente, subsecretário no governo nacional na área. Por isso, precisava demonstrar que tinha seguidores políticos, o que não era verdade: os inscritos na realidade não existiam.

Um terceiro exemplo. O atual* partido de maioria relativa, o Partido Democrático, nasceu da fusão de dois partidos: Democratas de

* À época em que foi escrito o artigo, janeiro de 2018. Na eleição de 4 de março de 2018, o Partido Democrático perdeu a maioria, ficando em terceiro lugar no número de deputados e senadores eleitos. Em primeiro ficou a Liga Norte e, em segundo, o Movimento 5 Estrelas. (N. T.)

Esquerda e Margarida, sendo que em muitas cidades italianas este último parecia ter mais inscritos que votos.

Em uma situação desse tipo, um político honesto deve convencer os verdadeiramente filiados, um por um, a votar nele; já um velhaco inventa que tem mil inscritos que não existem. Não há dúvida nenhuma: vence o embrulhão; o honesto não consegue, fica sem saída.

Tudo isso pode acontecer porque na Itália os partidos políticos são uma associação não reconhecida, isto é, não estão submetidos a nenhuma regra, nem mesmo às regulações mínimas que valem para uma sociedade de pessoas, uma sociedade limitada. Tivemos dois secretários de dois partidos que, ao serem colocados em minoria, expulsaram a maioria dos filiados — ou seja, tendo sido colocados em minoria, expulsaram a maioria!

Portanto, a primeira questão é que seria necessário introduzir uma regulamentação jurídica na vida dos partidos, que, entre outras coisas, por receberem vultosos recursos do Estado, deveriam prestar conta de como os empregam; no lugar disso, os balanços são inventados e não há nenhum controle efetivo.

Se já são inadequados os controles sobre os balanços das sociedades privadas, imaginem os controles sobre os partidos, que não existem. Em um contexto como esse, de corrupção disseminada, cria-se um mecanismo perverso, porque o poder continuamente troca de mãos através do dinheiro da corrupção. Cria-se uma situação na qual eu roubo; roubando, compro carteirinhas de filiações nos partidos; comprando carteirinhas, tenho maior peso interno na política partidária, faço os meus amigos fiéis serem eleitos ou ainda os nomeio para as sociedades ou entes de onde vem outra parte da propina, em um circuito perverso no qual as pessoas honestas contam sempre menos, e os embrulhões, sempre mais. Portanto, a única possibilidade verdadeiramente séria de mudança é que a opinião pública lute para se livrar desse sistema, porque, enquanto a classe dirigente for selecionada com base nessas regras, é claro que os aparatos repressivos jamais serão reforçados. Isso às vezes acontece, mas só quando a opinião pública fica indignada.

Em 1993, o assim chamado "Parlamento dos investigados" aboliu a necessidade de autorização para que os parlamentares fossem processados. Não é que de repente os parlamentares tivessem se tornado bons; simplesmente a opinião pública estava furiosa: queria algum aceno. E naquele momento eles também sabiam muito bem que, em razão daquele voto, acabariam sendo processados, mas compreenderam que, de qualquer maneira, para acalmar a opinião pública, era preciso dar uma resposta, e assim o fizeram. Criaram algumas medidas "anticasta" — por exemplo, quando se descobriu que algumas das cidades que faziam parte do Consórcio das Prefeituras das Regiões Montanhosas ficavam no nível do mar, mas se distribuíam gratificações de presença e compensações a todos; ou quando veio à tona que uma atividade de serviço público, inicialmente prestada por uma empresa, agora era prestada — do mesmo modo — por 32 companhias, com outros 32 conselhos de administração, cujas remunerações estavam a cargo dos contribuintes.

Outro problema que existe na Itália é o elevado custo da política com relação à capacidade econômica do país: existem demasiadas pessoas vivendo da política, da mesma maneira que existem demasiadas pessoas vivendo de outras atividades públicas (dentre as quais o sistema judicial). Se o aparato judiciário não consegue funcionar e não se pode esperar que a ajuda venha da política, o que acontece?

Quando entram em jogo conflitos de interesse poderosos, o fenômeno que eu chamo de "jukebox" pode vir a ser neutralizado. Na Itália existe um regime de ação penal obrigatória, através do qual o Ministério Público é obrigado a oferecer a denúncia ao receber a notificação de ocorrência de um crime. O profissionalismo do Ministério Público exige a mesma atuação do mecanismo do jukebox — ou seja, é preciso verificar se a moeda que entrou é verdadeira ou falsa. Se a moeda for verdadeira e corresponder ao montante indicado, a música escolhida deve ser tocada, por mais ignóbeis que possam ter sido as razões daquele que inseriu o dinheiro.

Se existem interesses conflitantes, todos colocam moedas escolhendo canções diferentes e, no final, o concerto pode zerar as más intenções opostas, gerando um resultado justo. Mas se apenas um pode inserir a moeda, já que os outros não dispõem de uma, o jukebox toca apenas uma única canção.

Outra questão é que, não obstante tudo isso, o sistema judicial dispõe de instrumentos que, pela sua natureza particularmente invasiva, permitem que sejam desvendadas coisas sobre pessoas das quais, de outra maneira, jamais alguém teria conhecimento — e também a ingenuidade, ou o atrevimento, ou a arrogância daqueles que cometem certos crimes.

Ouvi de um político, certa vez, uma coisa do tipo: "Bem, mas se vocês começarem a interceptar as conversas de alguém, é claro que cedo ou tarde vão acabar por prendê-lo!". Como assim, cedo ou tarde vamos prender qualquer um que for interceptado? Se interceptarem minhas conversas ninguém vai me prender, porque eu não faço nada errado.

O resultado é que, quando qualquer investigação é feita, quando se "arranha" qualquer superfície, desperta-se a ira de Deus, porque a Itália parece funcionar de acordo com regras diversas daquelas escritas nas leis. Temos um sistema normativo de padrão mais ou menos europeu, mas na realidade os comportamentos são bem diferentes daqueles prescritos nas leis. Basta considerar, por exemplo, as concorrências para compras de bens e serviços para a administração pública. Temos um sistema muito rigoroso, com concorrências sujeitas a regras detalhadas, ofertas secretas, controles sobre procedimentos etc., mas na prática as coisas funcionam de outro jeito.

A reação do sistema político

A partir de 1994, e durante aproximadamente quinze anos, o sistema político reagiu, procurando frear a ação da Justiça. A primeira tentativa, já em 1993, de despenalizar o financiamento ilícito dos partidos foi abortada imediatamente, mas em 1994 o governo aprovou o decreto-lei nº 440/1994 (conhecido na mídia como "Decreto Biondi", assim chamado por causa do nome do ministro da Justiça que o propôs), que impedia a prisão preventiva para pessoas submetidas a investigações por crimes de corrupção, concussão e outros.

Tratava-se de uma proposta evidentemente inconstitucional, mas, de acordo com o conjunto normativo aplicável para o exame das questões de legitimidade constitucional, uma exceção poderia vir a ser levantada com relação a processos por crimes de menor gravidade, nos quais a custódia era permitida, já que a Corte Constitucional entende que ela mesma seria impedida de tomar decisões *in malam partem** com relação ao imputado.

Em seguida à leitura de um comunicado pelos magistrados que se ocupavam das investigações na Procuradoria de Milão[21] e, principalmente, em virtude da forte reação da opinião pública, o decreto-lei não foi sancionado pelo Parlamento e perdeu validade. Ainda assim, o decreto-lei produziu o efeito de determinar a soltura de inúmeros presos e de reduzir o número de pessoas dispostas a colaborar com as investigações.

Vale a pena reproduzir o que foi escrito uma dezena de anos após o fato:

> Um dos "efeitos colaterais" do decreto-lei nº 440/1994, além das motivações de caráter geral que o inspiraram, foi o de deixar claro aos chamados destinatários específicos da medida que os poderes do Estado não estavam unidos na confrontação dos crimes de corrupção, mas que, ainda que a magistratura (ou pelo menos uma parte considerável dela) estivesse adotando uma ação enérgica, o governo da República a considerava "excessivamente" enérgica, tanto que interveio com um decreto-lei sobre mecanismos reativos disponíveis.
>
> A percepção de tal "discordância" entre os poderes do Estado sobre o sistema de repressão dos crimes de corrupção (ou provavelmente sobre a própria oportunidade de uma repressão maciça), aliada à percepção de uma menor "probabilidade de vir a ser descoberto", contribuiu para a forte queda no número de pessoas investigadas dispostas a colaborar.[22]

---

* Utilização de lei análoga em prejuízo do réu. (N. T.)

Ocorreram, na sequência, outras mudanças no Código de Processo Penal, como as que dizem respeito às exigências cautelares, que tiveram baixa eficácia devido à dificuldade de conciliar a adoção de restrições ao controle da criminalidade predatória das ruas com a tentativa de impedir a promulgação de limitações aos crimes de colarinho-branco, em relação aos quais as exigências cautelares ocorriam em elevadíssima escala.

Além disso, uma série de alterações sobre o uso de depoimentos colhidos em fase de investigações preliminares acarretou a eliminação das provas obtidas. Na Itália, a regra do processo penal acusatório é de que as provas são formadas no debate instrutório. Foi introduzida, porém, a figura do acusado (ou investigado) em processo conexo ou coligado, ao qual era facultada a opção de não responder. Como consequência de uma sentença da Corte Constitucional, foi estabelecido que, no caso em que uma de tais pessoas, depois de haver apresentado depoimentos contra outros, se concedesse a opção de não responder durante o debate instrutório, ainda assim seria possível utilizar os depoimentos dados anteriormente.

Em tal contexto, o Ministério Público havia se manifestado a favor da aplicação de pena (o assim chamado acordo de colaboração — *patteggiamento*) às pessoas que haviam colaborado e ressarcido os danos (geralmente empresários corruptores). O Parlamento interveio, estabelecendo a impossibilidade de serem utilizados os depoimentos anteriores. Diante de nova declaração de inconstitucionalidade, foi modificado o artigo 111 da Constituição. A maior parte dos que haviam negociado redução de pena através de acordos de colaboração optou obviamente pela possibilidade de permanecer em silêncio.

Foi só depois da conclusão dos processos com sentença (na maior parte de absolvição) que ficou estabelecido que os acusados em processos conexos deveriam ser advertidos de que, caso houvessem feito declarações sobre outros, seriam obrigados a responder. Mais tarde se tentou introduzir medidas que conflitariam flagrantemente com a Constituição, como as leis que excluíam a possibilidade de processar aqueles que servissem às mais elevadas funções de Estado, leis essas declaradas inconstitucionais.

O Parlamento tentou até mesmo anular o valor das provas obtidas através de cartas rogatórias internacionais, estabelecendo sua nulidade caso os atos não contivessem uma declaração de conformidade com os originais dos atos transmitidos e se houvesse uma violação de qualquer convenção internacional. Não obstante, tais iniciativas não tiveram sucesso, em razão da ignorância dos autores das propostas que, de um lado, colocaram as disposições em uma parte do Código precedida de uma norma que estabelecia que tais disposições se aplicavam apenas no caso de inexistirem normas internacionais ou se estas não dispusessem diversamente, e de outro parecendo ignorar que a prática é fonte de direito internacional.

O segundo tipo de intervenção foi na essência do direito penal, com a modificação dos crimes que permitiam a abertura de investigações que pudessem levar à descoberta de casos de corrupção. Foi redefinida, por exemplo, a tipificação do crime de abuso de ofício, de modo a reduzir drasticamente os casos de aplicação da ação penal a esse tipo de delito.

A alteração mais eficaz, contudo, foi a relativa à falsificação contábil. A corrupção não se desvenda por si própria. Muitas vezes vem à tona quando se investiga outra coisa: por exemplo, quando se encontram registros contábeis falsos, quantias geridas extracontabilmente e, seguindo o rastro, são descobertos casos de corrupção.

Quando foi revelado o escândalo Ferruzzi-Montedison, Enrico Cuccia, o presidente da Mediobanca (o principal banco de negócios da Itália àquela época), foi ouvido como testemunha na Procuradoria de Ravena. Na saída, alguns jornalistas lhe perguntaram se era verdade que os balanços da Ferruzzi eram falsos. A resposta de Cuccia foi: "Jamais vi um balanço que não fosse".

O esperado seria que a preocupação principal da economia e da política, a partir daquele momento, fosse fazer com que os balanços se tornassem fidedignos. A diferença entre um operador financeiro e um jogador de pôquer é que o primeiro deveria estudar os balanços, enquanto o segundo estuda a expressão facial dos interlocutores e procura descobrir se está blefando ou não.

Nos Estados Unidos, com o escândalo da Enron, fizeram uma coisa muito simples — ou seja, disseram: "Muito bem, o administrador vai ao tribunal e jura que o balanço é verdadeiro e assim, se for mentira, responde por perjúrio". Os balanços falsos não devem ser uma especialidade italiana apenas, já que muitas empresas europeias saíram do mercado acionário de Wall Street depois que essa regra foi adotada. Evidentemente, os executivos não queriam correr o risco de ser incriminados por perjúrio perante uma corte norte-americana.

Dito isso, ainda que existissem normas mais severas para as falsificações contábeis, a corrupção privada fosse investigada e crimes diferentes daqueles já existentes fossem introduzidos, um problema permaneceria: o da incompetência dos Estados nacionais para enfrentar esses fenômenos. Com exceção, talvez, dos Estados Unidos (pela sua dimensão territorial) e da União Europeia, os outros países não o conseguiriam porque hoje é possível fazer aquilo que é chamado de "shopping dos ordenamentos". Em outras palavras, eu escolho dentro do ordenamento que prefiro o quadro normativo mais favorável à minha operação e abro, por exemplo, uma sociedade em um paraíso societário que tenha as contas em um paraíso bancário; faço as operações de câmbio de uma moeda para outra em um paraíso cambial, imputo os lucros a uma pessoa que esteja em um paraíso fiscal. Às vezes as quatro coisas estão no mesmo país, que costumam ser paraísos inclusive do ponto de vista turístico, motivo pelo qual apresentam grave distonia nesses ordenamentos. Um exemplo são as IBC (International Business Company), típicas de muitos paraísos offshore, que têm esta característica extraordinária: não podem operar com os seus próprios residentes, só com pessoas de outros países, tão notória é sua desonestidade. Diante disso, as autoridades judiciárias — não só a italiana, mas todas — ficam indefesas porque não se pode fazer um pedido de assistência jurídica internacional, por exemplo ao Panamá, para saber quem são os sócios de uma empresa, pois o livro das assembleias (como as ações podem ser ao portador no Panamá) pode ser mantido em qualquer país do mundo. Portanto, é inútil pedir à autoridade judiciária do

Panamá que efetue a perquisição de uma determinada sociedade, porque para nós o importante é saber quais foram os participantes da última assembleia, e isso jamais será sabido.

O sistema através do qual os recursos de caixa dois são frequentemente gerados na Itália é a emissão de notas por operações inexistentes (notas frias). Tal conduta era considerada um crime punível com seis meses a cinco anos de reclusão. Em 2000, os crimes tributários foram modificados, e para tal hipótese ficou prevista a reclusão de um a seis anos desde que a emissão da nota em questão tivesse incidência sobre a declaração dos rendimentos a partir de certo limite. Dessa maneira foram despenalizadas tais condutas até determinada quantia, tornando suficiente escrever nos balanços "custo não dedutível" para lançar somas elevadas sem cometer crimes.

Permanecia o delito de falsa publicação de informações societárias pelas sociedades de capital aberto, mas, depois de alterações normativas, foi transformado em uma contravenção, sendo assim substancialmente inimputável antes da prescrição, já que o delito permanece apenas quando provoca dano aos sócios ou aos credores. O credor, porém, não costuma ser prejudicado pela falsidade do balanço — no máximo no caso de uma insolvência, que provoca outras consequências. O sócio, por sua vez, pode ser majoritário ou minoritário. Se for minoritário, geralmente não sabe da fraude contábil, a menos que não seja um "agitador de assembleia" — e, se for esse o caso, recebe a sua parte e se cala. Se for um sócio majoritário, com frequência é o responsável pela fraude. Nesse caso, tornar imputável a fraude contábil pela acusação do sócio equivale a tornar imputável o furto pela acusação do ladrão: é claro que não haverá jamais a acusação, a menos que seja apresentada apenas com o objetivo de "atrasar o calendário do processo", de acordo com os termos de prescrição pelo delito, para depois retirá-la quando tiverem corrido os prazos da contravenção, de maneira a evitar problemas.

A alteração mais devastadora, entretanto, foi o corte pela metade dos prazos de prescrição, fazendo com que muitos se beneficiassem da consequente extinção dos seus crimes.

As contínuas alterações legislativas para impedir investigações, processos e condenações chamaram a atenção de organismos internacionais. Aconteceu uma coisa que eu jamais teria imaginado. Quando eu era menino, lia os romances escritos por Emilio Salgari e fazia uma ideia da Malásia como um lugar exótico, com piratas, com Mompracem, Sandokan etc. Pois bem, imaginem meu estupor quando um dia — eu era o presidente da junta milanesa da Associação Nacional dos Magistrados de Milão — apareceu um juiz malaio, indicado pela ONU, preocupado com a independência do Poder Judiciário na Itália. Ele nos pediu informações, e nós falamos sobre as medidas que depois foram rebatizadas de "leis da vergonha"; ele arregalava os olhos quando explicávamos o conteúdo dessa legislação, e dizia toda vez: "Mas obviamente isso não se aplica a processos em curso"; e a nossa resposta era: "Obviamente não só se aplicam aos processos em curso como foram feitas exatamente para isso!".*

Por outro lado, a dificuldade de investigar o caixa dois é extrema quando envolve assistência judiciária internacional.

Observa-se muitas vezes que as fronteiras não existem mais para os ladrões, mas continuam existindo para a polícia, e assim eles escapam livremente. Com uma mensagem de e-mail, ou um fax, milhões de euros ou de dólares são transferidos de uma parte do planeta para outra em questão de segundos, enquanto nós demoramos alguns anos apenas para desvendar uma operação.

Em conjunto com iniciativas legislativas ocorreram outras ações, como o início de investigações sobre nós por parte da Inspetoria Geral do Ministério da Justiça e de procedimentos disciplinares, além de denúncias nas varas penais contra nós (em um caso apresentada por um ministro em nome do governo pelo grave crime de atentado aos órgãos constitucionais). Além disso, foram organizadas atividades caluniosas contra nós utilizando até mesmo pessoas ligadas ao corpo policial, e houve inclusive uma tentativa de abrir uma conta bancária em nome de Gherardo Colombo na Suíça, que felizmente foi evitada.

---

* A visita resultou na redação de dois relatórios da ONU com recomendações para a Itália, mas sem consequência palpável. (N. T.)

Nenhuma de tais iniciativas teve sucesso, mas implicaram enorme perda de tempo e grande tormento. Junto com tudo isso foi posta em marcha uma ampla campanha de desinformação, que procurava mostrar que os magistrados eram culpados por abusos e agiam por motivação política, entre outras extravagâncias. Depois foi utilizado o recurso à técnica de neutralização (isto é, divulgação de argumentos que os autores do crime tendem a negar, refutando ou minimizando a própria responsabilidade).

Alguns exemplos:

Toda vez que alguém termina sob investigação, antes de mais nada alega grave violação de sigilo (que geralmente não existe, porque na Itália o segredo de Justiça não se aplica quando acaba a fase de instrução, e o segredo sobre as investigações preliminares cai quando o interessado tem ou pode ter conhecimento do ato). Trata-se de um argumento singular porque, se amanhã um jornal estampa em uma página inteira "Davigo é um ladrão", eu posso de fato dizer que há uma quebra de sigilo? Eu deveria apenas dizer "não é verdade", mas ainda assim estamos habituados a ler nos jornais sobre "graves violações de sigilo". "Disseram que você era um ladrão? Sim, mas é uma grave violação do sigilo: ninguém deve saber."

Outra extravagância é a acusação de a Mani Pulite não haver atingido alguns partidos. Sem mencionar a falsidade da afirmação — e a sua superficialidade, por não identificar omissões específicas —, já se trata de uma argumentação bem estranha. Na Itália são identificados e punidos cerca de 3% dos ladrões de automóveis. Nunca ouvi dizer que um acusado de furto de carro tenha protestado por não havermos processado todos os outros que cometeram o mesmo crime. Caso me perguntasse, eu responderia que devemos começar a partir de alguém e que, se quiser, ele poderia me indicar quem são os seus colegas.

Afirmava-se que a corrupção era um lubrificante para a economia, e que as investigações prejudicavam as empresas. O mais grave de tudo, porém, é a recusa do mundo político em tomar conhecimento dos fatos desvendados e fazer as oportunas avaliações políticas.

Quando emergem elementos graves relativos a um fato — pouco importando o quanto seja condenável ou relevante do ponto de vista penal —, geralmente entra em funcionamento um mecanismo curioso. É comum que se diga: "Vamos esperar as sentenças definitivas". A esse respeito, costumo repetir a "metáfora da prataria". Se eu convido o meu vizinho para jantar em casa e vejo que ele pega talheres de prata e os mete no bolso, não preciso esperar pela sentença da Corte de Cassação para não recebê-lo mais: paro de convidá-lo a partir daquele momento. E mais: continuo a não o convidar para jantar mesmo que ele seja absolvido e que me digam se tratar um cleptomaníaco e que, portanto, não tinha a intenção de roubar meus utensílios, pois agiu em razão da doença. Para mim não importa nada disso, e não o convidarei mais!

No mundo da economia e da política, ao contrário, se diz: "Vamos esperar as sentenças definitivas"; entre outras coisas, isso significa atribuir ao juiz a tarefa de selecionar a classe dirigente, quando não deveria ser assim. Se processamos os ex, já afastados dos seus cargos de responsabilidade, dos seus "pares" — como estava habituado a dizer um presidente do Conselho* —, o que ocorre nos tribunais teria a mesma importância de um museu de cera: teria relevância histórica, mas não efeito sobre a atualidade político-econômica. Porém, isso quase nunca ocorre. Se as sentenças são de condenação, é um deus nos acuda! O caso é tratado como uma perseguição política conduzida pelo juiz e, mais uma vez, ninguém se preocupa em discutir os fatos que estão na base das sentenças: discute-se a coloração política da toga.

Pois bem, na Itália, um país católico, ensina-se que a validade de um sacramento depende da observância das normas litúrgicas,

* Berlusconi, no caso. Segundo matéria de 29 jan. 2003 publicada em La Repubblica.it: "Berlusconi diz estar sendo tratado como um acusado especial porque 'em uma democracia liberal quem pela vontade soberana dos eleitores é julgado, quando está no cargo e dirige os assuntos de Estado, só pode ser julgado pelos seus pares, pelos eleitos pelo povo, porque o costume e a lei de imunidade e garantia o livram do risco da perseguição política pela via judiciária. Acontece no mundo mas não no nosso país'". (N. T.)

e não do fato de que quem ministra o culto seja digno; se o padre rezou a missa como prescreve o missal romano e fez a consagração eucarística seguindo os cânones estabelecidos, a comunhão vale até mesmo se ele tiver uma namorada! Se é assim, por que se discute a coloração política do magistrado, e não os seus atos? Os atos estavam de acordo com o Código, sim ou não? Depois disso, o magistrado pode pensar como melhor lhe aprouver!

A coisa mais desagradável, no entanto, é ver pessoas condenadas candidatarem-se a eleições para cargos políticos ou serem convidadas a ocupar outras altas funções públicas. O problema mais grave é que alguns membros da classe política me parecem ter uma visão incompatível com o estado de direito.

Assim se teoriza sobre a desigualdade jurídica a favor dos ricos e poderosos: o presidente da Comissão de Justiça da Câmara dos Deputados, ao mesmo tempo defensor de muitos investigados ilustres, em uma entrevista, ao ser perguntado se é mais fácil defender os fracos ou os poderosos, respondeu que "os poderosos precisam de muita solidariedade, são os mais frágeis diante dos juízes". O jornalista então disse: "São mimados". E o entrevistado retrucou: "Eu nunca vi um ladrão chorar, mas vi muitos ricos e poderosos chorarem".[23]

Em 2002, foi publicado um debate entre mim e Giuliano Ferrara, que havia sido ministro das Relações com o Parlamento no primeiro governo Berlusconi.

Vale a pena transcrever algumas afirmações de Ferrara:

> **Ferrara:** A política, dr. Davigo, é certamente o reino da ambiguidade. Ela se diferencia da dimensão ética privada, pessoal, individual, de consciência. E se diferencia também, como o senhor me ensina, de uma concepção linear e não ambígua da legalidade.
>
> Este é o primeiro ponto.
>
> Em outros termos: a política — que é relação de força, procura o consenso, uma das manifestações do modo de se organizar e de conviver dos homens, talvez a mais relevante — é outra coisa com relação à uma concepção linear e autorreferencial — que se explica por si — da

> legalidade, além de ser coisa diversa e sob um outro prisma com relação à dimensão da ética...
>
> Portanto: o ponto fundamental não é que se deva ser capaz de chantagear, é que se deve ser chantageável...
>
> **MicroMega**: Quer dizer que não se deve ser chantageável...
>
> **Ferrara**: Não. Deve-se ser chantageável, para fazer política se deve estar dentro de um sistema no qual se seja aceito porque [...] você fica disponível para lidar, para participar de um mecanismo comunitário e associativo através do qual se seleciona a classe dirigente.[24]

Um mundo no qual alguém deve ser chantageável para fazer política me assusta, e não acredito que seja aquele no qual os italianos querem viver.

Milão, 3 de janeiro de 2018

4. Ações e reações no esforço contra a corrupção no Brasil

DELTAN DALLAGNOL E ROBERSON POZZOBON

Um terremoto abalou a impunidade brasileira

Pela primeira vez na história, um presidente brasileiro enfrenta acusações formais de corrupção ao longo de seu mandato. Contudo, não é só ele. Seis pessoas muito próximas do presidente Michel Temer foram acusadas e três foram presas. Um ex-presidente brasileiro muito popular, Luiz Inácio Lula da Silva, foi condenado em duas instâncias por corrupção e está cumprindo pena de prisão.

Outros dois ex-presidentes, Fernando Collor de Mello e Dilma Rousseff, foram acusados por corrupção ou formação de organização criminosa, e dois ex-chefes da Casa Civil — segundo posto do Executivo federal brasileiro — foram condenados e presos por corrupção. Investigações apreenderam 51 milhões de reais em apartamento vinculado a um ex-ministro da Secretaria de Governo da Presidência, que foi preso e acusado por corrupção.

As investigações também implicaram seis presidentes do Senado e cinco da Câmara dos Deputados, incluindo os dois em exercício. Dois ex-presidentes da Câmara foram presos — um deles já foi condenado por corrupção e o outro por lavagem. Uma única empresa que fez acordo de leniência com o Ministério Público — a Odebrecht

— mencionou 415 políticos de 26 partidos. Dentre eles estavam quase um terço dos senadores e dos então ministros e quase metade dos governadores.

Um senador e um governador foram presos no exercício de seus mandatos e mais de um ex-governador foi preso e acusado por corrupção. Príncipes do capitalismo de compadrio brasileiro, dezenas de sócios e altos executivos das maiores empreiteiras foram condenados e presos. As investigações se espalharam por quase todos os estados e partidos e também para pelo menos outros dez países da América Latina, envolvendo oito ex-presidentes estrangeiros.

Um estudo revela que apenas cerca de 3% dos casos de corrupção comprovada são punidos no Brasil.[1] Casos criminais contra poderosos dificilmente têm seu mérito analisado. Em geral são anulados por tribunais ou prescrevem — a lei brasileira é pródiga em recursos usados para protelar indefinidamente o fim do processo, o que se soma a um sistema prescricional benevolente.

Nesse contexto, pode-se comparar a Lava Jato e algumas poucas grandes investigações contra a corrupção que se desenvolveram no ambiente que ela ajudou a criar a árvores frondosas que cresceram num deserto. O grande desafio brasileiro é mudar o ambiente de desolação que as cerca. A italiana Mãos Limpas nos ensinou qual é o destino que as aguarda caso nada seja mudado: secar e morrer. Sem avanços adicionais, essas árvores isoladas não trarão nenhum frescor de longo prazo ou transformação na paisagem.

Passados quatro anos de seu início, em 2014, a Lava Jato se aproxima de seu ponto de inflexão. Ou os brasileiros avançam para um *turning point* a partir do qual a grande corrupção brasileira será posta sob controle, ou a operação será murchada como sua congênere italiana. Por isso, o momento é oportuno para refletir sobre o diagnóstico que a Lava Jato fez, os fatores que contribuíram para seu avanço improvável, a reação do sistema corrupto e as perspectivas da luta contra a corrupção no Brasil.

O primeiro diagnóstico: corrupção na Petrobras

A investigação estava se expandindo rapidamente já fazia um ano. Seria um dia ordinário de trabalho, no segundo semestre de 2015, se o Supremo Tribunal Federal (STF) não estivesse para decidir, em breve, a competência da Lava Jato. A máxima corte brasileira estava prestes a definir se a operação em Curitiba poderia avançar para revelar corrupção em outros órgãos do governo e estatais para além da Petrobras. A alternativa seria desmembrar esses braços da investigação e remetê-los para outras jurisdições.

Na visão dos envolvidos no trabalho, naquele momento, retirar os casos de Curitiba poderia prejudicar muito as investigações. Não era só a sinergia das equipes que estava em jogo, mas o fato de que é muito mais difícil entender cada peça do quebra-cabeça isoladamente, fora do conjunto da obra. E já tínhamos em mente um vislumbre da imagem que se formaria caso pudéssemos unir as peças, e era assustadora.

Até então, a grande revelação pública da Lava Jato era um imenso esquema de corrupção na Petrobras. Apenas em propinas, já se estimava naquele momento que mais de 6 bilhões de reais teriam sido pagos, o que equivalia a 3% do valor dos contratos celebrados entre a Petrobras e um conjunto de grandes empreiteiras participantes do poderoso cartel. A corrupção tinha se tornado sistêmica, o preço era tabelado, e quem "ganhava" cada licitação — o que era ajustado dentro do cartel de empreiteiras, assim como o preço da obra pública — já sabia para quem deveria pagar.

Ninguém jamais tinha imaginado que a investigação tomaria aquela dimensão. Ela havia começado em 2013 como uma apuração de um grande esquema de doleiros — lavadores de dinheiro profissionais que formam redes financeiras subterrâneas, contratados por criminosos com a finalidade de fazer o dinheiro circular ao redor do mundo sem deixar rastros.

Em 17 de março de 2014, a primeira fase da Lava Jato — em que foram cumpridos mandados de busca, prisão e condução coercitiva — tinha como foco quatro organizações criminosas lideradas por doleiros que atuavam em rede. Casos desse tipo eram relativamente corriqueiros desde o escândalo do Banestado, que eclodiu dez anos antes, com o diferencial de que dessa vez era uma megaoperação.

Um dos alvos, Alberto Youssef, tinha sido investigado no caso Banestado, quando fez um acordo de colaboração premiada com o Ministério Público — o primeiro feito na forma de contrato na história brasileira —, em que se comprometeu a abandonar a vida do crime. Em um e-mail seu que foi interceptado, descobriu-se que tinha presenteado um ex-diretor da Petrobras com um carro luxuoso, o que levantava fortes suspeitas de que sua promessa havia sido descumprida.

Foi assim que Paulo Roberto Costa, o poderoso ex-diretor de Abastecimento da Petrobras, tornou-se alvo da primeira fase da operação. Por cerca de uma década ele ocupou um destacado espaço no olimpo da estatal, gerenciando um orçamento maior do que o de muitos ministérios brasileiros. Em 2014, por exemplo, o montante movimentado por essa diretoria foi de 18 bilhões de reais, maior do que o orçamento empenhado de dezenove dos 27 ministérios brasileiros. A Petrobras era simplesmente a maior empresa da Bolsa brasileira e uma das maiores do mundo em seu setor, com um patrimônio líquido de 360 bilhões de reais.

No mês seguinte à deflagração pública do caso, foi possível reunir provas de que pouco mais de 25 milhões de reais tinham sido lavados por Alberto Youssef, e que a provável origem eram contratos da Refinaria Abreu e Lima, firmados sob o comando de Paulo Roberto Costa. Tudo se tornou muito mais claro, contudo, quando o ex-diretor decidiu colaborar com a Justiça.

Essa delação, feita em agosto de 2014, foi o big bang da Lava Jato. Lançou linhas de investigação para toda a estatal, e em pouco tempo viriam outras colaborações, num efeito dominó. Fatos e provas cresceram como uma bola de neve, e logo foi possível fazer o primeiro grande diagnóstico de corrupção da Lava Jato.

De modo resumido, eis o que se descobriu: em troca de apoio no Congresso à pauta da presidência, o governo Lula loteou cargos estratégicos da Petrobras e de suas subsidiárias para os partidos da base aliada. As indicações pelos partidos de gerentes e executivos para diversos cargos de direção da Petrobras estavam associadas à missão de arrecadar propinas.

Assim, conforme as provas apontaram, as diretorias de Abastecimento, Serviços e Internacional se tornaram plataformas de suborno para o Partido Progressista (PP, atual Progressistas), o Partido dos Trabalhadores (PT) e o Partido do Movimento Democrático Brasileiro (PMDB, atual MDB), respectivamente. O dinheiro fluía para os bolsos dos envolvidos e para campanhas eleitorais, satisfazendo interesses pessoais e projetos de poder.

A negociação era um ganha-ganha do lado dos agentes públicos, políticos e privados envolvidos: enquanto os caciques partidários, altos agentes públicos e executivos corruptos faziam transbordar os próprios cofres e os dos partidos, o governo conseguia em sua base aliada, satisfeitíssima com todo o dinheiro que vertia, o apoio necessário para aprovar quaisquer projetos no parlamento. Para a sociedade, a equação era de perde-perde: menos profissionalismo na gestão da coisa pública, com o progressivo incremento dos gastos para que menos fosse realizado em termos de obras e melhorias, quando não o simples direcionamento de recursos para elefantes brancos que objetivavam maximizar as fontes de arrecadação de propinas (como Pasadena ou navios-sondas desnecessários). As perdas contábeis para a estatal são estimadas em até 42 bilhões de reais.

Esse interesse arrecadatório dos agentes públicos casou com o do empresariado. De fato, do outro lado do balcão, grandes empresas se organizaram para inflar artificial e criminosamente seus lucros. Pelo menos dezesseis das maiores construtoras brasileiras se conluiaram para fraudar licitações. Formaram um cartel — chamado de "clube" — em que escolhiam quem ganharia cada "competição" e determinavam o preço superfaturado do contrato.

As empresas faziam reuniões secretas em que "planilhavam" qual companhia teria preferência em cada obra e quais construtoras apresentariam "propostas cobertura" — propostas de faz de conta que tinham por objetivo legitimar a falsa competição. Algumas dessas planilhas apreendidas eram disfarçadas com a indicação de iniciais das empresas e títulos que remetiam, por exemplo, à realização de um bingo.

Nessa sociedade secreta, até os regulamentos eram dissimulados. Regras de supostos campeonatos esportivos disciplinavam cada cartel. O objetivo declarado nos "campeonatos" era maximizar os resultados para os competidores. As propinas facilitavam o funcionamento dessa engrenagem e ampliavam seus frutos.

Esse foi um dos esquemas que gerou propinas na estatal. Havia outros. Na área da diretoria internacional, o método não era a operação de um cartel, mas os contratos também eram fechados mediante o pagamento de propinas.

Entre os dois lados do balcão nos quais se posicionavam os agentes públicos e os empresários estavam lavadores de dinheiro terceirizados, vinculados ora a um partido, ora a uma empresa, ora a ambos. As evidências mostraram que Alberto Youssef, por exemplo, angariou a confiança do PP e se tornou seu principal "operador" — isto é, arrecadador, lavador e distribuidor de propinas. Também atuava para algumas das construtoras, gerando dinheiro em espécie.

O doleiro utilizava empresas de fachada para assinar contratos multimilionários de prestação de consultoria com empreiteiras, que desse modo davam aparência lícita ao repasse de propinas. Em seguida, Youssef agia como um ilusionista. Ele remetia para o exterior os recursos. Uma vez fora do Brasil, o dinheiro pagava fornecedores de comerciantes, como alguns da rua 25 de Março, em São Paulo, que tinham realizado importações subfaturadas e estavam em débito com empresas estrangeiras.

Quem seguisse o rastro do dinheiro não entenderia por que recursos oriundos das empreiteiras aportaram em fabricantes chineses. Essa era a parte visível do truque. A parte invisível era a circulação de dinheiro vivo em uma operação casada. Os comerciantes brasileiros entregavam os valores que queriam mandar para o exterior para Youssef, que os distribuía, como propina de construtoras, para partidos e agentes públicos. Assim, atendia a ambos os clientes, mas cruzava os pagamentos.

Isso mostra por que o tradicional método "*follow the money*" simplesmente não prospera diante das modernas técnicas de lavagem de ativos. Seis empresas vinculadas às atividades de Youssef mandaram ao exterior nada menos de 440 milhões de dólares num período inferior a três anos. As justificativas das remessas eram supostas importações, sem que jamais tenha entrado uma mercadoria no país. Essa era apenas uma das técnicas de lavagem identificadas pela Lava Jato.

Mais tarde, ao ser ouvido na instrução da ação penal contra o ex-presidente Lula, o político Antonio Palocci Filho assim sumariou o esquema:

> A empresa trabalha com a Petrobras, a Petrobras dá vantagens para a empresa, com essas vantagens a empresa cria uma conta para destinar aos políticos que a apoiaram, o presidente mantém lá diretores que apoiam a empresa para dar a ela contratos, esses contratos geram dinheiro, ela faz seus gastos, compra seus presentes, remunera os seus diretores, paga seus funcionários e reserva um dinheiro, algumas criam operações estruturadas, outras criam caixa dois, outras criam doleiros, e com esse dinheiro pagam propina aos políticos.

Debruçando-se principalmente sobre o megaesquema criminoso na Petrobras, a força-tarefa composta de procuradores que trabalham na Lava Jato em Curitiba, até meados de 2018, acusou mais de trezentas pessoas e obteve a condenação de mais de 140 por crimes como corrupção, lavagem de dinheiro e formação de organização criminosa. As penas, estabelecidas em mais de duas dezenas de condenações já proferidas, ultrapassam 2 mil anos de prisão.

Não é só a quantidade de pessoas que chama a atenção, mas especialmente seu poder econômico e político. Foram condenados e presos em Curitiba dezenas de sócios e altos executivos das maiores empresas de construção brasileiras, assim como nove ex-parlamentares, incluindo dois ex-chefes da Casa Civil, um ex-presidente da Câmara dos Deputados e um ex-presidente da República.

A recuperação de recursos pela Lava Jato também não tem precedentes no Brasil e foge do parâmetro mundial. Estima-se que o dinheiro desviado por corrupção recuperado no mundo ficou em média entre 0,8% e 1,6% do valor total em países em desenvolvimento entre 1996 e 2011.[2] Na Lava Jato, até meados de 2018 já havia acordos para a devolução de mais de 12 bilhões de reais — mais de 25% das perdas estimadas da estatal. É verdade que parte desse montante se refere à corrupção em obras fora do âmbito da Petrobras, mas, ainda que apenas metade disso diga respeito à empresa, trata-se de algo muito significativo. O dinheiro recuperado mediante repatriação é mais de dezesseis vezes superior a tudo o que se logrou repatriar na história brasileira antes da operação.

Mas a imagem tenebrosa referida anteriormente que o quebra-cabeça dos crimes revelaria não era a da corrupção na Petrobras.

O segundo diagnóstico: para além da Petrobras

A imagem tenebrosa do quebra-cabeça era a de um esquema muito maior de corrupção alastrada nos órgãos federais. O mesmo loteamento feito para arrecadar propinas que sacrificou a Petrobras estava espalhado.

O raciocínio construído à época era simples. Se eram os líderes partidários que comandavam o esquema na Petrobras, escolhendo diretores comprometidos a arrecadar propinas, e se esses mesmos personagens indicavam chefes de outros órgãos públicos, qual seria a razão para cobrarem propinas na Petrobras, e não nos demais órgãos? Na verdade, não existia motivo nenhum.

A lógica por trás do apadrinhamento político era a mesma. Descoberto o esquema na Petrobras, não demorou para a investigação se expandir para outras estatais e outros órgãos públicos: Eletrobras, Ministério do Planejamento, Transpetro, BR Distribuidora, Caixa Econômica Federal, órgãos estaduais do Rio de Janeiro, São Paulo e Paraná etc. A ubiquidade da corrupção fez com que um ministro do STF afirmasse que "onde destampa tem coisa errada".

Registros apontaram que sempre foi assim. Político profissional há décadas, Pedro Corrêa, em sua colaboração com a Justiça, afirmou que desde o governo Sarney o esquema de indicações para arrecadar propinas e financiar campanhas eleitorais sempre foi o mesmo.

Em tom de anedota, Sergio Machado, um dos colaboradores da Lava Jato, afirmou que a Petrobras "é a madame mais honesta dos cabarés do Brasil". Mais ainda, afirmou que o valor da propina sobre contratos no Brasil é de certo modo parametrizado: na área federal é comum ser de 3%; na estadual, de 5% a 10%; e na municipal, de 10% a 30%.

Apesar de o STF ter decidido retirar de Curitiba os casos que não diziam respeito à Petrobras, foi possível montar o quebra-cabeça. As mesmas empresas e pessoas que fizeram acordos de colaboração com os procuradores da Lava Jato em Curitiba tocavam obras não só da Petrobras, mas de inúmeros outros municípios, estados, órgãos federais e entidades públicas. Nos acordos com o Ministério Público, foram exigidas informações e evidências sobre corrupção para além da Petrobras.

Em 2016, a colaboração da empresa Odebrecht seria muito ilustrativa. Mantendo contratos com órgãos públicos, a empreiteira confessou o pagamento de propinas nas esferas federal, estadual e municipal, e também no exterior, alcançando diversos países, como Angola, Argentina, Colômbia, Equador, Moçambique, Panamá, Peru, República Dominicana e Venezuela.

Apenas para que se tenha em mente a dimensão do problema, é oportuno mencionar que o coordenador do "departamento de propinas" da Odebrecht, o ex-executivo Hilberto Mascarenhas, contou ao Ministério Público que seu setor de operações movimentou, entre 2006 e 2014, cerca de 3,4 bilhões de dólares. A maior parte desse valor foi distribuída a centenas de agentes públicos, partidos e políticos em todo o Brasil. Governantes de situação e de oposição beberam da mesma fonte de propinas.

A professora e pesquisadora Fiona Macaulay afirma que "os problemas do presidencialismo de coalizão visíveis no cenário nacional no escândalo do mensalão de 2005 estão também presentes como 'governadorismo e prefeitorismo de coalizão' nos governos estadual e municipal".[3] Provas da existência de "mensalinhos" vieram à tona, por exemplo, em Cassilândia (MS), Joaquim Gomes (AL), Guarujá (SP) e Foz do Iguaçu (PR).

Com base na lógica partidária do esquema e naquilo que se comprovou, é razoável afirmar que há um esquema-padrão de corrupção no país que pode ser assim sintetizado: políticos e partidos desonestos escolhem para chefiar órgãos federais, estaduais e municipais pessoas incumbidas de arrecadar propinas. Uma vez nos cargos, essas pessoas fraudam licitações em benefício de empresas que concordam em pagar subornos em troca de lucros extraordinários. Além de contratos, provou-se na própria Lava Jato que se vende muito mais: apoio parlamentar, empréstimos baratos em bancos públicos, proteção contra investigações, conteúdo de legislação etc.

Não se faz aqui nenhum juízo de valor, e sim diagnóstico. Não se está a afirmar que todo político é corrupto. Isso seria injusto com os políticos íntegros e desestimularia o ingresso de pessoas honestas na política, algo essencial. Também não se condena a política, que, na verdade, é a única saída para o problema da corrupção. Contudo, as evidências apontam para uma forma apodrecida de prática política e, mais do que isso, criminógena, o que se explica quando se aprofunda um pouco mais a compreensão do tema.

Com efeito, o dinheiro desviado tem por destino não só o bolso dos envolvidos, mas também o financiamento de dispendiosas campanhas eleitorais. Estudos mostram que quanto mais um candidato investe na campanha, maior é a probabilidade de ele ser eleito — até um ponto em que os que mais investem têm sua eleição praticamente garantida. O Gráfico 13, elaborado pelo cientista político Jairo Nicolau, é ilustrativo dessa correlação.[4]

Desse modo, as propinas investidas nas campanhas alavancam a permanência dos corruptos no poder. Reeleitos, tais políticos mantêm ou ampliam seus esquemas, gerando mais propinas. As más práticas proporcionam maior permanência no cargo desses agentes e daqueles que concordam em participar dos esquemas, o que gera mais propinas, e assim se forma um círculo vicioso que corrói a democracia e agrilhoa a sociedade à corrupção.

Gráfico 13. Votos e gastos dos candidatos a deputado federal, 2014

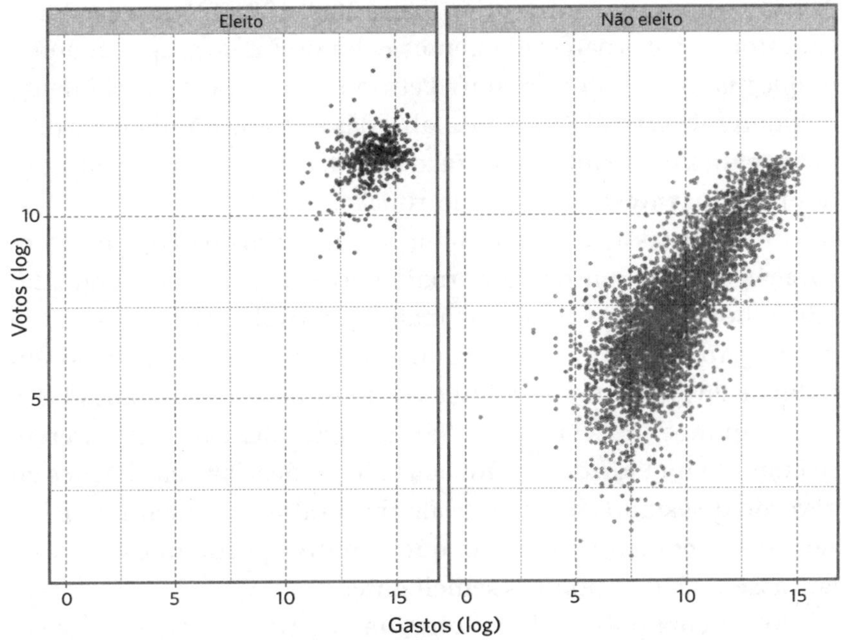

Fonte: Jairo Nicolau, "Gastos dos candidatos a deputado federal em 2014". Disponível em: <https://rpubs.com/jaironicolau/304472>.

Alguns dados sugerem que a corrupção pode ter um grande impacto no processo democrático brasileiro. A força-tarefa da Lava Jato acusou formalmente o PP de ter recebido, entre 2004 e 2014, 296 milhões de reais em propinas. A acusação estava restrita a contratos de dez empreiteiras junto a uma das diretorias da Petrobras. Isso equivale a 164% do valor que o partido recebeu do fundo partidário no mesmo período, 180 milhões de reais. O detalhe é que o partido fez indicações políticas para vários outros cargos públicos, e havia outras construtoras participantes do esquema, o que significa que o volume de dinheiro pode ser muito superior.

A Lava Jato identificou, ainda, que doações eleitorais oficiais podem esconder pagamentos de propinas. Em um desses casos, que já conta com condenação confirmada em segunda instância, 4,26 milhões de reais em propinas foram repassados por meio de 24 doações oficiais a um partido, entre 2008 e 2010. Várias das "doações" foram feitas parceladamente por empresas do grupo econômico que mantinha contrato com a Petrobras, logo após o recebimento de valores da estatal. Quando analisadas as listas dos maiores doadores para a campanha eleitoral de 2014, é grande a concentração de empresas investigadas por corrupção.

Uma simples análise que aponta a dimensão do perigo é a comparação do valor que o ex-governador do Rio de Janeiro, Sérgio Cabral Filho, é acusado de desviar: mais de 300 milhões de reais, sendo que o custo total estimado da campanha para governador do Rio, em julho de 2014, foi de 186 milhões de reais para os sete candidatos — 26,5 milhões por candidato. Se Cabral decidisse investir sub-repticiamente metade do que foi acusado de desviar nas eleições ao governo do estado em favor de algum candidato, dificilmente haveria como competir, a não ser que os outros postulantes ao cargo lançassem mão de práticas semelhantes.

No sistema político brasileiro, há um mecanismo de seleção natural adversa, em que os políticos corruptos são aqueles que sobrevivem e se reproduzem. O campo do jogo democrático está desnivelado em favor de quem se corrompe. O brasileiro escolhe, em meio a um mar de candidatos (nas eleições de 2016 foram mais de 500 mil), quem aparece mais, que em geral é quem gasta mais, que — como vimos — será muitas vezes aquele que arrecadou por meios ilícitos.

A corrupção política disseminada em favor dos grandes interesses econômicos não é ruim só para o sistema político, mas também para a livre concorrência. As chamadas campeãs nacionais ganharam competições por contratos porque pagaram sistematicamente propinas, e não porque fossem mais eficientes e competitivas. Além disso, o acesso a financiamentos baratos, que permitiu a empresas se alavancarem e projetarem sobre fatias maiores do mercado, muitas vezes ocorreu mediante o suborno, o que também desequilibrou o campo do jogo econômico segundo um critério que nada tem a ver com eficiência ou inovação tecnológica. Não é à toa que existe uma correlação inversa entre nível de corrupção dos países e a sua competitividade no mercado global.[5]

Assim como no sistema político, há no ambiente econômico uma seleção natural adversa em que aqueles mais eficientes na geração e no pagamento de subornos sobrevivem e se reproduzem. Uma das empreiteiras da Lava Jato tinha sua própria bancada no Congresso Nacional e todo um departamento para o gerenciamento, o controle e a realização de pagamentos ilícitos, com staff alocado e tecnologias próprias para garantir a confidencialidade da atividade ilícita.

O que a Lava Jato revelou é, em boa medida, a existência no Brasil de um capitalismo de compadrio, de laços, uma característica comum a diversos países da América Latina. Parte relevante das elites política e econômica se associou para saquear a sociedade brasileira. A corrupção não se mostra como um desvio do sistema, mas como uma engrenagem que o faz funcionar. Se o saque faz parte do pacto oligárquico, passa a ser mais fácil compreender a impunidade generalizada dos poderosos no Brasil, que se mostra apenas como uma garantia para o bom funcionamento desse pacto.

O estudioso da corrupção Michael Johnston argumenta que a corrupção dos países pode ser distinguida não só pela quantidade, mas pela qualidade. Haveria diferentes síndromes de corrupção: a dos barões do poder ("*oficial moguls*", como na China e no Quênia, por exemplo), a de oligarcas e clãs (como na Rússia, nas Filipinas e no México), a de cartéis de elites (como no Brasil, Itália e Argentina) e a de mercado de influência (como no Japão, nos Estados Unidos e na Alemanha).[6] A corrupção de cartéis de elites, comprovada na Lava Jato, é uma outra face do mesmo capitalismo de compadrio.

É interessante observar que o Barômetro Global da Corrupção da Transparência Internacional apontou que, quando se observa a corrupção na base da sociedade brasileira, nos serviços públicos essenciais — como hospitais e escolas públicas, polícia, fornecimento de água, esgoto e energia elétrica e sistema judicial —, o Brasil se classificou como o segundo país mais honesto da América Latina.[7] Contudo, quando a corrupção do topo entra na conta, o país já foi apontado como o quarto mais corrupto do planeta pelo Fórum Econômico Mundial.

Não se ignora que existem práticas reprováveis na base da pirâmide social brasileira, mas o ponto aqui é que a corrupção no topo parece ser desproporcional em relação àquela encontrada mais abaixo. O mau exemplo vem de cima. As condições do ambiente empresarial e político favorecem a formação de pactos extrativistas, em que altos políticos e empresários formam espécies de "clubes" de difícil penetração e reciclagem. Essa é, aliás, segundo James A. Robinson e Daron Acemoglu, autores do elogiado *Por que as nações fracassam*, a receita do atraso e do subdesenvolvimento.[8]

A Lava Jato colocou nas cordas um establishment corrompido. Como um rato acuado, é natural que o sistema corrupto reaja com toda a sua força. A reação envolve quatro tipos de ataques: à credibilidade das investigações e investigadores; à independência das instituições; aos instrumentos legais empregados na operação; e aos resultados, buscando esvaziá-los. Serão abordadas abaixo a criação de narrativas falsas contra a operação e as reações com origem no parlamento e no próprio STF.

A primeira frente da reação: criação de falsas narrativas

Onde quer que se avance consistentemente contra a corrupção dos donos do poder, surge uma reação por meio da criação de narrativas. Uma das mais comuns é a de suposta perseguição política. Investigações contra poderosos só prosperam com o apoio da opinião pública. A função das contranarrativas é miná-lo. Desgastar a credibilidade dos investigadores e das apurações, abrindo um flanco para outros ataques por meio de leis e decisões.

Não se pretende defender aqui que a Lava Jato deva ser isenta de críticas. Há críticas legítimas que precisam ser ouvidas para que sua atuação seja sempre revista e aperfeiçoada. O que se afirma aqui é outra coisa: há críticas absolutamente infundadas, desmentidas por fatos e por números, que são repetidas de forma incessante para afastar a proteção que a sociedade dá à operação. Primeiro se afasta o escudo, depois se crava a espada.

De fato, desde a deflagração de sua primeira fase, a operação Lava Jato foi, e ainda é, alvo de diversos ataques por meio de discursos falaciosos que, de tão alheios à realidade, nem mesmo somados atingem uma meia verdade.

Tais engodos discursivos foram construídos, muitas vezes de forma deliberada e coordenada, por aqueles que já tinham sido atingidos pelas investigações ou estavam prestes a ser. Assim, como não conseguiam minar as provas robustas que pendiam contra si, muitos investigados tentaram propagar falsos discursos com a finalidade se eximir de sua culpa ou de atacar aqueles incumbidos de os investigar, processar e julgar.

Um dos principais engodos argumentativos propalados com o intuito de atacar a Lava Jato consiste na alegação de excesso de prisões cautelares ou, ainda, que as prisões são feitas para extrair confissões, pressionando os réus a delatar. Ambas as acusações não têm a menor procedência.

Quando se analisa o total de 115 pessoas presas preventivamente ao longo das 52 fases do caso, o número pode impressionar.[9] Contudo, o número é baixo quando se leva em conta a comparação entre o número de presos com o de acusados e a dimensão da operação, que já ultrapassou quatro anos de duração. Além disso, boa parte das prisões foi revogada pelo próprio juízo de primeira instância, quando evidenciada sua desnecessidade.

De fato, em três momentos distintos da operação ao longo dos últimos anos, o número de presos representava apenas cerca de 10% do total de pessoas formalmente acusadas. A quantidade de detidos sem uma condenação em primeira instância, por sua vez, era menor ainda: cerca de 3% do total de denunciados.[10]

Deve-se tomar em consideração a dimensão do caso. Na operação Lava Jato, já foram instaurados 1765 procedimentos, cumpridos 962 mandados de busca e apreensão, realizados mais de quinhentos pedidos de cooperação internacional e celebrados 164 acordos de colaboração premiada e onze acordos de leniência. São investigados milhares de fatos criminosos relativos a desvios multibilionários praticados por diversas organizações criminosas que se infiltraram no Estado.

São relativamente frequentes as operações policiais que, em uma única oportunidade, executam mais de cem mandados de prisão contra integrantes de organizações criminosas voltadas à prática de tráfico de drogas e contrabando. Se há algo diferente no tocante às prisões preventivas cumpridas no âmbito da Lava Jato é o fato de que criminosos de colarinho-branco, ricos, poderosos e acostumados com a impunidade, também estão sendo segregados cautelarmente quando sua liberdade traz risco à ordem pública e econômica, à aplicação da lei e à instrução penal.

Esse, aliás, é o ponto central da discussão, que é olvidado pela falsa crítica: a necessidade das prisões. Trata-se de crimes seriais praticados às centenas ao longo de mais de uma década. Quando diversas das prisões foram efetuadas, havia compromissos de pagamento de propinas pendentes. Cada uma das detenções foi fundamentada em fatos concretos registrados em muitas páginas e avaliada por quatro instâncias de julgamento em um país pródigo em recursos. Os advogados dos réus estão entre os mais renomados do país. Não se trata de pessoas indefesas. Ainda assim, mais de 95% das decisões proferidas na Lava Jato têm sido mantidas pelos tribunais.[11]

Não condiz com a realidade dos números, igualmente, o argumento de que as prisões cautelares seriam decretadas no âmbito da Lava Jato com a finalidade de que, então presos, os investigados se dispusessem a aceitar acordos de colaboração premiada.

A grande maioria dos réus e investigados que celebraram acordos de colaboração premiada — mais de 80% deles — negociaram e firmaram tais documentos enquanto estavam em liberdade. Houve vários acordos com empresas — que, diga-se o óbvio, jamais são presas. Ou seja, as colaborações na Lava Jato não decorrem de pressões relacionadas às prisões preventivas.

De outra parte, prisões não geram necessariamente colaborações. Houve diversos réus que foram detidos e, muito embora tenham expressado o desejo de colaborar, tiveram suas propostas rejeitadas por não haver interesse público no acordo. Basta ainda observar que há mais de 200 mil presos provisórios no Brasil, e não há um número minimamente correspondente de colaborações premiadas.

Se isso tudo não bastasse, boa parte dos réus que estavam presos quando negociaram e celebraram seus acordos permaneceu encarcerada por um longo período após o acordo, como condição para seu cumprimento. Isto é, as colaborações também não constituem, necessariamente, uma condição suficiente para a liberdade.

Por fim, o Ministério Público jamais tomou a iniciativa de fazer propostas tentadoras para os réus após sua prisão. A iniciativa dos acordos sempre foi dos acusados, acompanhados de seus defensores.

Não há, portanto, nenhuma evidência de que as prisões da Lava Jato tenham sido feitas para alcançar acordos de colaboração. É natural que o Ministério Público, ao se deparar com crimes gravíssimos praticados sistematicamente, postule a prisão preventiva de seus principais articuladores quando presentes os requisitos legais e que as detenções se mantenham enquanto presentes os requisitos. É natural ainda que tais criminosos, após décadas de ilícitos praticados no seio de organizações criminosas, tenham muito a revelar. Por fim, é perfeitamente cabível que, presentes os pressupostos legais e evidente interesse público, seja feito acordo de colaboração premiada com tais indivíduos.

Entre os resultados que são expressamente consignados na Lei de Organizações Criminosas (lei nº 12.850/13), que justificam a celebração de um acordo de colaboração, estão a "identificação dos demais coautores e partícipes da organização criminosa e das infrações penais por eles praticadas", "a revelação da estrutura hierárquica e da divisão de tarefas da organização criminosa" e "a recuperação total ou parcial do produto ou do proveito das infrações penais praticadas pela organização criminosa".[12]

Os desafetos da Lava Jato, da mesma maneira, alegam que a atuação da operação seria seletiva e teria viés ideológico e partidário. A acusação tem por base o fato de que a Lava Jato — pelo menos em seus primeiros anos — atingiu especialmente pessoas vinculadas ao PT e aos partidos da base aliada (em particular PP e MDB), e não aos de oposição.

Embora a Lava Jato tenha, de fato, em seu início, atingido pessoas vinculadas ao partido no governo e em sua base aliada, a crítica de partidarismo é outro engodo discursivo voltado a atacar indevidamente o trabalho que vem sendo desenvolvido na operação. Aqueles que promovem esse discurso falacioso querem, ao mesmo tempo, caracterizar os poderosos réus como vítimas de perseguição política e macular a imagem da investigação e dos agentes públicos que a conduzem, atribuindo-lhes a pecha de parcialidade.

A alegação de parcialidade, contudo, é desprovida de sentido. Centenas de agentes públicos trabalham ou já trabalharam no curso da Lava Jato, provenientes de diferentes carreiras no funcionalismo (Ministério Público, Justiça Federal, Receita Federal, Advocacia-Geral da União, Controladoria-Geral da União, Polícia Federal, Conselho Administrativo de Defesa Econômica, Banco Central etc.) e com diferentes formações (direito, contabilidade, administração, economia, engenharia etc.). Nenhum desses agentes desempenha mandato político. Ao contrário, a imensa maioria foi nomeada para os respectivos cargos após a aprovação em concurso público de provas e títulos.

Nenhum dos procuradores e juízes possui vínculo partidário — desconhece-se, aliás, vínculo político-partidário ao longo de suas histórias. O mesmo se pode afirmar, de modo geral, em relação aos demais agentes públicos envolvidos. A atuação de todos é técnica e apartidária, sendo-lhes de todo indiferente, portanto, o eventual partido político ao qual alguns dos réus possam estar vinculados. Some-se a isso que quase todos os processos são públicos. Nesse contexto, se extrapolassem suas funções, os agentes públicos seriam punidos por suas corregedorias e órgãos de controle.

É digno de registro, ainda, que o principal partido que alega perseguição — o PT — nomeou, ao longo dos doze anos anteriores ao início da operação, diversos dos julgadores que atuam nas três instâncias revisoras da Lava Jato. Ao longo dos anos de 2014 e 2015, os próprios chefes da Polícia Federal, do Ministério da Justiça, da

Receita Federal e da Procuradoria-Geral da República, que são os principais órgãos que atuaram nas investigações, foram escolhidos por presidente filiada ao Partido dos Trabalhadores.

Existe uma razão simples e lógica para a Lava Jato ter chegado primeiro a pessoas vinculadas ao partido do governo (PT) e a outros da base aliada (em particular PP e MDB). Foram esses partidos que, desde 2002, controlavam a indicação dos executivos da Petrobras que se corromperam. Não era de esperar que o governo permitisse que partidos de oposição indicassem pessoas para cargos na estatal.

O macroesquema de corrupção desvelado pela operação Lava Jato só operou de forma estável por décadas porque dele também participaram agentes políticos da cúpula dos poderes Executivo e Legislativo. Estes se encarregaram de indicar e sustentar agentes públicos comprometidos em angariar propinas em postos estratégicos do alto escalão da Petrobras. Esses subornos, pagos por empresas interessadas em obter contratos na estatal, foram divididos entre os funcionários públicos corrompidos e os políticos e partidos que os mantinham nessas posições.

Assim, se o PT governou o Brasil entre 2003 e agosto de 2016, período no qual foi responsável por definir, sozinho ou em conjunto com sua base aliada, quem ocuparia os principais cargos da administração pública federal, inclusive de empresas públicas como a Petrobras, é evidente que as propinas que foram angariadas em decorrência de seus contratos não foram distribuídas, ao menos não durante esse período, aos seus adversários políticos.

As diretorias da Petrobras em que o esquema de corrupção se desenvolveu foram ocupadas exatamente por executivos apontados pelo próprio PT, pelo PP e pelo MDB. Centenas de provas confirmaram que as propinas arrecadadas nos contratos gerenciados por tais diretorias eram direcionadas para esses partidos. Embora o PT seja o partido que mais se vitimiza como alvo central da Lava Jato, é interessante notar que, em setembro de 2015, a maior parte dos acusados na operação é vinculada ao MDB (33,33%), com o PT (28,78%) quase empatado com o PP (27,77%).

É interessante observar que um então aliado do PT, o MDB, passou a lhe fazer oposição no decorrer das investigações. O emedebista Eduardo Cunha, presidente da Câmara dos Deputados, passou a ser um dos maiores adversários do governo. No entanto, as investigações em relação a ele igualmente se aprofundaram, ensejando a cassação de seu mandato parlamentar. Quando perdeu o foro privilegiado e as imunidades parlamentares, foi preso em Curitiba, condenado pela prática de corrupção e lavagem de dinheiro.

Além disso, conforme as investigações se expandiram e se aprofundaram, a Lava Jato se espalhou para outros órgãos públicos federais e, mais tarde, para governos estaduais e municipais. Isso ocorreu especialmente quando empreiteiras que mantinham contratos com outros governos decidiram colaborar com as investigações. Apenas uma dessas empresas, como antes se disse, mencionou 415 políticos de 26 diferentes partidos.

O avanço das investigações revelou que os partidos de oposição se envolveram em esquemas de corrupção muitíssimo parecidos, inclusive no período supracitado, mas no âmbito de administrações públicas estatuais que eram por eles comandadas. A maioria desses ilícitos, contudo, não pôde ser investigada no âmbito da Lava Jato em Curitiba, porque o STF circunscreveu a jurisdição da investigação curitibana particularmente aos fatos envolvendo a Petrobras. Além disso, vários agentes públicos de expressão têm foro privilegiado, o que significa que só podem ser investigados e processados perante o Supremo.

Outra falsa narrativa repetida com o intuito de atacar a Lava Jato consistiu em dizer que os investigadores divulgariam informações sigilosas com o intuito de macular a imagem dos investigados. Trata-se de mais um engodo.

Em primeiro lugar, é importante destacar que muitas das divulgações tachadas como "vazamentos" foram simplesmente a divulgação de informações constantes em autos judiciais de acesso público. A regra constitucional e legal que orienta a tramitação de ações penais públicas é a da publicidade — ou seja, do amplo acesso a qualquer interessado às informações e documentos constantes nesses processos. Com efeito, estabelece o artigo 5º, inciso LX, da

Constituição da República, que "a lei só poderá restringir a publicidade dos atos processuais quando a defesa da intimidade ou o interesse social o exigirem". Do mesmo modo, o artigo 792 do Código de Processo Penal preceitua que "as audiências, sessões e os atos processuais serão, em regra, públicos". Certamente, em crimes de corrupção, praticados contra a população de modo geral, o interesse social exige a máxima transparência e publicidade.

Não bastasse isso, a Justiça Federal em Curitiba utiliza um sistema processual eletrônico, o Eproc, que permite que qualquer de seus processos públicos seja acessado pela internet, 24 horas por dia, 365 dias por ano. Assim, os processos da Lava Jato, de modo geral, podem ser acessados em tempo real por qualquer cidadão que esteja cadastrado na plataforma — seja ele parte ou não do processo, operador do direito ou não. Haja vista o interesse público que recai sobre as informações constantes em diversos dos processos da Lava Jato, é evidente que muitos jornalistas e veículos de imprensa passaram a acompanhar diariamente a atualização de informações. Não raro, a imprensa divulga informações em âmbito nacional poucos minutos após o seu carregamento no Eproc.

Para além de ocasiões em que o que aconteceu foi divulgação do que era público e não "vazamento", existiram momentos em que de fato informações sigilosas foram divulgadas pela imprensa. Contudo, isso aconteceu, com uma exceção, em casos aos quais partes privadas tinham acesso às informações confidenciais.

Conforme afirmado anteriormente, a regra no processo penal é a publicidade. A exceção acontece quando o sigilo se faz necessário para que não sejam prejudicadas diligências que poderão ser efetuadas nas investigações. Se buscas e apreensões forem divulgadas antes de sua realização, é muito alta a probabilidade de que as medidas acabem frustradas. Investigados poderão destruir ou ocultar documentos e dispositivos eletrônicos que possam servir de prova. Valores que poderiam ser confiscados desaparecerão. Ou ainda os próprios investigados podem fugir.

Sendo assim, é evidente que os agentes públicos que trabalham na Lava Jato sejam os maiores interessados em garantir a confidencialidade de investigações sigilosas. Não há nenhuma evidência ou base para atribuir a agentes públicos o vazamento de depoimentos prestados por colaboradores, quando eles próprios e seus advogados também tiveram acesso aos dados. Deve-se observar que a descoberta do autor do vazamento nesses casos é dificílima, em razão do sigilo e da confidencialidade de fontes que resguardam, e devem resguardar, a comunicação de jornalistas numa democracia.

No único caso da Lava Jato em que se tornou pública uma informação em autos confidenciais a que só tiveram acesso agentes públicos, foi possível identificar a fonte do vazamento. Um excepcional trabalho da Polícia Federal foi capaz de identificar o agente público responsável. Ele foi afastado do caso e hoje está sujeito a responsabilização administrativa, cível e criminal.

Segunda frente da reação: vingança legislativa

Os ataques à Lava Jato não se restringiram ao plano do discurso. Desde 2015 houve também diversas investidas legislativas que teriam impactos devastadores sobre a operação. Entre projetos de leis, legislação efetivamente aprovada e medidas provisórias, houve diversas propostas que minavam os instrumentos legais usados, turbavam a atuação independente dos agentes públicos responsáveis por sua condução ou ainda esvaziavam seus resultados.

A Lava Jato demonstrou a fundamental importância dos acordos de colaboração premiada para o desmantelamento de grandes e poderosas organizações criminosas dedicadas à prática de crimes contra a administração pública, notadamente a corrupção. Em 2015 e 2016, a operação se aprofundava, alavancada pelos fatos revelados por diversos réus colaboradores, em grandes esquemas de corrupção pública. Não por coincidência, nessa mesma época foram propostos no Congresso Nacional diversos projetos de lei que, se aprovados, desfigurariam completamente o instituto da colaboração premiada.

Dois desses projetos, o PL 4081/2015 e o PL 4082/2015, foram propostos por Hugo Motta (MDB-PB) e Luiz Sérgio (PT-RJ), respectivamente, presidente e relator da CPI da Petrobras.

Tal CPI, criada em 5 de fevereiro de 2015 com o propósito de investigar atos ilícitos praticados em desfavor da Petrobras, teve seu relatório final aprovado em outubro de 2015. Interessante destacar que ao final dos trabalhos não houve a sugestão de indiciamento de nenhum agente político investigado na Lava Jato. Em verdade, durante a atuação da CPI, não houve nem sequer a convocação de algum parlamentar citado nas investigações para depor na comissão. O único a prestar depoimento, por iniciativa própria, foi o ex-presidente da Câmara dos Deputados, Eduardo Cunha.

O projeto de lei nº 4081/2015 propõe a alteração da Lei de Organizações Criminosas (lei nº 12 850/13), proibindo a colaboração premiada "daquele que ostenta maus antecedentes ou que tenha rompido colaboração anterior".[13] A regra não faz o menor sentido, a não ser que seu objetivo seja esvaziar as colaborações premiadas de seu maior benefício em potencial. Isso porque os agentes que podem em maior medida contribuir para a Justiça e as investigações são justamente aqueles que praticam crimes em organizações criminosas há muito tempo e que, em razão disso, provavelmente possuirão maus antecedentes.

O projeto de lei nº 4082/2015, por seu turno, objetiva minimizar o sigilo das colaborações premiadas. Hoje, a Lei de Organizações Criminosas garante a confidencialidade antes da propositura e recebimento de acusações criminais (art. 7º, §§ 2º e 3º da lei nº 12 850/13).[14] Essa restrição inicial e temporária da publicidade é fundamental para que o Estado consiga, a partir do relato de colaboradores, coletar evidências adicionais sobre os crimes revelados antes que os delatados saibam que seus ilícitos passaram a ser investigados e tenham oportunidade de destruí-las.

O que o projeto de lei nº 4082/2015 propõe, contudo, é a inserção de um dispositivo na lei nº 12 850/13 que permita que as Comissões Parlamentares de Inquérito (CPIs) também tenham acesso, a qualquer momento, ao conteúdo de colaborações premiadas.[15] Considerando que diversas colaborações premiadas na Lava Jato desvelaram delitos praticados por parlamentares federais, a alteração legislativa permitiria que investigados poderosos tomassem conhecimento antecipado das revelações, muitas vezes ainda na pendência de cumprimento de diligências em curso.

Outro projeto de lei que teria por efeito obstar o emprego de colaborações premiadas em investigações foi o de nº 4372/2016, de autoria do deputado Wadih Damous (PT-RJ). O texto propõe que seja proibida a homologação judicial de acordos de colaboração premiada que tenham sido celebrados com investigados presos. Tal proposta legislativa, que se fundamenta em engodo argumentativo já desconstruído acima — de que prisões cautelares estariam sendo utilizadas como mecanismos para impelir a celebração de acordos de colaboração premiada —, não tem outro efeito senão restringir sensivelmente a revelação de crimes na Lava Jato e, consequentemente, o potencial e a utilidade de acordos de colaboração premiada para a sociedade.

De acordo com o artigo 312 do Código de Processo Penal brasileiro, "a prisão preventiva poderá ser decretada como garantia da ordem pública, da ordem econômica, por conveniência da instrução criminal, ou para assegurar a aplicação da lei penal, quando houver prova da existência do crime e indício suficiente de autoria". De outro lado, determina a lei nº 12 850/13 que a colaboração premiada poderá ser celebrada com o investigado que possa contribuir para, por exemplo: a) a identificação dos demais coautores e partícipes da organização criminosa e das infrações penais por eles praticadas; b) a revelação da estrutura hierárquica e da divisão de tarefas da organização criminosa; e c) a recuperação total ou parcial do produto ou do proveito das infrações penais praticadas pela organização criminosa.

Não é preciso fazer muito esforço para inferir que, em muitos casos, haverá uma zona de interseção ou sobreposição entre o conjunto de pessoas cuja prisão preventiva é necessária e o conjunto de agentes que preenchem os requisitos para celebrar acordos de colaboração premiada. Em muitos casos, são justamente os criminosos mais perigosos — que praticaram inúmeros crimes de tráfico, homicídio, extorsão mediante sequestro ou corrupção — que podem contribuir de forma mais expressiva para o desmantelamento de grandes organizações criminosas ou atingir fins sociais de grande importância.

Parece um contrassenso, por exemplo, negar a aplicação do instituto à pessoa que integra organização criminosa que mantém vítimas reféns em cativeiro, quando é justamente a colaboração que pode salvar vidas. Ou ainda impedir que faça acordo o preso que pode entregar os líderes de esquemas ainda ativos que desviam bilhões de reais da sociedade — como aconteceu na Lava Jato.

Os acordos de leniência, que muito simplificadamente podem ser descritos como uma espécie de acordo de colaboração com pessoas jurídicas, também tiveram seu funcionamento ameaçado, mediante alteração de seu marco legislativo no curso da Lava Jato. Esse foi um instrumento de investigação central da operação, que permitiu a expansão das apurações, junto às colaborações premiadas, e garantiu a devolução de bilhões desviados para os cofres públicos. Além disso, as leniências romperam vínculos criminosos e permitiram que as empresas colaboradoras se reinserissem no mercado como agentes propulsoras de mudanças.

Editada pela então presidente da República Dilma Rousseff em 18 de dezembro de 2015, a Medida Provisória 703 revogou o art. 16, § 1º, inciso I, da lei nº 12 846/13 (Lei Anticorrupção), o qual estabelecia que acordos de leniência somente poderiam ser celebrados com a pessoa jurídica que fosse a primeira a "se manifestar sobre seu interesse em cooperar para a apuração do ato ilícito". Alterou ainda o art. 16, § 1º, inciso III da mesma lei, para deixar de exigir como requisito para a celebração do acordo de leniência a admissão de participação no ilícito por parte da pessoa jurídica interessada.

A primeira mudança promovida pela MP 703 acabou com o principal incentivo para que pessoas jurídicas se apresentem para colaborar com a Justiça. Na verdade, suprimiu a vedação de que acordos de leniência sejam feitos com diversas empresas corruptoras que se proponham a revelar os mesmos fatos. Em outros termos, deixou de ser necessária, para a celebração de acordos de leniência, a revelação pela pessoa jurídica interessada de novos esquemas ilícitos, desconhecidos pelas autoridades públicas.

A proposta minou a lógica do instituto da leniência, que é um instrumento utilitário voltado à expansão das investigações. Se a qualquer momento a pessoa jurídica pode se apresentar e celebrar leniência, mesmo quando todos os fatos já foram descobertos e comprovados, desaparece o estímulo para que rompa a inércia e se apresente desde logo ao sistema judicial. É a competição entre as empresas para chegar antes e receber os benefícios que incentiva o rompimento do pacto de silêncio. Passa a valer a pena correr o risco de não colaborar e se apresentar para buscar benefícios legais apenas se surgirem provas inafastáveis.

Se desejamos que o instituto da leniência funcione, só o primeiro a romper o pacto de silêncio em relação a determinados crimes deve ocupar o espaço de colaborador e ter suas penas diminuídas. Comparsas que resolveram não colaborar — ou que tardaram em fazê-lo — devem ser punidos por todos os ilícitos que praticaram e que se tornaram de conhecimento das autoridades públicas a partir da colaboração do primeiro.

Cumpre salientar, contudo, que essas e outras alterações negativas promovidas pela MP 703 não passaram despercebidas pela população brasileira. Diversas críticas realizadas por operadores do direito e associações de classe ganharam espaço na imprensa no fim de 2015 e início do ano seguinte, de modo que os efeitos deletérios que decorreriam da conversão da medida provisória em lei se tornaram amplamente conhecidos. No fim, isso não aconteceu, e a medida provisória vigorou apenas até 29 de maio de 2016.

Mais tarde se descobriu que a referida medida provisória havia sido encomendada por uma empreiteira envolvida na Lava Jato.[16] De fato, executivos do Grupo Odebrecht que decidiram colaborar revelaram que, no segundo semestre de 2015, houve uma intensa interlocução entre a empreiteira e o governo para que houvesse aprovação da MP 703.

No ano de 2015, também foi proposto pelo senador mato-grossense Blairo Maggi, acusado por corrupção e vinculado a um partido bastante implicado na Lava Jato (PP, atual Progressistas),[17] o projeto de lei do Senado nº 233/2015. O pretexto da proposta foi o de regulamentar o inquérito civil público, um procedimento usado pelo Ministério Público para investigar ilícitos contra o patrimônio público e social, o meio ambiente e outros direitos difusos e coletivos. Contudo, a proposta trouxe alterações que, caso aprovadas, minimizariam significativamente a utilidade desse instrumento legal.

Entre as mudanças legislativas potencialmente nocivas merece destaque a fixação de prazo máximo de doze meses para conclusão do inquérito civil, prorrogável uma única vez pelo mesmo prazo (artigo 34). Embora sob uma análise mais superficial possa parecer de menor importância, tal modificação implicaria grande retrocesso. A sobrecarga de trabalho nos órgãos de investigação, cumulada com a usual complexidade de apurações dessa natureza, faz com que ordinariamente os inquéritos civis demorem mais do que dois anos. O arquivamento automático do procedimento antes de seu término, nesse contexto, significaria pura e simplesmente a institucionalização da impunidade.

Outro projeto proposto no curso da Lava Jato que, se aprovado, representaria grande empecilho ao livre e independente exercício pelo Ministério Público de suas funções é o PLS 172/2015. De autoria do senador Fernando Collor de Mello (PTC-AL), acusado na operação,[18] a iniciativa propõe a inserção de um novo dispositivo na lei que rege o Ministério Público da União, a lei complementar nº 75/93. O artigo 243-A foi proposto com a seguinte redação: "Constitui crime a prática por membro do Ministério Público de ato comprovadamente temerário ou com deliberada má-fé, ou ainda visando promoção pessoal ou perseguição política".

Embora à primeira vista possa parecer adequada, a regra criminaliza a interpretação, ou hermenêutica, do direito. Direito não é matemática, e sentenças são revistas e modificadas todos os dias, às centenas, em todas as cortes do país. A revisão de atos ministeriais e judiciais é algo imanente ao sistema. A proposta do senador permite que a discordância em relação à atuação do Ministério Público seja usada para punir seus membros, caracterizando sua atuação como "temerária", por exemplo, em especial quando são desagradados interesses de poderosos, que têm não raro acesso diferenciado a gabinetes em Brasília.

No mesmo sentido, foi oferecido perante o Senado o PLS 280/2016, de autoria do senador Renan Calheiros (MDB-AL), investigado na Lava Jato. Esse projeto se propõe a redefinir os crimes de abuso de autoridade. Não obstante a atualização da redação de tais leis possa parecer bastante conveniente — afinal de contas a que hoje os disciplina (lei nº 4898) é datada de 1965 —, as alterações propostas resultariam, se aprovadas, na criminalização da interpretação do direito. Citem-se, por exemplo, os artigos 9º e 30 do projeto: "Art. 9º. Ordenar ou executar captura, detenção ou prisão fora das hipóteses legais ou sem suas formalidades: Pena — detenção, de 1 (um) a 4 (quatro) anos, e multa"; e "Art. 30. Dar início ou proceder à persecução penal, civil ou administrativa, sem justa causa fundamentada: Pena — reclusão, de 1 (um) a 5 (cinco) anos, e multa".

Há grande divergência doutrinária e jurisprudencial sobre a interpretação das hipóteses em que é cabível a decretação de prisão, assim como sobre a interpretação do que se pode considerar justa causa fundamentada para a propositura de uma ação penal. Faz parte do direito, justamente, a discussão judicial sobre tais requisitos, motivo pelo qual os polos antagônicos de um processo criminal têm oportunidades para se manifestar, assim como possibilidade de recorrer das decisões tomadas para outras instâncias.

Nesse sentido, o referido projeto cercearia as autoridades públicas responsáveis pelo exercício das atividades de investigação, processamento e julgamento. Elas não se sentiriam seguras a exercer livremente suas funções, especialmente em casos envolvendo pessoas poderosas, pois, se suas decisões viessem a ser reformadas, estariam sujeitas a ser processadas por abuso de autoridade.

É oportuno comentar, ainda, o PL 4577/2016, apresentado pelo deputado Wadih Damous (PT-RJ). Esse projeto de lei impediria, pela via legislativa, que surtisse efeito um dos maiores avanços jurisprudenciais na direção da responsabilização criminal de poderosos promovidos pelo STF. No dia 17 de fevereiro do ano de 2016 o plenário do

Supremo retomou o entendimento, que vigorou desde a promulgação da Constituição de 1988 até o ano de 2009, de que a carta admite a prisão do condenado após a decisão em segunda instância, independentemente do trânsito em julgado da decisão, isto é, mesmo nos casos em que são cabíveis recursos especial e extraordinário.

Decorreram apenas treze dias após essa histórica decisão do STF, que rompeu com a impunidade dos colarinhos-brancos, até que o deputado Wadih Damous formalizasse na Câmara dos Deputados o projeto de lei em questão. O deputado propôs que os recursos extraordinário e especial passassem a suspender a eficácia de decisões condenatórias e, por consequência, impedissem a execução da pena antes do trânsito em julgado. Se aprovada, a proposta barraria a possibilidade de encarceramento após decisão em segundo grau de jurisdição.

No contexto dos projetos de lei que, apresentados no curso da operação Lava Jato, poderiam reduzir sensivelmente a capacidade de ação do Estado contra crimes de colarinho-branco, é importante tecer alguns comentários sobre o projeto de lei nº 8045/2010, que busca instituir no ordenamento jurídico brasileiro um novo Código de Processo Penal. Sua tramitação iniciou no Senado Federal (PLS 156, de 2009), onde foi aprovado pelo plenário e enviado à Câmara dos Deputados, em que se formou uma Comissão Especial para sua discussão. Nessa Comissão foram feitas proposições de mudanças que geram grande risco para investigações, processos e julgamentos de crimes de corrupção — algumas das quais serão destacadas a seguir por serem especialmente perigosas —, de autoria do deputado Paulo Teixeira (PT-BA).[19]

Uma das propostas foi a de instituir no Código de Processo Penal prazos máximos de duração das prisões preventivas: i) 180 dias, "se decretada no curso da investigação ou antes da sentença condenatória"; e ii) 360 dias, "se decretada ou prorrogada por ocasião da sentença condenatória recorrível".[20] Hoje, nos termos do artigo 312 do Código de Processo Penal vigente, não há prazo máximo para a prisão preventiva. O risco à ordem pública e econômica ou à aplicação da lei penal, que justifica a privação da liberdade de um investigado ou réu antes de sua condenação, não desaparece com o simples decurso do tempo (180 ou 360 dias).

Evidentemente, o tempo médio de duração dos processos penais deve ser reduzido. Procedimentos e recursos devem ser simplificados ou reduzidos, sem prejudicar o direito de defesa e de contraditório. Filtros devem existir para a admissão de recursos nas instâncias superiores. Contudo, em vez de tratar a causa da demora, a proposta ataca a consequência, colocando em perigo os brasileiros. O risco que a liberdade de alguns investigados e réus representa à sociedade tem prazo de validade.

Outra proposta é a restrição das hipóteses de cabimento das prisões preventivas. Hoje, a prisão preventiva é cabível para "garantia da ordem pública, da ordem econômica, por conveniência da instrução criminal, ou para assegurar a aplicação da lei penal". O deputado sugere restringi-la às seguintes hipóteses (art. 602, incisos I e II): "I — quando o investigado ou acusado agir para prejudicar a prática de atos de investigação ou a colheita de provas; II — para impedir a fuga, demonstrada por evidências nos autos".[21] A proposição exclui a possibilidade de prisão para assegurar a garantia da ordem pública ou econômica, fundamentos que ordinariamente justificam a detenção de criminosos corruptos e de outros criminosos que praticam crimes seriais, às centenas, incluindo assassinos e ladrões profissionais, traficantes de drogas e estupradores.

O deputado, contudo, foi além. Propôs ainda que a prisão preventiva seja vedada nos crimes praticados sem violência ou grave ameaça, desde que sejam de natureza patrimonial ou ainda quando os investigados forem primários.[22] A regra inviabiliza a prisão preventiva de praticamente todos os criminosos de colarinho-branco, inclusive corruptos e lavadores de dinheiro profissionais. Seria a legislação salva-ladrões brasileira.

Algo semelhante aconteceu na Itália, em 1994, no curso da operação Mãos Limpas, por ocasião da aprovação do Decreto Biondi. Esse ato normativo ficou conhecido como "Decreto *salva ladri*" (salva ladrões), já que, impossibilitando a decretação de prisões preventivas na grande maioria dos crimes de corrupção, resultou na soltura de praticamente todos os presos da Mãos Limpas.

Não bastassem todos esses projetos já analisados, no segundo semestre de 2016 houve diversas movimentações para incluir na pauta da Câmara dos Deputados algum projeto — por exemplo o PL 1210/07 — ao qual pudesse ser agregada uma emenda para anistiar a prática do crime eleitoral de caixa dois,[23] mas cuja verdadeira intenção era a anistia de todos os crimes de corrupção. Na sessão do plenário da Câmara do dia 23 de novembro de 2016, circulou entre os deputados o texto de uma emenda legislativa apócrifa que resultaria no perdão de diversos crimes de corrupção, com o seguinte teor: "Não será punível nas esferas penal, civil e eleitoral doação contabilizada, não contabilizada ou não declarada, omitida ou ocultada de bens, valores ou serviços, para financiamento de atividade político-partidária ou eleitoral realizada até a data da publicação desta lei". Parlamentares que discordavam da proposta e da estratégia de incluir de última hora a proposta na votação em plenário comunicaram à imprensa. Houve uma grande reação da sociedade, e a emenda não chegou sequer a ser incluída na pauta da casa legislativa.

Outro movimento em reação à Lava Jato foi a criação do Fundo Especial de Financiamento de Campanha, em 2017. Percebendo que investigações abalavam as chances de reeleição de diversos caciques envolvidos em escândalos — e diante do fim do financiamento empresarial de campanhas, determinado pelo STF em setembro de 2015 —, foi criado tal fundo, que em 2017 distribuiu 1,7 bilhão de reais para campanhas políticas. Conforme apontado anteriormente, existe uma correlação entre volume de recursos investidos em campanha e votos recebidos. Não houve surpresa quando diversos partidos anunciaram, em 2018, que o dinheiro do fundo seria destinado de forma prioritária para candidatos que já detinham mandatos eletivos, perpetuando a hegemonia dos donos do poder — diversos deles envolvidos em escândalos de corrupção.[24]

Por fim, outra tentativa de esvaziar os resultados da Lava Jato pela via normativa partiu das mãos do presidente da República Michel Temer. No fim de 2017, ele publicou o decreto nº 9246/17, que perdoava pelo menos 80% da pena de réus condenados por corrupção e lavagem de dinheiro. Não foi o primeiro indulto das penas de corrupção, mas sem dúvida foi o mais generoso. Desde o início da década de 1990, há no Brasil uma tradição de concessão, pelo presidente da República e às vésperas do Natal, de indulto a todos os criminosos condenados que preencham determinados requisitos — é o chamado "Decreto de indulto natalino". O rigor nas condições varia de acordo com a gravidade dos crimes e a situação pessoal dos detentos — idosos recebem descontos maiores, por exemplo.

Interessa aqui avaliar a evolução das condições estabelecidas pelo presidente nos últimos anos em relação ao crime de corrupção, praticado sem violência ou grave ameaça e em geral por réus que juridicamente são primários, embora tenham praticado inúmeros crimes no passado — afinal, réus de colarinho-branco quase nunca são condenados com trânsito em julgado. O primeiro indulto natalino concedido após o início da Lava Jato, no fim de 2014, perdoou os condenados "a pena privativa de liberdade superior a oito anos e não superior a doze anos, por crime praticado sem grave ameaça ou violência à pessoa, que, até 25 de dezembro de 2014, tenham cumprido um terço da pena, se não reincidentes, ou metade, se reincidentes".[25] O indulto de 2015 repetiu essa mesma exigência.

O decreto de 2016 (decreto nº 8940, de 22 de dezembro de 2016), o primeiro aprovado pelo presidente Michel Temer, já atenuou bastante os requisitos do indulto. Passou a requerer dos condenados por crimes praticados sem grave ameaça ou violência à pessoa o cumprimento de "um quarto da pena, se não reincidentes, ou um terço, se reincidentes".[26] A exigência de uma pena inferior a doze anos de prisão foi mantida. No indulto de 2017, entretanto, esse limite máximo da pena deixou de existir. Não bastasse isso, os requisitos temporais de cumprimento de pena baixaram ainda mais, passando a ser exigido dos condenados por crimes praticados sem grave ameaça ou violência à pessoa o cumprimento de "um quinto da pena, se não reincidentes, e um terço da pena, se reincidentes".[27] O requisito temporal seria ainda menor, de "um sexto da pena, se não reincidente, e um quarto da pena, se reincidente", se o apenado tivesse idade superior a setenta anos ou "tenha frequentado, ou esteja frequentando, curso de ensino fundamental, médio, superior, profissionalizante ou de requalificação profissional, reconhecido pelo Ministério da Educação, ou que tenha exercido trabalho, no mínimo por doze meses, nos três anos contados retroativamente a 25 de dezembro de 2017". Ou seja, o perdão se estendia, nessas últimas situações, a 84% da pena de criminosos condenados por corrupção.

Felizmente, a presidente do STF, ministra Cármen Lúcia, suspendeu, no fim do ano de 2017, trechos do decreto presidencial na Ação Direta de Inconstitucionalidade nº 5874, apresentada pela Procuradoria-Geral da República perante o Supremo nos últimos dias do ano de 2018, já no recesso do Poder Judiciário.[28]

Em março de 2018, o relator do processo, ministro Luís Roberto Barroso, proferiu decisão liminar confirmando a suspensão dos efeitos de diversos dispositivos daquele decreto, notadamente para: i) aumentar o tempo mínimo de cumprimento de pena necessário à concessão do indulto para, pelo menos, um terço da pena; ii) restringir a possibilidade de indulto apenas para condenações inferiores a oito anos de prisão (o decreto não estabelecia nenhum limite); e iii) afastar vários crimes do colarinho-branco do âmbito de incidência do indulto, como os crimes de corrupção, contra o sistema financeiro nacional, de lavagem de dinheiro ou previstos na Lei de Licitações. O ministro Barroso expressou que o "elastecimento imotivado do indulto" ofende "o princípio da moralidade, bem como descumpre os deveres de proteção do Estado a valores e bens jurídicos constitucionais que dependem da efetividade mínima do sistema penal". Acrescentou ainda que "o decreto de indulto não pode esvaziar a política criminal estabelecida pelo legislador, tornando os requisitos para a extinção da punibilidade consideravelmente mais brandos do que aqueles exigidos para o cumprimento adequado da pena".[29]

Infelizmente, o entendimento dos ministros Luís Roberto Barroso e Cármen Lúcia não foi partilhado pela maioria dos integrantes do Supremo. Nos dias 28 e 29 de novembro de 2018 o caso foi levado ao plenário do STF. Embora, conforme será detalhado a seguir, o julgamento ainda não tenha se encerrado (em 17 de dezembro de 2018), já há na Suprema Corte uma maioria formada pela manutenção do decreto de indulto de Temer nos seus exatos termos.

O ministro Barroso, relator e, nessa condição, primeiro a votar, reiterou os termos de sua decisão liminar e votou pela restrição da abrangência do decreto de indulto. Foi acompanhado em seu voto pelo ministro Edson Fachin.

A divergência pela manutenção do decreto de indulto de 2017 em seus exatos termos foi inaugurada pelo voto do ministro Alexandre de Moraes, que foi acompanhado pelos ministros Rosa Weber, Ricardo Lewandowski, Gilmar Mendes, Marco Aurélio e Celso de Mello.

Em que pese a maioria de seis a dois já formada na Suprema Corte pela manutenção do decreto de indulto, houve um pedido de vista do ministro Luiz Fux, que adiou o julgamento definitivo da questão. Isso impede, por ora, que a decisão esboçada pelo STF passe a vigorar, ou seja, que sejam abertas as portas das penitenciárias para que milhares de condenados possam voltar para as ruas ou, no caso dos colarinhos-brancos, para os seus gabinetes. Enquanto todos os ministros não votarem, não obstante já existir maioria no plenário em sentido contrário, a regra é que seja mantida a decisão liminar proferida pelo ministro relator.

Ciente dessa consequência do pedido de vista no caso concreto, o ministro Gilmar Mendes propôs a votação de uma questão específica: a revogação da liminar do ministro Barroso. O pedido foi acatado e a revogação foi posta em votação pelo ministro Toffoli, presidente do Supremo.

No curso do julgamento dessa segunda questão, contudo, o ministro Ricardo Lewandowski precisou se ausentar, de modo que o placar ficou cinco a quatro em favor da manutenção da liminar que impedia a aplicação do indulto. Foi então que o ministro Toffoli tomou a palavra e, em vez de acompanhar a maioria, encerrando a questão, ou votar contra, criando um impasse, optou por pedir vista, adiando o julgamento.

Em virtude desses dois pedidos de vista, a liminar do ministro Barroso, hoje contramajoritária no Supremo, ainda está mantida. A questão se torna ainda mais interessante ante o fato de que em 2019 assume um novo presidente da República, Jair Bolsonaro (PSL), que já se posicionou publicamente no seguinte sentido: "Fui escolhido presidente para atender aos anseios do povo brasileiro. Pegar pesado na questão da violência e criminalidade foi um dos nossos principais compromissos de campanha. Garanto a vocês, se houver indulto para criminosos neste ano, certamente será o último".

Assim, mesmo um ano depois do decreto, algumas questões remanescem em aberto. Poderia, por exemplo, o presidente eleito revogar esse decreto de indulto de 2017, enquanto está sob julgamento no Supremo, antes que possa produzir efeito? Como se trata de perdão de pena que a extingue, seria possível argumentar que o perdão está consumado, salvo hipótese de inconstitucionalidade. Contudo, como não só o STF pode reconhecer a inconstitucionalidade, mas a própria Presidência pode reconhecer esse vício em seus atos, parece admissível uma resposta afirmativa àquela pergunta.

Independentemente dessa questão em aberto e da batalha das vistas, dois aspectos merecem especial atenção no presente caso: a fragilidade do principal fundamento do voto majoritário e o significado social da decisão.

O principal fundamento dos votos que prevaleceram foi o de que o presidente da República tem um poder discricionário de indultar. Contudo, conforme pontuou o próprio ministro Barroso durante a sessão de julgamento, estaria o Supremo autorizando que o presidente baixasse as penas quanto quisesse, ou até mesmo as abolisse? Suponhamos que o presidente resolvesse indultar todos os condenados por corrupção que houvessem cumprido um mês ou um dia de pena. Seria esse decreto também constitucional aos olhos da maioria do Supremo? A questão, portanto, não é se o poder de indultar é discricionário, mas sim se essa discricionariedade é absoluta.

A Constituição de 1988 grita em sentido contrário. Em diversos dispositivos ela reconhece que não existe nenhum poder discricionário absoluto em nossa democracia. O Legislativo, por exemplo, tem poder discricionário de legislar, mas ainda assim seus atos são submetidos ao controle do Supremo por meio da ação direta de inconstitucionalidade. Portanto, não há em nossa democracia o poder de uma caneta só, nem mesmo se ela for a caneta do presidente da República. Todos estão submetidos à Constituição e ao controle dos seus atos.

Além de violar a moralidade e a devida proteção aos direitos fundamentais da sociedade contra a corrupção, o decreto de indulto viola o princípio da progressiva execução da pena de regimes mais para menos gravosos, numa gradual reinserção do apenado na sociedade, entre outras regras, como aquela que proíbe que o presidente edite medidas provisórias sobre matérias de direito penal e processual penal. Havendo tantas balizas constitucionais que constrangem o poder do presidente, o que o Supremo decidiu foi lavar as mãos. O verdadeiro significado da decisão está fora dela. Com o perdão de até 84% da pena, a Suprema Corte do país passa uma dupla mensagem: aos criminosos, diz que vale a pena praticar crimes; à sociedade, sinaliza que está desprotegida.

A terceira reação: o STF

Em primeiro lugar, é preciso reconhecer que, sem a postura firme, imparcial e independente de ministros como Teori Zavascki e Luiz Edson Fachin, não existiria Lava Jato. Os dois foram os principais responsáveis, na condição de ministros relatores, pela operação curitibana no Supremo. Sempre que um colaborador implicou autoridades com foro privilegiado, o que ocorreu inúmeras vezes, a homologação de seu acordo foi examinada pelos dois ministros, que ampararam consistentemente o desenvolvimento das investigações.

Além disso, a 2ª Turma do STF — conjunto de cinco juízes responsáveis por examinar a maior parte dos recursos e questões atinentes à Lava Jato — emitiu, ao longo de 2014 e 2015, uma série de decisões essenciais à existência e ao regular desenvolvimento da investigação. Nesse sentido, por exemplo, a competência para o exame de diversos fatos foi mantida em Curitiba, e foram afastadas nulidades.

O plenário do Supremo, do mesmo modo, emitiu três decisões que constituíram grandes avanços no esforço da sociedade brasileira contra a corrupção e a impunidade. A primeira foi o reconhecimento da possibilidade de executar provisoriamente a pena de prisão após a confirmação da condenação em segunda instância. Esse entendimento permaneceu em vigência desde a promulgação da Constituição de 1988 até 2009, quando foi revertido. Em 2016, porém, o tribunal retomou seu entendimento original, confirmado ao longo dos anos seguintes. A apertada maioria de seis votos contra cinco subsiste. A reversão desse placar, no único país do mundo virtualmente com quatro instâncias de julgamento e recursos que parecem não ter fim, consagraria a impunidade dos colarinhos-brancos no Brasil.

Outro avanço foi a proibição do financiamento empresarial de campanhas, que implicava uma distorção de representatividade em nossa democracia, além de criar um ambiente mais favorável à corrupção. Por fim, o plenário do Supremo restringiu o foro privilegiado, determinando que seja aplicado para crimes relacionados à função e praticados no exercício do mandato. Contudo, ainda resta pendente de decisão o ponto mais sensível da restrição: a permanência do foro para crimes praticados em mandatos anteriores do mesmo cargo eletivo ocupado no presente pelo parlamentar.

Contudo, a partir de 2017, a 2ª Turma do STF foi palco de uma série de decisões francamente contrárias ao avanço da Lava Jato. Houve pelo menos 27 decisões, emitidas pelos ministros Gilmar Mendes, Dias Toffoli e Ricardo Lewandowski, que criaram um ambiente mais favorável para réus da operação e à sua impunidade — e, consequentemente, mais favorável à corrupção.

São decisões que promovem a sensação de impunidade — ou até a própria impunidade. Um ambiente favorável à impunidade, segundo a *rational choice theory*, favorece a corrupção. Para a teoria, muito propalada entre os estudiosos da corrupção (como Susan Rose-Ackerman e Robert Klitgaard), o agente que pratica a corrupção é um ser racional que avalia os custos e benefícios da conduta. Entre os custos está a firmeza da resposta do Estado a esse tipo de crime. Além disso, decisões como essa desincentivam a própria colaboração premiada com a Justiça, ao transmitir a impressão de que investigados e réus poderão ser absolvidos, postergar a punição ou alcançar a prescrição a despeito de sua culpa, da robustez das provas ou da gravidade dos fatos.

Vejamos, por exemplo, o que dizem sobre o tema os professores norte-americanos Neal Shover e Andy Hochstetler, especialistas em criminologia dos delitos de colarinho-branco, em seu livro *Choosing White-Collar Crime*: "O crime de colarinho-branco é cometido porque algumas pessoas estimam o ganho como maior do que os riscos ou as consequências de serem pegos. Vistos dessa maneira, é uma política saudável de controle do crime aumentar os riscos percebidos deles". Para os autores, no outro extremo, a impunidade "pode transmitir a impressão de que a conduta indicada não é moralmente errada".[30]

O grande receio é que o Supremo se curve à velha política, à plutocleptocracia que se arraigou no país, ainda que sob protesto de ministros que têm sido bastante firmes em relação à corrupção. Para o estudioso Marco Antonio Villa, historicamente o STF foi subserviente ao poder: na República Velha, calou-se diante das arbitrariedades do florianismo; na Revolução Federalista, os que procuraram o Supremo receberam como resposta o silêncio; os operários deportados no início do século XX não encontraram nenhuma proteção no STF. O golpe de 1930 cassou ministros, e o Supremo não reagiu; toda a barbárie do Estado Novo — presos sem processos, torturas, assassinatos, censuras — não mereceu sua atenção; nem com a Constituição de 1946 nas mãos alterou-se seu servilismo ao poder; quando acionado, como na tentativa de golpe de 1955, omitiu-se. Foi subserviente ao regime militar de 1964-85, apesar da cassação de três ministros (Victor Nunes Leal, Evandro Lins e Silva e Hermes Lima); aceitou resignadamente o aumento dos seus membros para que o regime tivesse o controle absoluto do tribunal; as barbáries contra os direitos humanos não foram analisadas pela corte; engoliu como pílula dourada a EC 1/69 (que contemplava uma nova Constituição). De 1988 para cá, apesar de seu ativismo, nunca mexeu na estrutura cleptoplutocrata do poder; muitos ministros são nomeados por força exclusiva da política.[31]

Os casos que serão analisados a seguir podem ser compreendidos como uma série de decisões equivocadas, libertárias ou então que escorregaram para a incoerência. Contudo, embora não caiba a este artigo fazer juízo de valor sobre tais posicionamentos, diversos formadores de opinião já as interpretaram como uma ação "articulada para neutralizar a operação Lava Jato", movida, em maior ou menor grau, por razões políticas (nesse sentido, ver por exemplo Fernando Gabeira,[32] José Nêumanne,[33] Ricardo Boechat,[34] Augusto Nunes,[35] Josias de Souza,[36] Merval Pereira[37] e Eliane Cantanhêde[38]).

Do mesmo modo, vários juristas criticaram acidamente posições de ministros do Supremo contrárias à Lava Jato (como o ex-ministro do STF Sydney Sanches,[39] o ex-diretor da Escola de Direito do Rio de Janeiro da Fundação Getulio Vargas Joaquim Falcão,[40] o professor Modesto Carvalhosa,[41] a procuradora regional da República Ana Lúcia Amaral[42] e o próprio ministro Barroso[43]).

Revogação de prisões

Dentre as decisões desfavoráveis à Lava Jato estão catorze que revogaram prisões preventivas cuja necessidade e legalidade tinham sido justificadas em várias páginas, analisando circunstâncias concretas. Exatamente por isso, as três instâncias inferiores ao Supremo haviam mantido tais detenções.

Deve-se levar em consideração também que a Lava Jato evidenciou que a prisão é um remédio amargo, mas necessário, para estancar a corrupção sistêmica. O caso envolvendo a Odebrecht é emblemático. Houve buscas e apreensões, sem prisões, em novembro de 2014. A empreiteira, especializada em pagar subornos, seguiu realizando os pagamentos ilícitos até junho de 2015, quando houve a prisão de diversos de seus executivos.

A necessidade das prisões também foi defendida nos votos vencidos proferidos pelos ministros Fachin e Celso de Mello. Quanto à soltura de José Dirceu, por exemplo, o primeiro afirmou que a prisão era necessária e estava fundada na periculosidade do réu e no risco de continuidade dos crimes, com "base empírica" diante da "pluralidade de condutas" e das cifras envolvidas, demonstrando a "gravidade concreta dessas infrações penais". Amparou-se em precedentes do próprio Supremo, segundo os quais a reiteração dos crimes e o modo como foram praticados podem justificar a medida, assim como a necessidade de interromper a ação criminosa. O ministro Celso de Mello acompanhou o colega, acrescentando que não estava também afastado o risco para a instrução do processo. Adicionou que as evidências de que o réu continuou a receber subornos mesmo enquanto o STF julgava o caso do mensalão revelam um desprezo à cidadania. Registrou ainda que os crimes revelados pela Lava Jato exigem uma "atuação firme do Poder Judiciário, no sentido de evitar a reiteração das práticas delituosas". Para ele, não fosse a "atuação rigorosa e corajosa do Poder Judiciário", os desvios ainda estariam ocorrendo.[44]

O tratamento dado pelos três outros ministros da 2ª Turma do STF aos casos da Lava Jato foi também mais brando — e incoerente — quando comparado a outros de gravidade semelhante ou até menor. Quando José Dirceu foi solto, um dos autores deste capítulo realizou a seguinte análise:

> O que mais chama a atenção, hoje, é que a mesma maioria da 2ª Turma do Supremo Tribunal Federal que hoje soltou José Dirceu — ministros Gilmar Mendes, Dias Toffoli e Ricardo Lewandowski — votou para manter presas pessoas em situação de menor gravidade, nos últimos seis meses.
>
> O ex-prefeito Delano Parente (HC 138 937) não teve a mesma sorte de José Dirceu. Ele foi acusado por corrupção, lavagem e organização criminosa. São os mesmos crimes de Dirceu, mas praticados em menor vulto e por menos tempo. Foram 17 milhões de reais, entre 2013 e 2015, quando Dirceu é acusado do desvio de mais de 19 milhões de reais, entre 2007 e 2014, sem contar o mensalão. O âmbito de influência de Delano era bem menor do que o de Dirceu. Chefiou o pequeno município de 8618 habitantes do interior do Piauí, Redenção do Gurgueia. Na data do

julgamento no Supremo, em 7 de fevereiro de 2017, nem mais prefeito era. Contudo, todos os integrantes da 2ª Turma entenderam que sua prisão era inafastável. A decisão de prisão original estava assentada na prática habitual e reiterada de crimes.

O ministro Dias Toffoli afirmou: "O Supremo Tribunal Federal já assentou o entendimento de que é legítima a tutela cautelar que tenha por fim resguardar a ordem pública quando evidenciada a necessidade de se interromper ou diminuir a atuação de integrantes de organização criminosa".

Preso aparentemente há mais de dois anos (mais tempo do que José Dirceu), Thiago Maurício Sá Pereira (HC 139 585), conhecido como "Thiago Poeta", também não teve a sorte de Dirceu em julgamento de março deste ano. Ele reiterou a prática de crimes de tráfico em diferentes lugares e foi preso com 162 gramas de cocaína e dez gramas de maconha, além de alguns materiais que podem ser usados para manipular drogas. Sua pena foi menor do que a de Dirceu, dezessete anos e seis meses — a de Dirceu, só na Lava Jato, supera trinta anos, sem contar a nova denúncia. Contudo, para Thiago, não houve leniência. Todos os ministros da 2ª Turma votaram pela manutenção da prisão.

O ministro Gilmar Mendes assim se pronunciou: "Por oportuno, destaco precedentes desta Corte, no sentido de ser idônea a prisão decretada para resguardo da ordem pública considerada a gravidade concreta do crime". E seguiu dizendo que: "Ademais, permanecendo o paciente custodiado durante a instrução criminal, tendo, inclusive, o Juízo entendido por sua manutenção no cárcere, ao proferir sentença condenatória, em razão da presença incólume dos requisitos previstos no art. 312 do CPP, não deve ser revogada a prisão cautelar se não houver alteração fática apta a autorizar-lhe a devolução do status libertatis". Essas colocações também serviriam, aparentemente em cheio, para manter José Dirceu preso, com a ressalva de que a situação de Dirceu é mais grave.

Alef Gustavo Silva Saraiva, réu primário, foi encontrado com menos de 150 gramas de cocaína e maconha. Após quase um ano preso, seu habeas corpus chegou ao Supremo (HC 135 393). Em dezembro de 2016, a prisão foi mantida por quatro votos, ausente o ministro Gilmar Mendes, em razão da "gravidade do crime".

O ministro Ricardo Lewandowski foi assertivo na necessidade de prisão de Alef: "Com efeito, há farta jurisprudência desta Corte, em ambas as Turmas, no sentido de que a gravidade in concreto do delito ante o modus operandi empregado e a quantidade de droga apreendida — no caso, 130 invólucros plásticos e 59 microtubos de cocaína, pesando um total de 87,90 gramas, e três invólucros plásticos de maconha, pesando um total de 44,10 gramas (apreendidas juntamente com anotações referentes ao tráfico e certa quantia em dinheiro), permitem concluir pela periculosidade social do paciente e pela consequente presença dos requisitos autorizadores da prisão cautelar elencados no art. 312 do CPP, em especial para garantia da ordem pública".

Diz-se que o tráfico de drogas gera mortes indiretas. Ora, a corrupção também. A grande corrupção e o tráfico matam igualmente. Enquanto o tráfico se associa à violência barulhenta, a corrupção mata pela falta de remédios, por buracos em estradas e pela pobreza. Enquanto o tráfico ocupa territórios, a corrupção ocupa o poder e captura o Estado, disfarçando-se de uma capa de falsa legitimidade para lesar aqueles de quem deveria cuidar. A mudança do cenário, dos morros para gabinetes requintados, não muda a realidade sangrenta da corrupção. Gostaria de poder entender o tratamento diferenciado que recebeu José Dirceu, quando comparado aos casos acima.

O Supremo Tribunal Federal é a mais alta corte do país. É nela que os cidadãos depositam sua esperança, assim como os procuradores da Lava Jato. Confiamos na Justiça e, naturalmente, que julgará com coerência, tratando da mesma forma casos semelhantes. Hoje, contudo, essas esperanças foram frustradas. Mais ainda, fica um receio. Na Lava Jato, os políticos Pedro Correa, André Vargas e Luiz Argolo estão presos desde abril de 2015, assim como João Vaccari Neto. Marcelo Odebrecht, desde junho de 2015. Os ex-diretores Renato Duque e Jorge Zelada, desde março e julho de 2015. Todos há mais tempo do que José Dirceu. Isso porque sua liberdade representa um risco real à sociedade. A prisão é um remédio amargo, mas necessário, para proteger a sociedade contra o risco de recidiva, ou mesmo avanço, da perigosa doença exposta pela Lava Jato.[45]

Essa mesma incoerência em favor de presos por corrupção foi apontada pelo procurador regional da República José Augusto Vagos. Analisando decisões proferidas dentro e fora da Lava Jato pela 2ª Turma, Vagos concluiu que a concessão de exceções à súmula 691, que veda o "habeas corpus canguru", tem sido seletiva, em favor de réus da Lava Jato. Esse habeas corpus é assim chamado porque salta rapidamente entre instâncias, revisando a decisão monocrática que indeferiu medida liminar em habeas corpus na instância inferior. A regra estabelecida pelo próprio Supremo é que se aguarde o julgamento do mérito do habeas corpus pelo colegiado do tribunal inferior para então apreciar sua decisão. Discorre Vagos:

> Recentemente, a Defensoria Pública de SP impetrou no STF o HC 157 704, para obter a liberdade de Valdemiro Firmino, acusado de ter roubado 140 reais em 2013. Alegava a Defensoria razões humanitárias: Valdemiro é cego, HIV positivo e sofria de ataques de convulsão na unidade prisional.
>
> O relator, ministro Gilmar Mendes, foi rigoroso. A liminar foi indeferida no último dia 4: "Na hipótese dos autos, não vislumbro nenhuma dessas situações ensejadoras do afastamento da incidência da súmula 691 do STF".
>
> Nesse dia, a mesma caneta conferiu maior sorte a quatro acusados na operação Câmbio, Desligo, que desvendou um esquema de lavagem de dinheiro de 1,6 bilhão de dólares. Outros dezessete acusados em operações da Lava Jato no RJ mereceram a mesma deferência entre maio e junho deste ano. Ao contrário do Valdemiro, todos esses réus foram beneficiados por liminares que devolveram as suas liberdades sem que fosse preciso esperar o julgamento definitivo dos HCs que impetraram no TRF2 e no STJ. Alguns desses HCs sequer chegaram a passar por essas instâncias.
>
> O relator considerou, em geral, que as prisões eram manifestamente ilegais porque os crimes foram praticados sem violência ou grave ameaça e os fatos distantes no tempo (ainda que muitos tenham sido cometidos até 2017). No entanto, o que mais aflige as pessoas e deteriora a sociedade: a violência do Valdemiro ou a suposta "não violência" de uma macrocriminalidade que se organizou de forma sistemá-

tica para corromper, lavar dinheiro de toda espécie de delitos e desviar verbas públicas da segurança, transportes, infraestrutura e saúde?[46]

Os ministros Gilmar Mendes, Toffoli e Lewandowski ainda formaram a maioria vencedora em dois julgamentos que determinaram a soltura de réus presos após a confirmação da condenação em segunda instância. Afrontaram, assim, entendimento vinculante do próprio plenário do Supremo.

Rejeição de denúncias e absolvição

Os mesmos ministros foram responsáveis também por quatro decisões que rejeitaram acusações oferecidas na Lava Jato pelo procurador-geral da República. Um fundamento bastante invocado foi a suposta inexistência de provas que corroborassem as palavras de colaboradores da Justiça, quando existiam, como ficou bem retratado nos votos divergentes. Além disso, as decisões não tomaram devidamente em conta o standard probatório próprio do recebimento da denúncia, em que a dúvida — nesse momento, conforme é consagrado na doutrina e na jurisprudência — favorece a sociedade, e não o réu.

Assim, por exemplo, no inquérito nº 4074, o ministro Celso de Mello afirmou que há "concordância entre os depoimentos dos colaboradores e os elementos de corroboração descritos na denúncia, que satisfazem os requisitos mínimos para o recebimento da denúncia". No INQ 3998, o ministro Teori Zavascki afirmou que as declarações dos colaboradores foram "fortemente corroboradas". De fato, havia, além das palavras dos colaboradores, informações de hotel, registros de voos e até uma filmagem devidamente periciada da reunião em que foi acertado o pagamento de propinas de 10 milhões de reais.

No INQ 4259, a denúncia foi rejeitada por supostamente faltar um substrato probatório mínimo. Contudo, o ministro Fachin arrolou provas de corroboração do relato do colaborador. Havia, por exemplo, cheques emitidos pelo colaborador para um credor do parlamentar, quando inexistia vínculo ou razão para o pagamento entre o colaborador e o credor, e sim entre o credor e o parlamentar.

No INQ 3994, em que a denúncia foi rejeitada também por supostamente faltar base probatória suficiente, o ministro Fachin destacou diversos elementos autônomos que, no seu entendimento, corroboravam a palavra dos colaboradores, como por exemplo:

i) registros de entrada de Benedito de Lira na sede da Petrobras para visita a Paulo Roberto Costa e de Arthur Lira no escritório de Alberto Youssef (fls. 48, 54 e 66/67);

ii) documentos de transferência bancária e recibos de doações eleitorais da Constran, esses últimos assinados pelo próprio Benedito de Lira (fls. 51);

iii) comprovantes de doações à campanha de Arthur Lira para deputado federal pela campanha de Benedito de Lira ao Senado (fl. 53);

iv) informação da SPEA/ PGR que comprova transferências de contas bancárias controladas por Alberto Youssef à Câmara & Vasconcelos — Locação e Terraplanagem Ltda. ME, que seria a empresa indicada pelo agiota Eduardo Freire Bezerra Leite para o recebimento dos valores emprestados a Arthur Lira, conforme o próprio Eduardo afirmou, reconhecendo que os pagamentos de Marcelo Odebrecht e da empresa de fachada controlada por Youssef (Rigidez) são pagamentos de Arthur Lira (fls. 59/60);

v) registros de transação denunciada com a expressão Band Bn (de Benedito de Lira) em planilha informal alimentada por Rafael Lopez (fl. 61);

vi) anotação de repasses em espécie ["2010 (PP 28,5)" e "1,0 BL"] em agenda de Paulo Roberto Costa apreendida no início das investigações e antes de PRC e AY se tornarem colaboradores, destacando o ministro que se tratava de prova relevante, eis que, tendo sido apreendida antes do acordo de colaboração, afasta a possibilidade de "se tratar de documento com chance de ter sido 'fabricado' ou 'produzido' por um dos colaboradores a fim de amparar eventual conteúdo de duas declarações" (fls. 64/66).[47]

Adotamos, como é notório, o sistema da livre convicção motivada ou da persuasão racional. Juízes são livres para decidir, motivadamente. Contudo, tais decisões não são isentas de críticas, inclusive quanto à consistência dos argumentos e adequação ao nosso sistema jurídico. Nos diversos casos, havia substrato probatório mínimo para dar início ao processo, local apropriado para a produção de provas (instrução processual).

Além disso, crimes como de corrupção e de lavagem de dinheiro são dificílimos de ser investigados e comprovados. Por isso, há farta jurisprudência no âmbito internacional (como nos Estados Unidos e na Espanha), endossada (no caso europeu) inclusive pelo Tribunal Europeu de Direitos Humanos, reconhecendo a força probatória, nessas situações, da prova indiciária. Diversos autores e tribunais reconhecem que negar força à prova indiciária é seguir o caminho da impunidade.[48]

Nesse sentido, por exemplo, o Supremo Tribunal Espanhol afirma que "pretender contar com prova direta da autoria é apostar na impunidade destas condutas desde uma ingenuidade inadmissível" (STS 866/2005). O Supremo português coloca que "exigir a todo custo a existência destas provas [provas directas] implicaria o fracasso do processo penal" (Processo 1/09.3FAHRT.L1.S1). O próprio STF, tratando do tráfico de drogas, já afirmou, por meio de sua 1ª Turma, que a "exigência de prova direta [...] praticamente impossibilita a repressão a essa espécie delitiva" (HCs 111 666, 103 118 e 101 519). Por que isso valeria para o tráfico e não para a corrupção?

Some-se que os graus de exigência probatória para o início de uma ação penal e para a condenação são distintos. O início da ação penal exige "justa causa", um substrato probatório mínimo em que a dúvida favorece a sociedade (e não o réu), enquanto a condenação exige prova para além de uma dúvida razoável. Por se tratar de decisões de recebimento de denúncia, a dúvida favorecia a sociedade — o recebimento da acusação —, e não os réus.

Houve ainda uma decisão de absolvição, proferida pelos mesmos três ministros já citados, contra o pedido do Ministério Público, tornando votos vencidos os dos ministros Fachin e Celso de Mello. O voto condutor defendeu que não havia provas de corroboração para além das palavras dos delatores, o que não corresponde à realidade.

Uma prova que foi afastada, por exemplo, foi uma anotação sobre o pagamento de propina, porque teria sido produzida pelo colaborador unilateralmente. Contudo, o fato é que a agenda foi apreendida com o colaborador no início da Lava Jato, muitos meses antes da primeira colaboração premiada no caso.

O voto prevalecente alegou ainda contradição entre depoimentos, mas isso é claramente um argumento retórico que pode ser feito para os dois lados. Como bem leciona Emily Schulman, professora de evidência da Universidade Harvard, a existência de contradições pode ser usada tanto para atacar o depoimento como para ressaltar sua credibilidade diante da ausência de ajuste de versões.

O mesmo voto ainda sustentou que, sem os depoimentos dos colaboradores, restariam apenas elementos indiciários, como ligações telefônicas. Ora, está mais do que pacificado na jurisprudência que pode haver condenações lastreadas apenas em indícios, desde que convergentes e suficientemente fortes. Além disso, nesse caso, trata-se apenas de exigir prova de corroboração.

Decisões afastando casos da Lava Jato em Curitiba

Houve, em 2018, pelo menos seis remessas de feitos da Lava Jato para a Justiça Eleitoral ou para outras jurisdições. As decisões foram proferidas em geral pelos ministros Dias Toffoli, Gilmar Mendes e Ricardo Lewandowski — em apenas um dos casos o ministro Celso de Mello acompanhou a decisão majoritária. Essas decisões são questionáveis por várias razões.

Em primeiro lugar, quanto às remessas de feitos para a Justiça Eleitoral, é natural que os réus na Lava Jato busquem descaracterizar as investigações como concernentes a crime de corrupção, para qualificá-las como casos de caixa dois eleitoral. Contudo, tal confusão não tem cabimento a essa altura das apurações, depois de tudo o que a Lava Jato revelou.

Realmente, como antes se expôs, a operação trouxe à tona um amplo esquema criminoso político-partidário em que indicações políticas se tornaram instrumentos para arrecadar propinas destinadas ao enriquecimento dos envolvidos e ao financiamento de campanhas. Não se pode confundir a razão do pagamento, que caracteriza um fato como corrupção, com seu destino — pois propinas podem ser direcionadas para caixa um eleitoral, caixa dois eleitoral ou enriquecimento ilícito.

Nesse quadro, a identificação de pagamentos, por parte das empresas profundamente envolvidas em corrupção na Lava Jato, em favor de campanhas eleitorais é um claro indício de um possível crime de corrupção a ser investigado. Há uma corrupção provável, em maior ou menor grau, e se isso será passível de ser comprovado ou não depende justamente das investigações a ser desenvolvidas na jurisdição ordinária. Caso não se comprove que houve corrupção, ou se prove que não houve, aí sim, evidentemente, caberá remeter o feito à Justiça Eleitoral ou arquivá-lo.

Não há que se falar ainda de conexão entre os crimes de corrupção e os eleitorais. Do contrário, toda a Lava Jato tramitaria na Justiça Eleitoral. Quem define a competência da Justiça Federal e da Justiça Eleitoral é a Constituição, tratando-se de competência material que não é modificável por lei ordinária, estando portanto imune às regras de conexão estabelecidas no Código de Processo Penal.

É extremamente questionável e precipitado, diante desse quadro, determinar a remessa de termos de colaboração em que há indícios de corrupção para a jurisdição eleitoral, retirando-os de jurisdições como Curitiba ou Rio de Janeiro, em que as investigações têm se mostrado bastante efetivas. É isso que os advogados de defesa mais querem, claro.

Aliás, o desenvolvimento das investigações em vários casos demonstrou o desacerto das remessas. Assim, embora a petição 6986 tenha determinado o envio de depoimentos de colaboradores para a Justiça Eleitoral, tais fatos acabaram por ser elucidados e denunciados como corrupção na Lava Jato em Curitiba. O mesmo aconteceu no caso da PET 6533 — gerou denúncia por corrupção na Lava Jato, apesar da decisão errônea de remessa de parte das provas para a Justiça Eleitoral.

Em segundo lugar, a Justiça Eleitoral não é a mais apropriada para o exame de feitos criminais. O maior pacote anticorrupção do mundo, elaborado por mais de duzentos especialistas sob a liderança da Fundação Getulio Vargas e da Transparência Internacional, expressa que a "Justiça Eleitoral não está vocacionada e muito menos aparelhada a enfrentar o julgamento de crimes comuns, o que resulta em uma redução da eficiência do Judiciário". Adiciona que "a jurisdição criminal exige independência substancial e material, além de imparcialidade ostensiva e notória, atributos ausentes em juízes que exercem advocacia concomitantemente à judicatura".[49] Por tudo isso, lá se propõe o fim da competência criminal da Justiça Eleitoral.

Em terceiro lugar, diversas decisões foram prolatadas para retirar de Curitiba depoimentos colhidos em colaborações premiadas, remetendo-os para outras jurisdições federais. Tais termos de colaboração, como os do caso Odebrecht, aportaram no Supremo em razão de acordos feitos pelo Ministério Público Federal a partir de investigações feitas pela Lava Jato. Neles, colaboradores relataram fatos criminosos que implicam inúmeras pessoas, muitas delas bastante poderosas.

No entendimento de vários procuradores da operação, há diversos fundamentos de ordem técnica para manutenção de tais casos em Curitiba. O esquema político-partidário que a Lava Jato revelou está todo relacionado. O trabalho da operação, ao apurar corrupção na órbita federal, é juntar peças de um mesmo quebra-cabeça. Além disso, em diversos dos casos concretos, há outros fundamentos para a conexão, como presença dos mesmos operadores financeiros (lavadores de dinheiro), atuação de um mesmo núcleo político e empresarial, utilização dos mesmos mecanismos de lavagem (mesmas contas no Brasil e no exterior) etc.

Além da questão de fundo, de ordem material, há ainda um atropelo procedimental. O local apropriado para decisões sobre competência territorial é a exceção de incompetência, prevista no Código de Processo Penal e oferecida após a acusação criminal. O exame da competência fora dessa hipótese é absolutamente extraordinário, por via de habeas corpus, quando há ilegalidade patente.

É surpreendente, portanto, que a corte máxima do sistema judiciário brasileiro se ocupe de revisar, em grau de recurso (agravo regimental) e em sede de investigação, decisões sobre o destino da remessa desses termos de colaboração. Nem o local é adequado (Supremo), nem o procedimento (fora da exceção), nem o tempo (em sede de investigação). Além de tudo isso, as decisões do Supremo sobre competência são provisórias — não examinam profundamente os fatos nem definem de modo definitivo a competência, a qual será redefinida nas vias ordinárias, o que é contraproducente. Tudo isso já torna tais decisões bastante questionáveis, sem sequer entrar em seu mérito.

É preciso salientar também, por fim, o manifesto desacerto de algumas decisões, por exemplo aquela que remeteu para São Paulo termos de depoimento sobre fatos envolvendo o ex-presidente Lula que já são objeto de investigação ou até mesmo ação penal em Curitiba, como os relativos à investigação de pagamento de propinas por meio da reforma do sítio de Atibaia, da aquisição de imóveis para a instalação do Instituto Lula e para proveito pessoal, bem como do pagamento de palestras. O natural era que os termos fossem enviados a Curitiba para o exame de possível conexão.

Em quarto lugar, além de haver muitos fundamentos técnicos nesses casos para a atribuição da jurisdição criminal a Curitiba, onde há uma estrutura de recursos humanos, de cooperação interinstitucional e tecnológica — além de ser questionável a incursão superficial do Supremo nessa matéria em substituição às vias ordinárias —, ainda há o problema da fragmentação das investigações.

Em 21 de agosto de 2018, o juiz Sergio Moro afirmou em despacho, de modo correto, que

> A pior forma de lidar com um esquema criminoso comum — e que inclui não só o mesmo modus operandi, mas também a utilização dos mesmos instrumentos de lavagem de dinheiro — é dispersar os casos e as provas por todo o território nacional. [...] A utilização de similares

expedientes de lavagem de dinheiro, com recursos criminosos de origem diversa sendo misturados nas mesmas contas, torna necessária a investigação e processo conjunto, sob pena de dispersão de provas.[50]

Nesse contexto, as decisões, cujos fundamentos são questionáveis pelo prisma tanto material como procedimental, contribuem para uma investigação menos eficiente dos crimes, aumentando as chances de impunidade. Não surpreende, assim, que inúmeros investigados por corrupção busquem a retirada dos feitos da jurisdição curitibana ordinária.

Por fim, sabe-se que em Curitiba e no Rio de Janeiro se formaram amplas forças-tarefas no Ministério Público Federal. Em Curitiba, por exemplo, a operação vem trabalhando de modo intenso e coordenado com diversos órgãos públicos, numa rara sinergia investigatória. É notório ainda que os feitos em Curitiba e no Tribunal da 4ª Região recebem uma tramitação extremamente célere, que é favorecida pelo sistema eletrônico Eproc.

Existem tecnologias empregadas, sistemas de trabalho estabelecidos, equipes treinadas e com profundo conhecimento do caso e das técnicas de corrupção e lavagem — tudo aplicado à investigação de crimes. Isso tem propiciado resultados inéditos, como a recuperação de mais de 12 bilhões de reais. Apenas a base de dados bancários em Curitiba tem mais de 30 milhões de registros de transações que totalizam mais de 2 trilhões de reais, permitindo cruzamentos eletrônicos de informações com extrema eficiência.

Dentro desse quadro, é natural que as defesas dos implicados pelos delatores recorram e busquem insistentemente retirar as investigações de Curitiba. O que surpreende é que essa matéria seja examinada em recurso e que argumentos passíveis de questionamentos amparem sistematicamente a retirada de inúmeros feitos do âmbito da Lava Jato, impedindo por meio de análise superficial e precipitada o desenvolvimento dos casos e o exame da competência de modo adequado e ao tempo devido, pelas vias ordinárias.

Outras decisões

Os ministros Gilmar Mendes, Ricardo Lewandowski e Dias Toffoli, da 2ª Turma do Supremo, criaram por maioria a esdrúxula figura do foro privilegiado de imóvel funcional, sem amparo em nossa legislação, anulando provas apreendidas em residência oficial de senadora mesmo que a investigação tivesse por alvo seu marido, ex-parlamentar sem foro privilegiado. Sequer foram dados efeitos futuros (*ex nunc*) à inovação.

Os mesmos três autorizaram a candidatura de Demóstenes Torres, que responde por corrupção, superando sua inelegibilidade, vencidos os demais ministros, Fachin e Celso de Mello — o que amplia a possibilidade de continuidade no poder de pessoa investigada e expulsa do Legislativo em razão de provas de seu envolvimento nesse tipo de crime.

O ministro Gilmar Mendes, monocraticamente, emitiu pelo menos 47 ordens de soltura em favor de pessoas presas na Lava Jato paulista e carioca, quando a prisão havia sido mantida pelas instâncias inferiores. As solturas se referem a diversas operações, entre elas Ressonância, Fratura Exposta, Eficiência, Calicute, Ponto Final, Rizoma, Câmbio, Desligo, Jabuti e Pão Nosso. Em alguns casos, o mesmo réu foi solto três vezes pelo ministro, inclusive quando diversas pessoas na sociedade se manifestaram por sua suspeição para julgar os casos.

Foi de Gilmar Mendes, ainda, a liminar que impediu a realização de conduções coercitivas, depois referendada por seis votos a cinco no pleno, estando entre os vencedores os três ministros que emitiram a imensa maioria das decisões contrárias à Lava Jato. Tal decisão obstrui o emprego de um instrumento existente desde 1941 e que foi bastante utilizado, dentro dos limites legais e jurisprudenciais, na Lava Jato. O mesmo ministro chegou a defender a possibilidade de anular os depoimentos de colaboradores da Odebrecht por terem vazado, o que não tem nenhum fundamento técnico e só beneficiaria os acusados por corrupção.

Os ministros Gilmar Mendes e Dias Toffoli — embora não apenas eles — também têm arquivado investigações de ofício de modo precipitado, desconsiderando o princípio acusatório, a complexidade das apurações envolvendo crimes de colarinho-branco e o ritmo naturalmente mais lento das investigações perante o tribunal. Um artigo acadêmico que analisou tais decisões de arquivamento concluiu que, além de violar o sistema acusatório, essa prática "cria uma enorme sensação social e jurídica de impunidade, pois sepulta investigações de fatos graves, como crimes de corrupção, que envolviam investigados com grande poder econômico e político".[51]

Conclusão: esperança

A Lava Jato não vai mudar o Brasil, mas pode ser o começo da mudança. O erro italiano com a operação Mãos Limpas foi colocar as expectativas de mudanças de modo excessivo sobre o Poder Judiciário. O controle da grande corrupção depende de mudanças nas condições dos ambientes político, empresarial e de justiça criminal que hoje favorecem a corrupção. E isso só pode ser feito por meio da política. Na Itália, foram mantidos no poder os mesmos políticos envolvidos até o pescoço em esquemas, e o desfecho era previsível: não apenas as reformas deixaram de ser feitas, mas também as investigações foram sabotadas.

No Brasil, caminhamos para um mesmo desfecho se a sociedade não reagir. Ameaçada pelas investigações e com risco de perder seu poder depois que o Supremo vedou o financiamento empresarial das campanhas, vimos que a elite política aprovou um fundo eleitoral bilionário para se perpetuar no controle do país. Isso traz grandes preocupações.

Por outro lado, há um movimento mundial de fortalecimento da causa anticorrupção. No Brasil, isso começou antes da Lava Jato e se expressou, por exemplo, nas manifestações populares de junho de 2013. Em razão desses protestos, os maiores desde o impeachment do ex-presidente Collor, foi barrada a Proposta de Emenda Constitucional 37, que impediria o Ministério Público de investigar e colocaria em xeque a existência da Lava Jato. O Senado, pressionado pelo povo, ofereceu como resposta a Lei de Organizações Criminosas, que regulou a colaboração premiada, e a Lei Anticorrupção, que previu os acordos de leniência com empresas, instrumentos essenciais para o sucesso da operação.

Desde o início da Lava Jato tem havido ainda um aumento de conscientização e de participação cívica na causa anticorrupção. Uma expressão disso foi o envolvimento da sociedade — incluindo artistas, conselhos profissionais, times de futebol e líderes religiosos — na campanha de coleta de assinaturas em favor das "Dez medidas contra a corrupção", um pacote legislativo que objetivava atacar uma parte importante das causas desse tipo de crime.

As "Dez medidas" foram enterradas na madrugada do dia 19 de novembro de 2016, na calada da madrugada seguinte ao acidente aéreo que vitimou o time da Chapecoense, enquanto o Brasil chorava a tragédia. O contexto, naquele momento, era de reação do Congresso contra as revelações de uma empreiteira, que apontava em sua colaboração o envolvimento de um grande número de caciques partidários em práticas criminosas.

Contudo, os brasileiros não desistiram. A derrota foi vista por entidades respeitadas da sociedade civil como uma oportunidade. As escolas de direito da Fundação Getulio Vargas e a Transparência Internacional desenvolveram, a partir de então, o maior pacote anticorrupção do mundo. Lideraram duzentos especialistas que produziram setenta propostas legislativas que atacam a corrupção em doze frentes distintas. O pacote foi batizado como "Novas medidas contra a corrupção".

Diante da dificuldade de aprovar grandes pacotes para conter desvios em parlamentos altamente corruptos, várias entidades se juntaram para lançar a campanha Unidos contra a Corrupção. A campanha incentivou, em 2018, os brasileiros a votar em quem tem passado limpo, compromisso com a democracia e apoia as Novas Medidas. Foi uma estratégia para aumentar o número de congressistas compromissados com a pauta anticorrupção.

Os ataques e retrocessos muitas vezes desanimam os brasileiros. Contudo, quando olhamos para o filme da história — e não para a foto do presente —, observamos um avanço na construção de uma cidadania solidária. A Lava Jato alcançou coisas que muitas pessoas acreditavam ser impossíveis no Brasil: a responsabilização de poderosos e a recuperação de bilhões de reais desviados. Diante das forças contrárias, seguimos acreditando, conscientes de que o resultado desse processo histórico depende de cada um de nós.

Curitiba, dezembro de 2018

5. Sobre a operação Lava Jato

SERGIO MORO

Introdução

Em março de 2014, foi iniciada a fase ostensiva da assim denominada operação Lava Jato, com a prisão preventiva de quatro indivíduos envolvidos profissionalmente na atividade de lavagem de dinheiro e de um ex-diretor da Petrobras, além de alguns de seus associados.

Escrevo este artigo decorridos quatro anos, com reflexões, ainda não definitivas, a respeito dos fatos havidos. Não se trata de um retrato que se pretende completo. Antes do final das investigações e processos, qualquer retrato será meramente parcial. Ainda não escrevo com a vantagem da necessária distância temporal. Provavelmente, apenas daqui a alguns anos será possível ter presente uma melhor avaliação do ocorrido e de suas consequências. Além disso, não é objetivo deste artigo apresentar um relato completo do caso, mas apenas de alguns de seus aspectos. As reflexões têm por base exclusivamente os casos já julgados pelo menos em primeira instância.

A partir do resultado das investigações, o Ministério Público Federal optou, como estratégia de persecução, por oferecer ações penais separadas contra grupos de crimes e criminosos. Assim agindo, buscou evitar a propositura de uma única ação gigantesca, com centenas de acusados, a qual teria dificuldades óbvias de tramitar com a agilidade necessária diante da gravidade dos fatos.

Até junho de 2018, foram propostas, segundo dados colacionados pelo Ministério Público Federal,[1] cerca de 76 ações penais contra 319 pessoas, entre executivos da Petrobras, dirigentes de empresas fornecedoras da estatal, agentes políticos e lavadores profissionais de dinheiro ou intermediários de pagamento de vantagem indevida. Cerca de 134 indivíduos foram condenados por crimes de corrupção, lavagem de dinheiro e associação criminosa em 43 sentenças. São sobre esses casos, já julgados, que este artigo se debruça.[2]

Todos eles foram julgados perante a 13ª Vara Federal de Curitiba, ocupada pelo autor deste artigo como juiz federal titular. As investigações iniciaram-se por um esquema de lavagem de dinheiro consumado no estado do Paraná e sujeito à competência da citada vara. Pelas regras processuais brasileiras, todos os casos conexos passaram a ser também da competência do mesmo juízo.

Posteriormente, outras investigações foram transferidas para outras cortes, como a Justiça Federal de São Paulo e a Justiça Federal do Rio de Janeiro. Por convenção, principalmente oriunda da imprensa, passou-se a denominar essas investigações como a Lava Jato de São Paulo ou a Lava Jato do Rio de Janeiro. Simultaneamente, investigações paralelas foram iniciadas perante outros tribunais, como na Justiça Federal de Brasília. Alguns desses processos são também muito relevantes e envolvem crimes com características similares, mas seu objeto é outro. Não tratam de corrupção em contratos da Petrobras, mas em outros cenários. A eles, voltarei adiante.

O esquema criminoso

O foco da investigação da operação Lava Jato na 13ª Vara Federal de Curitiba consiste nos crimes de corrupção e de lavagem de dinheiro em contratos da Petrobras com suas maiores fornecedoras, principalmente da área de construção industrial.

A Petrobras é uma sociedade de economia mista. Como a maioria das ações com direito a voto é de titularidade da União, trata-se de empresa controlada pelo governo federal. Pela legislação brasileira, empregados da Petrobras, do menor ao mais alto escalão, são considerados funcionários públicos. A consequência é que estão, pelo menos em parte, submetidos ao regime jurídico dos funcionários públicos e, no âmbito penal, o pagamento de vantagem indevida a eles é caracterizado como crime de corrupção, vulgarmente conhecido como suborno.

Considerando os casos já julgados, tem-se, como síntese, que foi revelado um sistema de pagamento de vantagens indevidas, vulgarmente denominadas de propinas, a agentes públicos em contratos da Petrobras. Alguns dos participantes confessos no esquema criminoso afirmaram que, nos contratos da estatal com as suas principais fornecedoras, as grandes empreiteiras brasileiras, havia como regra o pagamento de propinas que variavam de 1% a 3% do valor dos contratos e de seus aditivos. O pagamento de propinas em contratos da Petrobras seria "a regra do jogo". Tais confissões foram amplamente corroboradas por provas nos casos já julgados.

Na Petrobras, a maior empresa brasileira e uma das maiores do mundo na exploração de óleo e gás, tudo é superlativo. Assim, propinas calculadas em 1% a 3% do valor dos contratos representam dezenas de milhões de reais ou de dólares, ou seja, montantes muito expressivos.

A ilustrar a magnitude dos fatos, a Petrobras — que no início das investigações resistia a admitir problemas de governança — reconheceu, no balanço de 2014, publicado com atraso em 2015, perdas contábeis com a corrupção de cerca de 6 bilhões de reais, ou seja, quase 2 bilhões de dólares à taxa de câmbio da época, somente em custos diretos com o pagamento de propinas, que levaram ao incremento fraudulento dos custos de seus contratos e obras. Na mesma linha, um gerente da empresa que teve um papel central no esquema criminoso devolveu aos cofres públicos, após a celebração de um acordo de colaboração, cerca de 98 milhões de dólares em propinas que havia recebido ao longo dos anos e que mantinha em contas secretas no exterior, especialmente na Suíça.

Também se descobriu que as maiores empreiteiras brasileiras teriam formado um grupo que se reunia periodicamente para fixar, entre elas, preferências para contratos da Petrobras, com a finalidade de eliminar a concorrência nas licitações da estatal. Definida a preferência para uma empresa, as demais agiam nas licitações respeitando-a. Ou deixavam de apresentar propostas ou apresentavam proposta "cobertura", com preço deliberadamente superior ao da proposta da empresa favorecida, apenas para o fim de dar à licitação uma aparência de que teria havido concorrência real.

Mas o esquema não envolvia somente um acerto criminoso entre executivos da Petrobras e das fornecedoras. Foi também revelado que os valores da propina eram repartidos entre os executivos da estatal e agentes e partidos políticos. Segundo a descrição do esquema criminoso realizada por acusados colaboradores, os cargos de direção da Petrobras eram loteados entre os partidos políticos. A nomeação para o cargo de diretor dependia de influências políticas. A continuidade no cargo dependia igualmente da permanência do apoio político.

A diretoria de Serviços era área de influência do Partido dos Trabalhadores (PT), a diretoria de Abastecimento, do Partido Progressista (PP, atual Progressistas), e a diretoria Internacional, do Partido do Movimento Democrático Brasileiro (PMDB, atual MDB). Em contrapartida à nomeação, cabia ao diretor arrecadar valores para os partidos políticos, o que era feito junto às empresas fornecedoras. Como regra geral, metade dos valores ia para os executivos da Petrobras, metade ia para o partido político ou para agentes políticos responsáveis pela nomeação e permanência do diretor em seu cargo. Parte dos valores destinados aos partidos políticos era utilizada para financiamento ilegal de eleições, contaminando o processo democrático. Outra parte gerava enriquecimento ilícito dos agentes políticos envolvidos no esquema criminoso.

Entre os pagadores de propina e os beneficiários atuavam intermediários, muitas vezes pessoas envolvidas profissionalmente na atividade de lavagem de dinheiro ou lobistas que incluíam em sua atividade a intermediação de vantagem indevida.

As provas do esquema criminoso, nos casos já julgados, eram muito contundentes. Foi possível identificar que vários dos executivos da Petrobras corrompidos mantinham em nome de empresas offshore contas com saldos milionários, incompatíveis com seus rendimentos. Em alguns casos, também foram identificadas contas secretas que tinham por beneficiários agentes políticos.

A identificação de saldos milionários não declarados no exterior é normalmente uma prova fatal contra agentes públicos corrompidos. Mas muitas vezes a propina era paga diretamente no Brasil. Foi possível em vários casos realizar o rastreamento financeiro dos valores. Uma das provas iniciais mais significativas foi a descoberta de que um dos lavadores profissionais e intermediários de propina controlava contas bancárias no Brasil em nome de três empresas de fachada, as quais, apesar de não exercerem de fato atividade econômica, haviam recebido créditos milionários de diversas empreiteiras brasileiras. Quando, no curso das investigações, as empreiteiras foram intimadas a esclarecer esses depósitos e demonstrar que teriam causa econômica legal, elas simplesmente não tinham o que apresentar, o que era um forte indício de que os motivos eram ilícitos.

O rastreamento não foi simples. Pagamentos eram feitos em contas de terceiros, empresas de fachada ou pessoas interpostas. Não raramente, eram feitos aos beneficiários em espécie, tornando mais difícil o rastreamento documental. Por vezes, mesmo assim, foi possível identificar o destino final, constatando-se, por exemplo, incremento patrimonial a descoberto do beneficiário ou de pessoas a eles ligadas.

Em algumas situações, descobriu-se que o pagamento de propinas foi disfarçado como doações eleitorais registradas. A empreiteira, em vez de realizar sub-repticiamente o pagamento da propina em contas no exterior ou mediante pessoas interpostas no Brasil, realizava doações eleitorais ao agente político ou político como parte do acerto de corrupção. Nesse caso, a identificação do pagamento não é complexa, já que a doação é registrada. Tornava-se, no entanto, complexo provar a ilicitude dos propósitos, ou seja, que a doação fazia parte de um acerto de corrupção e que não era uma transação normal.

Quanto aos ajustes fraudulentos nas licitações, foi possível, mediante buscas e apreensões nas sedes das empreiteiras, encontrar documentos que evidenciavam a divisão de obras entre as empresas. Foram encontrados regulamentos informais de como se davam esses acertos, alguns denominados jocosamente de regras de "campeonato de futebol", e as ainda mais reveladoras tabelas contendo de um lado a relação de contratos da Petrobras e do outro a relação das empreiteiras, com anotações de preferências entre um a três, revelando os ajustes de prioridades.

Boa parte das provas consistiu na confissão de parte dos envolvidos. Por meio de acordos de colaboração premiada, foram ofertados benefícios legais a criminosos que se dispuseram a colaborar com informações e provas. A utilização de tal instrumento permitiu que as investigações dessem um salto significativo. É muitas vezes difícil descobrir e provar crimes complexos como a corrupção sem o auxílio de um dos criminosos envolvidos.

A colaboração premiada não elimina a necessidade da investigação. Tudo o que um criminoso diz, mesmo após um acordo de colaboração, tem que encontrar prova de corroboração, pois não se pode excluir a possibilidade de que o colaborador esteja mentindo para obter benefícios. A busca pela verdade dos fatos não se encerra, portanto, com a colaboração, embora esta possa ser um facilitador. Por exemplo, se um executivo da Petrobras confessa que recebeu propina em uma conta no exterior, é possível, mediante cooperação jurídica internacional, chegar à conta para verificar a veracidade da informação e eventualmente fazer o rastreamento até a origem, o que pode confirmar a identidade do corruptor.

Até março de 2018, foram condenados criminalmente quatro ex-diretores da Petrobras, todos com saldos milionários em contas secretas no exterior. Além deles, foram condenados cerca de uma dezena de gerentes da companhia, também beneficiários de propinas no esquema criminoso. Um ex-presidente da estatal foi igualmente condenado por corrupção e lavagem de dinheiro. Dezenas de altos executivos de empreiteiras fornecedoras da Petrobras, abrangendo várias das maiores empreiteiras da construção industrial no Brasil, além de profissionais da lavagem ou intermediários de pagamentos de propinas, foram também condenados.

A maioria dos agentes políticos beneficiados com vantagens indevidas decorrentes de contratos da Petrobras responde a investigações ou a ações penais perante o Supremo Tribunal Federal (STF) em decorrência do privilégio previsto na Constituição Federal brasileira denominado de foro por prerrogativa de função.[3] O Supremo tem competência originária para processos e julgamentos de crimes imputados a elevadas autoridades públicas, como o presidente da República, ministros de Estado e parlamentares federais.

As ações penais que tramitam perante o STF seguem usualmente um ritmo não muito acelerado. Há diversas causas estruturais para isso, a começar pelo excesso de competências do Supremo, aliado à falta de mecanismos mais eficazes para que a corte possa definir sua própria agenda. Assim, enquanto a Suprema Corte norte-americana decide não mais do que cem causas por ano, dispensando discricionariamente as demais — o que significa a manutenção dos julgados das instâncias inferiores —, o Supremo brasileiro se vê abarrotado de milhares de processos, sendo obrigado, em cada um deles, a proferir uma decisão.[4] É inevitável que o excesso de processos impacte a celeridade e a eficiência do STF. Ainda assim, as ações penais contra agentes públicos com foro por prerrogativa estão tramitando, e, em 29 de maio de 2018, foi proferido um primeiro julgamento condenatório contra um deputado federal que recebeu vantagens indevidas em contratos da Petrobras.[5] Logo depois, em outra ação penal, uma senadora foi absolvida por insuficiência de provas.[6]

Alguns agentes políticos, por motivos diversos, perderam durante a investigação o foro privilegiado. Dois parlamentares federais tiveram os mandatos cassados por seus pares. Outros não foram reeleitos nas eleições gerais de 2014. Ao perderem os mandatos, foram processados em primeira instância e condenados por corrupção e lavagem de dinheiro, principalmente. Até maio de 2018, haviam sido condenados cerca de onze ex-parlamentares federais, alguns deles tendo também exercido, em suas carreiras políticas, cargos ou mandatos como de ministro de Estado, de governador de estado, de presidente da Câmara de Deputados e de presidente da República.

Três condenações criminais de agentes políticos chamaram a atenção por ilustrar o caráter sistêmico da corrupção descoberta. Dois ex-parlamentares federais condenados na Lava Jato por receberem vantagem indevida proveniente de contratos da Petrobras já haviam sido anteriormente condenados por envolvimento em outro escândalo criminal, objeto da Ação Penal 470, julgada pelo STF no ano de 2012 e da qual se falará adiante. As provas revelaram que, nesses dois casos, houve pagamento de propinas para tais políticos em contratos da Petrobras mesmo quando estavam sendo julgados pelo plenário do Supremo. Em outras palavras, nem a perspectiva de condenação pela mais alta corte do país serviu como elemento dissuasório suficiente, e ambos continuaram a receber propinas, ainda que de um outro esquema criminoso.

Outro ex-parlamentar federal foi condenado por esquema criminoso igualmente perturbador. Durante o ano de 2014, foi constituída no Congresso Nacional uma Comissão Parlamentar Mista de Inquérito (CPMI) para apurar crimes relacionados a contratos da Petrobras, uma consequência das revelações das investigações na Lava Jato. Um senador foi nomeado vice-presidente da comissão. Esse parlamentar, em vez de realizar o seu trabalho, aproveitou a oportunidade para solicitar vantagem indevida de empresários envolvidos no pagamento de propinas em contratos da Petrobras. Em troca, eles receberiam proteção no âmbito da comissão, e inclusive não seriam convocados a depor. O fato foi posteriormente descoberto e, como consequência, o senador, que não logrou ser reeleito no final de 2014, foi condenado, ele mesmo, por corrupção e lavagem de dinheiro.

Um esquema nacional?

O foco das investigações na 13ª Vara Federal Criminal de Curitiba foram os ajustes fraudulentos de licitação e a corrupção nos contratos da Petrobras. Apesar disso, no curso dos processos, foram colhidas provas que indicam que similar esquema de corrupção pode ter sido reproduzido em outras estatais federais e mesmo na administração pública federal e em governos estaduais.

Circunstancialmente, foi descoberto que um deputado federal recebia com frequência vantagens indevidas na forma de percentagens de contratos de publicidade da empresa pública Caixa Econômica Federal. Esse parlamentar foi um dos poucos que teve o seu mandato cassado pela Câmara. Como consequência, foi processado e condenado perante a 13ª Vara Federal de Curitiba.

A partir de colaborações de executivos de uma das grandes fornecedoras da Petrobras, foi informado que ajustes fraudulentos de licitação e pagamentos de propina também teriam ocorrido em contratos de construção da usina nuclear Angra 3 com a Eletrobras Eletronuclear, outra estatal brasileira. Apesar de as primeiras medidas de investigação terem sido autorizadas perante a 13ª Vara Federal de Curitiba, incluindo a prisão preventiva do presidente da Eletronuclear, o STF acabou decidindo em setembro de 2015 que esses crimes não tinham conexão suficiente com os acertos de corrupção em contratos da Petrobras, e assim determinou a remessa do caso à Justiça Federal do Rio de Janeiro, estado no qual os contratos foram celebrados.

No Rio de Janeiro, as investigações e os processos prosseguiram em ritmo acelerado. Em agosto de 2016, foi prolatada a primeira sentença do caso, com a condenação por crimes de corrupção e lavagem de dinheiro, entre outros, do presidente da Eletronuclear e de seus associados. Outros processos se seguiram com condenações de outros executivos da empresa.

Posteriormente, o aprofundamento das investigações levou à descoberta de que o ex-governador do Rio de Janeiro teria recebido, durante o seu mandato e de forma sistemática, vantagens indevidas em contratos relativos a obras públicas e serviços naquele estado. Teria recebido inclusive propinas em pelo menos um contrato da Petrobras. Por esse fato, o referido agente público foi condenado em uma ação penal na 13ª Vara Federal de Curitiba, mas a maior parte das investigações prosseguiu no Rio de Janeiro, tendo sido revelada uma extensa rede de corrupção, que envolvia agentes públicos estaduais e federais e que é objeto de diversos processos e ações penais naquele estado.

Concomitantemente, de volta à 13ª Vara Federal de Curitiba, também foram descobertos indícios de que empresa beneficiada pelo Ministério do Planejamento teria pagado, como contrapartida, propinas de maneira sistemática para os agentes públicos e políticos responsáveis por favorecê-la. De forma semelhante, o STF entendeu que os fatos não tinham conexão suficiente com os acertos de corrupção em contratos da Petrobras, e determinou a remessa do caso para a Justiça Federal de São Paulo, onde ainda tramita, sem julgamento.

Em decorrência de acordos de leniência e de colaboração celebrados com algumas grandes empreiteiras e seus executivos, diversos novos casos de corrupção foram revelados durante a investigação, apenas uma fração envolvendo contratos da Petrobras. O STF foi responsável pela homologação da maioria dos acordos, uma vez que os colaboradores revelaram, em vários casos, crimes praticados por autoridades detentoras de foro por prerrogativa de função. Parte desses casos foi mantida perante o Supremo, mas uma fração significativa foi remetida a juízos federais e mesmo estaduais espalhados em todo o território nacional.

A Justiça Federal do Distrito Federal recebeu vários desses casos, além de já ter competência sobre inúmeros processos e investigações de alta complexidade, como as denominadas operações Sépsis e Zelotes, envolvendo acertos de corrupção no âmbito da Caixa Econômica Federal e do Conselho de Administração de Recursos Fiscais, respectivamente.

Embora seja louvável que crimes graves de corrupção e lavagem de dinheiro sejam descobertos através das investigações e que os responsáveis sejam processados, a profusão desses casos não deixa de ter um aspecto desalentador, por revelar um acentuado e generalizado grau de deterioração da gestão em diversos níveis da administração pública.

Um esquema internacional?

Pela descrição realizada nos tópicos anteriores, foram identificados traços do caráter internacional das condutas criminosas, com a realização do pagamento de vantagens indevidas através de contas no exterior e ainda a utilização de offshores para ocultar o produto dos crimes de corrupção.

As investigações também revelaram que não foram somente empreiteiras fornecedoras brasileiras que efetuaram pagamento de vantagens indevidas a executivos da Petrobras. Em pelo menos três casos já julgados identificou-se que empresas estrangeiras pagaram propinas em contratos da estatal. Há ainda ações penais em andamento envolvendo supostos pagamentos de vantagem indevida por empresas estrangeiras a executivos da Petrobras e pelo menos dois casos de acordos de leniência celebrados por empresas internacionais que reconheceram o suborno através de intermediários por elas utilizados em contratos da petroleira.

Doutro lado, a partir de acordo de leniência da maior empresa de construção industrial brasileira, e também de acordos de colaboração de seus executivos, foram revelados diversos casos de corrupção envolvendo autoridades estrangeiras. Em outras palavras, a empreiteira teria pagado propinas não somente a agentes públicos brasileiros, mas também a estrangeiros em contratos celebrados em outros países. Há relatos de pagamentos de vantagem indevida em diversas localidades da América Latina e da África. Em parte desses países, foram instauradas investigações próprias, com resultados variados.

As autoridades brasileiras, como regra, têm como política o compartilhamento das provas, desde que respeitada pelo país requerente a proteção outorgada pelos acordos de leniência e pelos acordos de colaboração. A medida de proteção é necessária em vista da origem da prova. Caso seja compartilhada sem restrições, o colaborador será exposto a processo na jurisdição estrangeira, o que não só violará os termos do acordo, mas colocará em risco o próprio indivíduo. O país requerente tem a opção de não aceitar a condição e desenvolver os seus casos de forma independente da colaboração, através de suas próprias investigações. Mas, caso aceite a condição, isso pode facilitar enormemente a construção de seus casos, e ainda dá ao requerente a possibilidade de, com as provas obtidas, processar os agentes públicos beneficiados pelos pagamentos da vantagem indevida no país. Normalmente, trata-se de pessoas muito poderosas, e a possibilidade de processá-las efetivamente deveria ser bem avaliada pelos países interessados nas provas.

Corrupção sistêmica, custos e consequências

Considerando os casos já julgados, é possível afirmar que foi descoberto um esquema de corrupção sistêmica. Não se tratava de um crime de corrupção isolado no tempo e espaço — ou seja, um comportamento isolado e pontual, algo que pode acontecer em qualquer local do mundo —, mas de um verdadeiro sistema de corrupção, no qual o pagamento de vantagem indevida era tido como o padrão de comportamento comum, a regra do jogo.[7]

Tal sistema de corrupção perdurou por anos e afetou diversos contratos da Petrobras. Há provas, como visto, de que se estendeu para outras áreas da administração pública direta e indireta.

Os custos da corrupção sistêmica são enormes. Primeiro, há os custos diretos da propina, usualmente adicionados ao valor do contrato público. Quem suporta a propina é não raro a própria entidade pública contratante. Se o comportamento é sistêmico, pode-se ter uma ideia do impacto dele nos orçamentos públicos.

Como adiantado, a Petrobras realizou uma estimativa, em 2015, de custos diretos com pagamento de vantagem indevida da ordem de 6 bilhões de reais. Foi a própria estatal que, ao fim, arcou com os custos da propina, pois as empresas fornecedoras os transferiam mediante acréscimos nos preços cobrados nos contratos. É possível que esse valor seja inferior ou mesmo superior, a depender do resultado do julgamento de todos os casos apurados. Ainda assim, os processos criminais, com suas exigências rigorosas de provas acima de qualquer dúvida razoável, talvez não sejam a melhor fonte para definir o total dos custos diretos do esquema criminoso.

Embora 6 bilhões de reais em propinas sejam um número superlativo, ainda estamos tratando somente dos custos havidos com acertos de corrupção em contratos da Petrobras. É preciso lembrar, no entanto, que o quadro de corrupção sistêmica é mais amplo, abrangendo também contratos da Caixa Econômica Federal, Eletrobras e mesmo da administração pública direta.

Mas, para além das propinas, é possível presumir que os custos indiretos da corrupção sistêmica sejam muito maiores. Agentes públicos corrompidos não necessariamente agirão motivados em tomar, em suas atividades diárias, as decisões mais eficientes na perspectiva do ganho econômico para a entidade pública à qual pertencem. Se a sua nomeação e permanência no cargo decorrem da influência política e de sua capacidade de arrecadar recursos para agentes ou partidos políticos inescrupulosos, sua atividade será orientada por esse objetivo, e não outro. Reduzir gastos e diminuir custos em obras e contratos não serão exatamente uma prioridade, pois afetam a capacidade do agente público corrompido de arrecadar recursos para sua base de sustentação. Pelo contrário: quanto maiores os investimentos e dispêndios, ignorando a questão da eficiência, maior será a geração de valores para os fornecedores e, por conseguinte, os montantes de propinas calculados com base em percentuais.

A partir dessa premissa, talvez possam ser mais bem compreendidos vários investimentos questionáveis da Petrobras realizados no período em que vigorou o esquema de corrupção sistêmica. Não é possível aqui analisar todas as situações suspeitas, pois não se pretende um relato completo, e há limitações em decorrência dos casos pendentes.

Não obstante, pode ser tomada como exemplo a construção da Refinaria do Nordeste Abreu e Lima (RNEST). Não há nada errado na política de construção de refinarias em si. O refino pela empresa exploradora de petróleo resultará em produto de maior valor agregado, diminuindo a dependência de fornecedores externos. No entanto, a construção da RNEST foi orçada inicialmente, segundo dados oficiais da Petrobras, em cerca de 2,4 bilhões de dólares.[8] Ao final de 2014, sem que a obra estivesse pronta, os gastos já haviam atingido 18,5 bilhões de dólares. Ainda segundo dados oficiais, mesmo se a refinaria funcionar em plena capacidade durante toda a sua vida útil, o investimento não será recuperado, com perdas estimadas ainda em 3,2 bilhões de dólares. A diferença entre 2,4 bilhões e 18,5 bilhões de dólares não pode ser explicada como custo direto da corrupção. Não se trata, portanto, de 16 bilhões de dólares desviados para pagamento de propina, ainda que o valor dos pagamentos indevidos, como revelam alguns casos já julgados, tenha sido também significativo. É, porém, possível que os executivos da Petrobras responsáveis pela obra tenham adotado uma postura frouxa em relação à elevação dos custos do investimento e tomado decisões infelizes na perspectiva da eficiência econômica porque estavam mais preocupados com a geração dos recursos necessários ao pagamento de propinas do que propriamente com os interesses econômicos da companhia.

Se esse modelo de ineficiência e desperdício tiver se reproduzido não só em outros empreendimentos da Petrobras no período, mas também em investimentos de outras estatais e mesmo da administração pública direta, talvez constituam uma causa relevante das carências na área de infraestrutura no Brasil e uma das razões da baixa eficiência e produtividade de nossa economia.

Ainda como custos indiretos, é possível presumir que a corrupção sistêmica afaste potenciais investidores internos e externos. Se determinada área da economia não é íntegra — por exemplo a de contratos e obras públicas —, potenciais investidores podem se mostrar relutantes em dela participar, com o receio de se tornar cúmplices de um esquema criminoso. É muito difícil dimensionar tais perdas. Os custos da corrupção sistêmica não se resumem à economia. O regular funcionamento do mercado e o do governo dependem da confiança.

A corrupção é mais do que um crime econômico. Atinge a confiança. Não por acaso, em uma definição ampla, consiste no abuso do poder público para ganho privado. No agente público é depositada a confiança de que agirá não só conforme a lei, mas também em benefício do interesse público. Ao aceitar o pagamento de vantagem indevida, age em detrimento do interesse público para atender finalidades privadas: ganhos próprios e do agente corruptor. São traídos, portanto, os deveres inerentes ao seu cargo e a confiança de que os exerceria para atender ao interesse público.

Se a corrupção for sistêmica — ou seja, não um comportamento isolado, mas um padrão de conduta que se reproduz sistematicamente —, o abalo da confiança será proporcional. Poderá afetar até mesmo a credibilidade e a legitimidade dos governantes na ocasião e, em um nível mais profundo, a legitimidade do próprio sistema político.

Estudos mais aprofundados do custo da corrupção sistêmica descoberta pela Lava Jato seriam bastante oportunos. Até então, mesmo estimativas são arriscadas. Não obstante, é natural presumir que nenhuma economia moderna pode ser competitiva com um quadro disseminado e sistêmico de corrupção. A corrupção sistêmica provavelmente é um dos fatores que impedem a economia brasileira de desenvolver todas as suas potencialidades e de crescer a taxas sustentáveis no longo prazo. Estudos já realizados indicam uma correlação entre baixo crescimento e corrupção disseminada.[9]

Superação da corrupção sistêmica

Confrontado com um quadro de corrupção sistêmica, o que deve ser feito? Primeiro, dizendo o óbvio, o sistema de justiça criminal precisa funcionar. Crimes de corrupção, especialmente de grande corrupção, são difíceis de ser descobertos. Uma vez descobertos, é difícil colher prova acima de qualquer dúvida razoável, aquela necessária para a condenação criminal. Uma vez descobertos e provados os crimes, deve-se seguir a consequência legal, a condenação criminal, pois crimes descobertos e provados que remanescem impunes apenas estimulam a continuidade do sistema de corrupção.

Então, a lição número um é que a impunidade e a corrupção sistêmica caminham juntas, e o sistema de justiça criminal precisa funcionar, não pode fechar os olhos para a prova.

Embora muito ainda precise ser feito, é inegável que a Lava Jato representa a clara quebra de uma tradição de impunidade para a grande corrupção. Nessa perspectiva, a operação representa um alento e uma oportunidade para mudança da tradição de impunidade, embora sejam prematuras conclusões acerca do futuro.

Mas, embora o adequado funcionamento do sistema de justiça criminal seja uma condição necessária para superação da corrupção sistêmica, não é uma condição suficiente. Não se pode pretender que a corrupção sistêmica seja um problema exclusivamente das cortes de justiça. São necessárias políticas mais abrangentes para redução de incentivos e oportunidades à corrupção, e isso é de responsabilidade do governo e do Congresso, principalmente.

A rigor, o governo é o grande professor, e pode influenciar a todos adotando uma postura intransigentemente ética na condução da administração pública. Por exemplo, a indicação de pessoas com preparo técnico adequado, histórico ético e sem antecedentes desabonadores para cargos de livre nomeação é fundamental, assim como exonerá-las quando surgirem fundadas suspeitas de envolvimento em crimes.

Apesar da dimensão da corrupção sistêmica revelada pelos casos já julgados, é um tanto quanto desalentador constatar que, no Brasil, desde o início da operação Lava Jato, em 2014, pouco foi feito pelos dois governos que se sucederam no poder no período.

Para ser justo, merece destaque a aprovação da lei nº 13306, de 30 de junho 2016, que elevou os padrões de governança das empresas estatais brasileiras. Entre outras medidas, o artigo 17 do novo diploma legal estabeleceu requisitos oportunos para nomeação de executivos e membros dos conselhos de administração das empresas estatais, visando à profissionalização da direção dessas companhias. Também foram estabelecidas proibições relevantes a fim de diminuir a influência político-partidária nessas nomeações, como a vedação da indicação de dirigentes partidários para esses cargos.

A lei é um nítido avanço para a redução da influência político-partidária nessas nomeações e, com isso, reduz oportunidades para a prática da corrupção sistêmica. Mas, embora louvável, a lei está quase sozinha e produz apenas um avanço tímido, pelo menos considerando a magnitude dos crimes de corrupção descobertos.

A começar, uma crítica cabível é a de que idênticos requisitos e proibições inexistem para nomeação em cargos de comissão para a administração pública direta, o que gera certa incongruência. Então, por exemplo, para nomear um diretor da Petrobras é necessário atender aos requisitos e proibições da lei de 2016, que visam à profissionalização da gestão das estatais, mas para nomear alguém para um alto cargo em comissão no Ministério de Minas e Energia, da administração pública federal, por vezes com poderes de influência e supervisão da atuação da referida estatal, não se aplicam as mesmas regras.

É inegável que, em uma democracia, não se pode evitar totalmente a influência político-partidária na nomeação de cargos no governo e na administração pública direta ou indireta. Entretanto, há, primeiro, uma questão de número. Matérias jornalísticas apontam que, no governo federal, haveria cerca de 20 mil cargos de comissão.[10] Segundo, mesmo para cargos de livre nomeação, é prudente estabelecer requisitos profissionais mínimos e vedações específicas, a fim de evitar a nomeação de pessoas desqualificadas e comprometidas com interesses especiais.

Apesar da nova lei de 2016, há muito a avançar no Brasil quanto à profissionalização da carreira do servidor público civil, pelo menos nos postos de direção. Assim, embora o loteamento político dos cargos públicos esteja na origem dos crimes praticados no âmbito da Petrobras, os avanços na área revestiram-se de certa timidez. Além de não ter havido avanços significativos, surgiram tentativas de retrocesso, principalmente na forma de aprovação de medidas legislativas que poderiam enfraquecer as ações do sistema de justiça criminal.

O principal deles consistiu na aprovação pelo Senado Federal do projeto de lei (PLS) nº 85/2017, que trata do crime de abuso de autoridade. É evidente que ninguém é favorável à prática de abusos por autoridades públicas de qualquer área. Ocorre que a redação abrangente prevista no projeto para certos dispositivos sugere que o propósito da nova legislação é o de intimidar os agentes da lei envolvidos no enfrentamento da corrupção, e não o de coibir abusos. Por exemplo, pela redação do projeto, um juiz que decretasse uma prisão cautelar poderia ser responsabilizado criminalmente caso a medida fosse revogada por uma instância recursal. Em um sistema judicial de erros e acertos, com possibilidade de revisão de decisões por outras instâncias, a revogação de uma decisão é sempre uma possibilidade, mas não significa necessariamente que um abuso foi praticado. A interpretação da lei não é no mais das vezes unívoca, e divergências razoáveis são comuns. O projeto, não obstante, parece ter sido redigido com o propósito de criminalizar a hermenêutica judicial. Apenas por força da pressão da opinião pública e das categorias profissionais visadas foi inserida no projeto uma espécie de norma de salvaguarda para estabelecer expressamente que a divergência de interpretação não constitui crime.[11] Foi, porém, surpreendente a resistência quanto à inserção no projeto de um dispositivo dizendo tal obviedade. Apesar de aprovado no Senado, o projeto ainda não tinha sido votado na Câmara dos Deputados quando da conclusão deste artigo, e ainda havia uma dúvida acerca de qual seria o seu destino, bem como sua redação final.

Também foi desalentador o destino de projeto elaborado por membros do Ministério Público Federal envolvidos na persecução dos crimes havidos na Petrobras. Denominado "Dez medidas contra a corrupção", foi apresentado como um projeto de lei de origem popular, após terem sido obtidos mais de 2 milhões de assinaturas em seu favor.[12] Apesar disso, foi completamente desfigurado na Câmara dos Deputados. Além de quase nada do projeto original ter sido aprovado, ele transformou-se em veículo para normas destinadas à punição de magistrados por suposto abuso de poder, em redação, para dizer o mínimo, bastante controvertida. O projeto foi enviado ao Senado, com destino final por ora incerto.

A indefinição desses projetos, apesar de representar a falta de vontade do governo e do Congresso em promover políticas anticorrupção, pelo menos também ilustra que não houve, até o momento, a mobilização de força política suficientemente robusta para aprovar medidas de retrocesso, como aconteceu, por exemplo, na Itália, após as revelações da chamada operação Mani Pulite.[13]

Ainda assim, não deixa de ser desalentadora a perda da oportunidade na aprovação de políticas mais robustas contra a corrupção, já que contariam, em virtude da indignação gerada pelas revelações da Lava Jato, com amplo apoio da opinião pública.

Não se pode dizer, apesar disso, que não foram adotadas políticas mais abrangentes para diminuir incentivos e oportunidades para a prática da corrupção. Surpreendentemente, elas vieram do ramo de poder que, em tese, é o menos sujeito à influência da opinião pública, o Judiciário. Não me refiro aqui especificamente ao tratamento mais vigoroso dos casos concretos de corrupção perante as cortes de justiça, embora isso tenha sido muito relevante, mas a decisões importantes tomadas pelo STF desde 2014, que representaram, na prática, a aprovação de medidas anticorrupção de cunho mais geral.

O papel do STF

O Supremo Tribunal Federal brasileiro, desde 2014, proferiu decisões importantes no enfrentamento da corrupção sistêmica. Ainda antes, é necessário lembrar o julgamento pelo STF da Ação Penal 470. O caso envolvia, em síntese, a organização por um ex-ministro chefe da Casa Civil de um esquema de pagamento de vantagens indevidas mensais ou com outra periodicidade a parlamentares federais para obtenção de apoio político na aprovação de projetos do interesse do governo federal. Havia grande ceticismo quanto ao resultado do julgamento, mas o Supremo, pela maioria de seus ministros, condenou os principais envolvidos por corrupção e lavagem de dinheiro.[14]

O julgamento representou um precedente relevante no sentido de que a tradição de impunidade para os crimes dos poderosos poderia ser rompida, enviando uma mensagem importante às instâncias judiciais inferiores. Talvez de forma até mais relevante, o Supremo proferiu decisões, com efeitos gerais, importantes para os esforços anticorrupção.

Na primeira delas, no julgamento da Ação Direta de Inconstitucionalidade (ADI) nº 4650, 17 de setembro 2015, o STF, por maioria de votos, declarou a inconstitucionalidade de dispositivos da lei nº 9096/1995 e da lei nº 9504/1997 no que se refere à permissão para que empresas realizassem doações para campanhas eleitorais.[15] O Supremo entendeu que a lei era excessivamente permissiva, sem a previsão de restrições que seriam necessárias para prevenir relações impróprias entre empresas e agentes políticos. Ilustrativamente, a legislação não proibia que empresas contratantes da administração pública realizassem doações a campanhas eleitorais dos ocupantes dos cargos do governo ou aos partidos políticos que os controlavam. Isso favorecia a realização de doações eleitorais como contrapartidas específicas à atuação da parte dos ocupantes do governo — em outras palavras, corrupção. Aliás, no âmbito da Lava Jato, foram identificados casos específicos nos quais vantagens indevidas em acertos de corrupção foram repassadas na forma de doações eleitorais.[16]

Em qualquer circunstância, doações eleitorais por parte de empresas ou corporações não são isentas de controvérsias. De todo modo, caso sejam permitidas em determinado sistema político-eleitoral, é absolutamente necessária a imposição de regras estritas para a sua realização — no mínimo, limites de valor e proibições específicas dirigidas a contratantes da administração pública. Portanto, agiu com acerto o STF, sem prejuízo de que se possa cogitar, desde que com regulamentação bastante rígida, o restabelecimento de doações eleitorais por parte de empresas.

Seria também importante, à luz das revelações da operação Lava Jato e aproveitando a oportunidade gerada pela referida decisão do Supremo, uma reforma mais ampla do sistema político brasileiro, com a finalidade de diminuir a fragmentação partidária e reduzir os custos das eleições. Parece incerto que isso, todavia, ocorra.

Em outra decisão importante, o STF revogou o precedente consubstanciado no HC 84078,[17] no qual a corte, por maioria, interpretara o princípio da presunção de inocência previsto no inciso LVII do art. 5º da Constituição Federal[18] no sentido de que a execução de uma condenação criminal dependeria do trânsito em julgado — ou seja, não poderia estar pendente nenhum recurso criminal contrário. Em realidade, o HC 84078 havia revogado outro precedente do Supremo, o HC 68726, no qual a corte havia decidido que a pendência de recursos sem efeitos suspensivos não impedia a execução imediata da condenação criminal.[19]

Já no HC 126292, julgado em 17 de fevereiro de 2016,[20] o Supremo restabeleceu, por maioria, o precedente do HC 68726, passando a entender que o princípio da presunção da inocência não impede a execução da condenação criminal após a sua confirmação por uma corte de apelação. Na pendência de recursos aos tribunais superiores, sem efeito suspensivo, a execução penal poderia ser iniciada.

Apesar de rumores de que o novo precedente poderia ser novamente alterado, foi reafirmado na apreciação de liminares pleiteadas nas Ações Declaratórias de Constitucionalidade (ADCs) nºs 43 e 44, em 5 de outubro de 2016,[21] no julgamento do Agravo em Recurso Extraordinário (ARE) 964246, em 10 de novembro de 2016,[22] e ainda quando, em 4 de abril de 2018, denegado o HC 152752 impetrado em favor de um ex-presidente da República e que buscava impedir a execução de condenação criminal exarada por corte de apelação por falta de trânsito em julgado.[23] Há uma maioria estreita em favor do novo precedente — de seis ministros, com cinco contrários —, o que torna uma nova revisão possível, embora não provável, sem a mudança de composição da corte.

A melhor interpretação é a de que a presunção de inocência não impede a execução de uma condenação criminal na pendência de recursos aos tribunais superiores. A presunção de inocência acima de tudo é uma regra de prova. Não se pode condenar ninguém criminalmente sem prova categórica de sua responsabilidade. "Prova clara como a luz do dia", como se dizia no passado na tradição do direito continental europeu,[24] ou prova acima de qualquer dúvida razoável, na tradição anglo-saxã. Dessa perspectiva, a presunção de inocência é absoluta, não comporta nenhuma exceção. Entretanto, não tem relação com efeitos de recursos, cabíveis apenas após o julgamento no qual as provas são avaliadas.

A presunção de inocência também é uma regra de tratamento, um escudo contra punições prematuras. O acusado não deve ser considerado culpado antes do julgamento. A prisão, a principal sanção criminal moderna, deve suceder o julgamento, e não precedê-lo. A presunção de inocência opera, a partir dessa perspectiva, para proibir a imposição de prisão antes do julgamento. Assim, antes desse momento do processo, a prisão só se justifica em caráter excepcional, como a prisão preventiva da legislação brasileira.

Mesmo como regra de tratamento, a presunção de inocência nada tem a ver com recursos, pois opera antes do julgamento, e não depois. É até possível aceitar que a presunção de inocência opere mesmo após o julgamento, estabelecendo que a prisão deve seguir somente a decisão sobre os recursos. Pode-se até estabelecer uma proteção ainda mais exagerada, exigindo que a prisão ocorra apenas após o julgamento do último recurso.

Em tese, não há nada de errado em esperar o último recurso. Isso constituiria uma garantia mais robusta contra erros judiciários. Mas não se pode afirmar que se trata de uma exigência da presunção de inocência. Afinal, na maior parte dos países — inclusive em alguns que são considerados berços da presunção de inocência, como os Estados Unidos e a França —, a prisão ocorre como regra após o julgamento e independentemente dos recursos.[25] Em certos países, isso se dá após o julgamento por uma corte de apelação, mas não são tão comuns sistemas processuais que exigem o trânsito em julgado.

O problema em exigir o trânsito em julgado é o preço a ser pago em um sistema processual como o brasileiro, bastante pródigo em recursos e no qual os tribunais superiores estão abarrotados de processos. A exigência do trânsito em julgado opera como um incentivo a recorrer, leva a processos sem fim e, na prática, à impunidade.[26] O que é pior, a exigência do trânsito em julgado tem o efeito colateral de gerar um sistema processual penal extremamente seletivo. Afinal, como regra, apenas acusados com renda suficiente para sustentar a interposição de recursos aos tribunais superiores, o que exige a contratação de advogados caros e por longos períodos, têm condições de se beneficiar dessa prerrogativa. Na prática, a exigência do trânsito em julgado, mais do que uma garantia, passa a operar como um privilégio de impunidade destinado a acusados de elevada renda e patrimônio, distorcendo a aplicação igualitária da lei penal.

Por esses motivos, a exigência do trânsito em julgado, embora seja uma leitura possível do inciso LVII do art. 5º da Constituição e possa ser travestida de uma interpretação "garantista" de direitos fundamentais, não é a mais consistente com os princípios mais amplos que animam a nossa Carta e o regime democrático, refratários à impunidade dos poderosos e à sociedade de castas.

A admissão de que a condenação criminal possa ser executada após acórdão condenatório de uma corte de apelação não torna inúteis os recursos aos tribunais superiores. É de se admitir que, se interpostos recursos com plausibilidade — ou seja, com boas chances de procedência —, um tribunal superior possa conceder, excepcionalmente, efeito suspensivo, obstando a imediata execução da condenação. Por exemplo, diante de uma condenação por crimes de calúnia ou difamação, poderia o STF conceder efeito suspensivo a um recurso no qual fosse levantada uma questão relevante acerca de possível violação da liberdade de expressão. O erro da interpretação anterior, da exigência do trânsito em julgado, é o de estabelecer a suspensão da execução da condenação como regra, como um efeito automático do recurso, o que não se afigura racional diante até mesmo das estatísticas que revelam um percentual mínimo de procedência dos recursos perante as cortes superiores.[27]

O precedente inaugurado pelo julgamento do HC 126 292 foi a mais importante decisão tomada pelo Supremo nos últimos anos. É possível que o tribunal tenha sido influenciado pelas revelações trazidas pela Lava Jato e pela percepção da maioria dos ministros de que a exigência do trânsito em julgado, embora travestida de garantia, representava um privilégio de impunidade para criminosos poderosos, os mesmos que estavam sendo acusados na operação. Com isso, fechou-se a principal brecha do sistema processual penal que era utilizada, com frequência, por criminosos poderosos para evitar que fossem responsabilizados por seus crimes, ainda que fossem graves, e as provas, cabais.

O terceiro precedente relevante do STF foi tomado no julgamento de questão de ordem na Ação Penal 937, em 3 maio de 2018, com redução da abrangência do assim denominado foro privilegiado, ou foro por prerrogativa de função.[28] A Constituição Federal de 1988 estabeleceu uma série de privilégios de foro para determinadas autoridades públicas. Não que tenha inaugurado tais privilégios. A Constituição de 1964, por exemplo, previa privilégios de foro para certas autoridades em seu artigo 114. Mas é certo que a Constituição de 1988 ampliou o número de autoridades contempladas com foros privilegiados.

Nisso, a Constituição não foi muito consistente com seus princípios maiores, entre eles o da igualdade perante a lei. O foro privilegiado significa que as autoridades por ele contempladas não respondem a investigações ou ações penais como os demais cidadãos, perante a Justiça comum, mas diretamente perante tribunais superiores. Assim, por exemplo, parlamentares federais respondem a acusações criminais diretamente perante o STF, enquanto parlamentares estaduais, perante os tribunais de justiça dos estados.

A justificativa em geral utilizada para tais foros privilegiados é a de proteger autoridades públicas contra investigações ou acusações infundadas, ou ainda a alegação de que a Justiça comum, de abrangência local, seria mais suscetível a pressões políticas ou econômicas e poderia não atuar com independência.

Tais justificativas parecem pouco consistentes. Autoridades de elevada hierarquia já têm usualmente poderes suficientes para se proteger de acusações infundadas. Além disso, o generoso sistema de recursos parece ser suficiente para remediar eventuais excessos da Justiça comum. O argumento ainda contraria a noção comum de que maiores poderes demandam maiores responsabilidades, e não o contrário.

Por outro lado, o argumento de que a Justiça comum seria mais suscetível a pressões políticas ou econômicas carece de melhor demonstração. Rigorosamente, pode-se argumentar o contrário, que os tribunais superiores seriam mais suscetíveis a influências econômicas ou políticas, já que a sua composição é mais sujeita à influência política — como a livre nomeação pelo presidente da República, com crivo do Senado, para os ministros do STF. Em termos estritos, porém, ambos os argumentos carecem de demonstração.

O que existe de correto é que o foro privilegiado nem sempre é benéfico aos seus titulares. Ações penais originárias perante as cortes superiores podem se mostrar efetivas, e a Ação Penal 470, na qual o STF exarou veredictos condenatórios contra políticos e empresários poderosos, é um exemplo óbvio.

Entretanto, é forçoso reconhecer que os tribunais superiores e as cortes de apelação foram especialmente estruturados para julgar recursos, e não para conduzir investigações ou ações penais. A falta de vocação estrutural aliada ao já mencionado abarrotamento das instâncias recursais e superiores implica a tramitação normalmente lenta das investigações e ações penais originárias. A Ação Penal 470, muito embora tenha levado seis anos até o julgamento, acaba figurando como uma exceção em relação à tramitação ainda mais arrastada dessas ações penais e investigações originárias. Na prática, o foro privilegiado acaba funcionando, devido aos problemas estruturais, como um escudo adicional contra a responsabilização de autoridades poderosas.

Na operação Lava Jato, na primeira instância, já foram julgadas cerca de 43 ações penais, com 134 pessoas condenadas. Há investigações e ações penais originárias em trâmite perante o STF, mas, como adiantado, apenas duas ações penais foram julgadas, uma resultando em condenação e outra em absolvição. E isso ocorreu, assim como na Ação Penal 470, graças à dedicação e ao empenho pessoal dos ministros relatores. Não é a regra do que acontece com as investigações e ações originárias mesmo em outras cortes de apelação e tribunais superiores. Muitas vezes, esses processos nunca chegam ao fim.

Ainda que disfuncional, o foro privilegiado está previsto expressamente na Constituição Federal e, portanto, só pode ser suprimido por emenda constitucional. Todavia, por sua disfuncionalidade e inconsistência com o princípio da igualdade, o STF vem, há algum tempo, interpretando esse instituto com restrições. Muito antes da Lava Jato, o Supremo revogou, em 25 de agosto de 1999,[29] a Súmula 394, que estendia o foro por prerrogativa de função mesmo após o fim do exercício do cargo e desde que o crime tivesse sido cometido durante o seu exercício.[30] A partir de então, ficou claro que, após a cessação do exercício do cargo, igualmente cessava o foro por prerrogativa de função.

Como visto, o foro privilegiado passou mais recentemente por nova redução interpretativa. Em questão de ordem decidida, em 3 de maio de 2018, na Ação Penal 937,[31] o STF estabeleceu que "o foro por prerrogativa de função aplica-se apenas aos crimes cometidos durante o exercício do cargo e relacionados às funções desempenhadas". Foi, portanto, limitado aos crimes funcionais. Crimes comuns, não relacionados ao exercício das funções, podem ser processados, mesmo quando praticados por autoridades como parlamentares federais, perante a Justiça comum de primeira instância. O julgado teve por referência crime cometido por parlamentar federal, mas é provável que o mesmo entendimento seja estendido para crimes praticados por outras autoridades contempladas com foro privilegiado.

Trata-se de um avanço em um contexto no qual o foro privilegiado funciona, no mais das vezes, como um obstáculo ao processamento da investigação ou da ação penal em tempo razoável. Isso não significa que a eliminação ou a redução do foro privilegiado resolverá todas as dificuldades para a aplicação da lei penal em processos envolvendo pessoas poderosas. São previsíveis dificuldades nas instâncias inferiores para esses processos. Elas também podem ser suscetíveis a pressões econômicas ou políticas de toda ordem. Mas talvez a pulverização da competência resultante da redução do foro privilegiado seja uma política sensata, ou pelo menos uma experiência válida diante da disfuncionalidade do modelo atual.

Esses três novos precedentes, ainda que tomados pelo voto da maioria dos ministros, e não por unanimidade, demonstram que o STF, a mais alta corte de justiça do país, teve a sensibilidade de perceber o quadro de corrupção sistêmica revelado pela Lava Jato e a necessidade de promover alterações gerais no sistema de financiamento de campanhas eleitorais e no sistema processual brasileiros.

Refutando algumas críticas

A operação Lava Jato, apesar de ter obtido apoio significativo da opinião pública, também sofreu críticas significativas. É oportuno abordá-las, ainda que brevemente.

Devido à magnitude do esquema de corrupção, as investigações e processos levaram à persecução e, em vários casos, a prisões de lideranças empresariais e políticas. Por conta disso, os processos geraram alguma instabilidade política, e há quem diga igualmente que foram responsáveis por uma paralisia na cadeia de investimentos da Petrobras e de seus fornecedores, contribuindo para a recessão do período de 2014 a 2016.

Há certa incorreção na crítica.

O policial que descobre o cadáver não é culpado pelo homicídio. Se as investigações e processos tiveram de fato algum impacto nos investimentos e na economia, isso decorreu da extensão e profundidade do sistema de corrupção. Em outras palavras, foi a corrupção sistêmica que afetou a economia brasileira, e não a investigação a respeito.

De qualquer forma, é relevante destacar que, mesmo antes da fase mais intensa da Lava Jato, que ocorreu nos anos de 2015 e 2016, a economia brasileira já seguia trajetória de declínio por fatores que não guardam nenhuma relação com investigações de corrupção.

Ainda, como demonstrado anteriormente, a corrupção sistêmica afeta a eficiência e a produtividade, portanto a economia brasileira já seguia em uma trajetória insustentável. Mesmo a crise na Petrobras, com a paralisação dos investimentos, ocorreria com ou sem a Lava Jato, já que foi produto de uma política de investimentos e de preços dissociada da realidade, que levou à elevação da dívida da empresa estatal a patamares sem precedentes. Como adiantado, não é possível manter a saúde financeira de longo prazo de uma empresa que realiza investimentos com tão baixa eficiência, como a aludida Refinaria do Nordeste Abreu e Lima.

Alguns críticos afirmam que a Lava Jato levou à criminalização da política. Aqui opera a mesma inversão já verificada. Se um agente político comete um crime, como o de corrupção, é ele quem criminaliza a atividade política, e não o juiz responsável pelo processo. Diversos agentes políticos foram condenados por corrupção e lavagem de dinheiro não por suas opiniões políticas ou preferências ideológicas, mas porque receberam vantagem indevida em acertos escusos e sucessivamente ocultaram ou dissimularam o produto do crime.

Uma crítica recorrente por parte de certos agentes políticos, alguns deles condenados criminalmente, é a de que as investigações e persecuções teriam sido seletivas, com objetivos político-partidários. Não há dúvida de que processos contra agentes políticos geram consequências políticas, afetando, por exemplo, as perspectivas eleitorais dos investigados ou acusados. Mas isso ocorre fora das cortes de justiça, e trata-se de algo que não se encontra sob o controle do juiz. No caso dos políticos condenados, a responsabilidade é exclusiva deles pelos crimes praticados, e os danos reputacionais só a eles podem ser atribuídos.

Por outro lado, nos processos vinculados à 13ª Vara Federal em Curitiba, o foco foram os acertos de corrupção em contratos da Petrobras. Nos casos já julgados, restou provado que a propina era dividida entre executivos da estatal e agentes ou partidos políticos que lhes davam sustentação. Tais agentes e partidos só poderiam ser aqueles atinentes à coalizão partidária que controlava o governo federal na época. Não havia razão em princípio para que os executivos da Petrobras destinassem parte da vantagem indevida a integrantes da oposição. Então a crítica de que as investigações sobre a corrupção na Petrobras foram dirigidas aos partidos políticos que controlavam o governo não faz sentido. É como criticar a investigação do escândalo denominado Watergate sob o argumento de que não teriam sido encontradas nela provas de crimes de membros do Partido Democrata norte-americano.[32]

É possível até especular que esquemas de corrupção semelhantes tenham ocorrido nos governos federais anteriores. Entretanto, não foram colhidas provas concretas nesse sentido. Um gerente da Petrobras, que confessou ter recebido vantagem indevida antes de 2003, declarou que nessa época não teve que dividi-la com agentes ou partidos políticos. De todo modo, a crítica é ainda inconsistente, pois, principalmente após o acordo de leniência com a maior empresa de construção industrial do Brasil, foram instaurados investigações e processos contra agentes políticos dos mais diversos partidos. Esses casos, todavia, foram, em geral, espalhados em várias cortes de justiça do país, e poucos ficaram em Curitiba.

O certo é que corrupção não é uma prática exclusiva de agentes políticos da esquerda ou da direita. É errado, aliás, pensar a questão em termos ideológicos, pois a corrupção é apenas um crime, sendo indiferente à preferência ideológica do político desonesto.

Críticas pontuais foram efetuadas no sentido de que não foi observado o devido processo. Ora, todos os processos e julgamentos foram conduzidos com publicidade, abertos ao escrutínio público. Todas as decisões judiciais foram fundamentadas. Pode-se discordar de algumas decisões. Parte reduzida delas foi reformada nas instâncias recursais ou superiores, mas isso faz parte do sistema judicial de revisão de erros e acertos. A grande maioria foi mantida.

Criticou-se o emprego de prisões preventivas. Não há dúvida de que a prisão antes do julgamento deve ser excepcional. Mas, na existência de prova robusta da culpa e de evidente situação de risco — como de destruição de provas, de fuga, de dissipação de ativos criminosos e em especial de reiteração de crimes —, a prisão preventiva pode ser justificada. Não deve ser exagerada a afirmação do uso desmedido. No presente momento, quando escrevo este artigo, há não mais do que dez acusados presos preventivamente e que ainda não foram julgados em primeira instância. E essas prisões têm poucos meses de duração — em geral, foram seguidas por sentenças condenatórias em prazo não superior a um ano.

Apesar da excepcionalidade da prisão preventiva, a corrupção sistêmica envolve a prática habitual e serial de crimes graves — não só de corrupção, mas também de lavagem de dinheiro —, em um quadro grave de deterioração da vida pública. Nesse contexto, a preventiva acaba sendo necessária para encerrar o ciclo criminoso. A título de ilustração, vejam-se os casos já mencionados de parlamentares que persistiram recebendo vantagem indevida de acertos de corrupção em contratos da Petrobras mesmo enquanto estavam sendo julgados pelo STF na Ação Penal 470, e ainda a descoberta de que uma das fornecedoras da Petrobras havia criado um setor específico na empresa dedicado exclusivamente ao pagamento de propinas, o qual funcionou mesmo após ter sido iniciada a investigação, vindo a encerrar as atividades somente quando o seu presidente foi preso.

O emprego da prisão preventiva é válido em circunstâncias excepcionais. Analisados os casos concretos, não aparenta ter havido um emprego desmedido, pelo contrário.

Abordo uma última crítica fundada em argumentos mais técnicos. Alguns argumentam que a imparcialidade do processo foi afetada porque o juiz do julgamento foi o mesmo que participou das investigações, comprometendo-se dessa forma com as teses de acusação e tornando inviável o julgamento imparcial e crítico das provas. Tal análise, porém, por vezes formulada por estrangeiros, não se aplica especificamente à operação Lava Jato, mas a todo o sistema processual brasileiro. Nele, o juiz que atua na fase de investigação fica prevento para o processo e julgamento da ação penal. Isso ocorre em todos os casos criminais e em todas as instâncias, não se tratando de algo restrito à operação Lava Jato. Pode-se cogitar em alterar o sistema, mas no momento é o que existe.

Ressalve-se, entretanto, que a crítica parte muitas vezes de um pressuposto equivocado: o de que no Brasil haveria, como em muitos países europeus, a figura do juiz de instrução. Na Europa, alguns países, como a França e antigamente a Itália, adotam a figura do juiz de instrução, que atua na fase de investigação, antes do julgamento, e tem poder de iniciativa. Em outras palavras, ele não se limita a atender a requerimentos das partes, mas age de ofício e pode tomar todas as providências necessárias ao esclarecimento dos fatos. O juiz de instrução é uma espécie de "superdelegado de polícia", cabendo-lhe apurar os fatos e tendo adicionalmente poderes equivalentes aos de juiz. Como se trata de uma função próxima à de um delegado, é evidente a necessidade da separação do juiz que investiga do juiz que julga. No Brasil, o quadro é diferente, pois nunca houve entre nós a figura do juiz de instrução. O juiz brasileiro, na fase de investigação, tem uma postura passiva, apenas examinando pedidos da autoridade policial, do Ministério Público e da defesa, como também o faz durante a fase de tramitação da ação penal. Essa atuação não compromete necessariamente a sua imparcialidade na fase de julgamento.

De todo modo, ainda a refutar essa crítica encontra-se o fato de que, na Lava Jato, a maior parte das condenações foi mantida pela corte de apelação — ou seja, por magistrados que não participaram de nenhuma forma da fase da investigação.

Perspectivas

A operação Lava Jato representou, juntamente com a Ação Penal 470 e outros casos criminais recentes de grande relevância, uma clara quebra da tradição da impunidade de crimes praticados por poderosos. Resta ainda a dúvida se inauguraram uma nova tradição de aplicação mais efetiva da lei penal contra a grande corrupção ou se representarão apenas uma exceção. A resposta a essa questão levará anos, provavelmente.

O mais negativo consistiu, até o momento, na relativa inércia da maioria das lideranças políticas brasileiras, dos partidos políticos e dos demais poderes da República em relação ao quadro de corrupção sistêmica descoberto. Isso se comprova na ausência de aprovação de reformas mais abrangentes que pudessem diminuir incentivos e oportunidades de corrupção — sem esquecer a animosidade de parcela dos agentes políticos em relação à Justiça e a ameaça perene de aprovação de medidas legislativas que prejudiquem o processo e julgamento de crimes de colarinho-branco.

O aspecto mais positivo foi o elevado apoio recebido da opinião pública aos esforços anticorrupção. Nos anos de 2015 e 2016, milhões de brasileiros protestaram nas ruas contra a corrupção. Em março de 2016, mais de 3 milhões de brasileiros, na maior demonstração de massa desde a redemocratização, ocuparam as ruas para apoiar a Lava Jato e protestar contra a corrupção disseminada. É certo que outros fatores contribuíram para tais manifestações, como a insatisfação com a economia e com o governo de então, mas uma bandeira comum aos manifestantes era o repúdio à corrupção revelada pela operação.

Talvez demore algum tempo para que a insatisfação popular contra a corrupção sensibilize a classe política e se corporifique na aprovação de medidas legais anticorrupção pelo Executivo e pelo Congresso.

Tome-se como exemplo o problema da segregação racial que predominava nos Estados Unidos, pelo menos nos estados sulistas, durante boa parte do século passado. A Suprema Corte norte-americana deu grande impulso à dessegregação quando decidiu, em 1954, no caso *Brown v. Board of Education*, que a separação das crianças por conta da cor de pele nas escolas públicas era inconstitucional. A decisão foi de difícil implementação e gerou grande animosidade. A lei que tornou a segregação ilegal em todas as instalações públicas ou abertas ao público foi aprovada somente em 1964, e isso só ocorreu graças às pressões decorrentes do movimento pelos direitos civis. Mas, ainda que as cortes de justiça não tenham conseguido sozinhas promover a mudança social, é inegável que tiveram papel importante e saíram na frente, pelo menos em relação aos demais poderes constituídos.[33]

Talvez o mesmo ocorra no Brasil com as medidas anticorrupção. As cortes de justiça deram o impulso inicial; cabe à sociedade civil e aos seus representantes completarem a tarefa, o que pode levar tempo. Essa é a perspectiva otimista.

Em uma perspectiva negativa, é possível que o entusiasmo cívico contra a corrupção seja substituído por mero cinismo se políticos corruptos forem sucessivamente substituídos por outros igualmente desonestos. Há a possibilidade de que a sociedade civil e a imprensa, saturadas de escândalos de corrupção, relaxem a eterna vigilância sobre os governantes e permitam não só a continuidade da corrupção sistêmica, mas também a volta da tradição de impunidade.

De qualquer modo, a corrupção, sua prevenção e seu enfrentamento ingressaram definitivamente na agenda pública brasileira, o que influenciará o debate político nos anos que virão, talvez propiciando, se houver redução da impunidade e da corrupção sistêmica, o fortalecimento da economia e da democracia brasileiras.

Curitiba, 26 de julho de 2018

NOTAS

PREFÁCIO [pp. 9-19]

1 Sobre esse ponto, denunciando o círculo vicioso que premia os piores, ver Míriam Leitão, *História do futuro: O horizonte do Brasil no século XXI* (Rio de Janeiro: Intrínseca, 2015), pp. 177-8.

APRESENTAÇÃO [pp. 20-5]

1 Sergio Fernando Moro, "Considerações sobre a operação Mani Pulite", *CEJ*, Brasília, n. 26, pp. 56-62, jul./-set. 2004.

1. CORRUPÇÃO, INSTITUIÇÕES E ESTAGNAÇÃO ECONÔMICA: BRASIL E ITÁLIA [pp. 27-76]

1 Agradeço a Marcelo Gazzano e Caio Carbone pela assistência com os dados e gráficos aqui utilizados, e a Affonso Pastore e Flora Pinotti Sano pela paciente leitura das várias versões do presente texto, que muito se beneficiou das suas inestimáveis sugestões. Eventuais erros remanescentes são de minha responsabilidade.

2 Para uma análise dos indicadores de corrupção existentes, ver Susan Rose-Ackerman e Bonnie J. Palifka, *Corruption and Government: Causes, Consequences and Reform* (Nova York: Cambridge University Press, 2. ed., 2016), pp 14-27, 39-48; para uma discussão e comparação entre resultados, ver Dan Hough, *Analysing Corruption* (Newcastle upon Tyne: Agenda Publishing, 2017), pp. 49-70.

3 Ver Marco Arnone e Leonardo S. Borlini, *Corruption: Economic Analysis and International Law* (Cheltenham; Northampton, MA: Edward Elgar, 2014), box 11.1.

4 Gary Becker, "Crime and Punishment: An Economic Approach", *Journal of Political Economy*, v. 76, pp. 169-217, 1968.

5 Em 2014, o Fórum Econômico Mundial estimou que 2,6 trilhões de dólares eram perdidos por ano com a corrupção, e o Banco Mundial estimou que 1 trilhão de dólares seja pago anualmente em propinas no mundo. Ver Dan Hough, *Analysing Corruption*, op. cit., p. 2.

6 Ver Maria Cristina Pinotti, "Efeitos econômicos da corrupção", in Affonso Celso Pastore (Org.), *Infraestrutura: Eficiência e ética* (Rio de Janeiro: Elsevier, 2017).

7 São eles: a) probabilidade de mudanças políticas e institucionais; b) probabilidade de ruptura política; c) probabilidade de tomada de poder pela oposição; d) estabilidade do mercado de trabalho; e) qualidade das relações políticas e econômicas com países vizinhos; f) probabilidade de atos terroristas; g) eficiência e integridade do sistema legal; h) ambiente regulatório e burocracia afetando as empresas; e i) corrupção.

8 Paolo Mauro, "Corruption and Growth", *The Quarterly Journal of Economics*, v. 110, n. 3, pp. 681-712, 1995.

9 Há projetos nos quais o retorno privado é menor do que o retorno social, como saneamento básico, por exemplo. Parte do retorno social vem da redução da mortalidade, incidência de doenças, poluição ambiental etc., fatores que não são capturados pelo retorno privado de quem construiu a obra. Nesses casos, cabe um subsídio para permitir a execução do investimento.

10 Susan Rose-Ackerman e Bonnie J. Palifka, *Corruption and Government*, op. cit.

11 Parte do argumento desenvolvido nesta seção foi originalmente publicada em Maria Cristina Pinotti, "Corrupção e pobreza", *Valor Econômico*, 13 out. 2017.

12 Ray Fisman e Miriam A. Golden, *Corruption: What Everyone Needs to Know*. Nova York: Oxford University Press, 2017.

13 Em 2017, o Brasil caiu da 79ª para a 96ª posição no ranking de percepção de corrupção da Transparência Internacional para 180 países. Esse fenômeno não é estranho e já foi observado em países que enfrentam grandes casos de corrupção com repercussão na imprensa. Não significa que a corrupção tenha aumentado, e sim que a percepção da sua existência aumentou. Por isso, no gráfico utilizamos os dados de 2016. No ranking de 2017, os cinco países menos corruptos eram Nova Zelândia, Dinamarca, Finlândia, Noruega e Suíça, e os cinco mais corruptos, Somália, Sudão do Sul, Síria, Afeganistão e Iêmen. Dados disponíveis em: <www.transparency.org/cpi>.

14 A renda per capita está medida em paridade de poder de compra, em dólares constantes de 2014, calculada pela ONU, de maneira a tornar os dados dos vários países comparáveis entre si. No índice de percepção de corrupção elaborado pela Transparência Internacional aqui utilizado, quanto maior o valor, menor a percepção de corrupção no país.

15 Daron Acemoglu, *Introduction to Modern Economic Growth*. Princeton, NJ: Princeton University Press, 2009; Susan Rose-Ackerman e Bonnie J. Palifka, *Corruption and Government*, op. cit.

16 Parte do argumento apresentado nesta seção foi publicada originalmente em Maria Cristina Pinotti, "Corrupção, instituições e desenvolvimento", *O Estado de S. Paulo*, 3 out. 2017.

17 Douglass C. North, *Institutions, Institutional Change and Economic Performance*. Cambridge: Cambridge University Press, 1990.

18 Daron Acemoglu, *Introduction to Modern Economic Growth*, op. cit., p. 121.

19 Douglass C. North, *Understanding the Process of Economic Change*. Princeton, NJ: Princeton University Press, 2005, p. 15.

20 Susan Rose-Ackerman e Bonnie J. Palifka, *Corruption and Government*, op. cit., p. 52.

21 Robert Klitgaard, "On Culture and Corruption". Blavatnik School of Government, University of Oxford, Working Paper BSG-WP-2017/020, jul.2017.

22 Douglass C. North, *Institutions, Institutional Change and Economic Performance*, op. cit.; Douglass C. North, *Understanding the Process of Economic Change*, op. cit.; Daron Acemoglu, *Introduction to Modern Economic Growth*, op. cit.; Daron Acemoglu, Simon Johnson e James Robinson, "Institutions as a Fundamental Cause of Long--Run Growth". In: Philippe Aghion e Steven N. Durlauf (Orgs.), *Handbook of Economic Growth, Volume 1A*. Amsterdam: North Holland, 2012.

23 A cultura às vezes se assemelha a "uma explicação residual, trazida à tona quando diferenças não são explicadas por outros fatores". Shereryar Banuri e Catherine C. Eckel, "Experiments in Culture and Corruption: A Review", citado em Dan Hough, *Analysing Corruption*, op. cit., p. 82.

24 Ver Edmar Bacha, *Belíndia 2.0: Fábulas e ensaios sobre o país dos contrastes* (Rio de Janeiro: Civilização Brasileira, 2012), esp. pp. 135-75.

25 Susan Roser-Ackerman e Bonnie J. Palifka, *Corruption and Government*, op. cit., p. 233.

26 Guido Tabellini, "Institutions and Culture". *Journal of the European Economic Association*, v. 6, n. 2-3, pp. 255-94, 2008.

27 Os mais importantes são World Values Survey (WVS); European Values Survey (EVS); Worldwide Values Survey (WVS); Gallup World Pool (GWP); Afrobarometer (AB).

28 Kenneth Arrow já manifestara interesse pelo tema, apontando ser a confiança elemento fundamental subjacente a toda e qualquer transação comercial. Em uma sociedade complexa, não é possível colocar em contratos todas as características esperadas de um bem ou serviço. Na ausência da confiança, os mercados falham, desaparecem os ganhos das trocas e os recursos são mal alocados. Yann Algan e Pierre Cahuc, "Trust, Growth, and Well-Being: New Evidence and Policy Implications", in Philippe Aghion e Steven N. Durlauf (Orgs.), *Handbook of Economic Growth, Volume 2A*. Amsterdam: North Holland, 2014, p. 50.

29 Do ponto de vista teórico, a confiança gera eficiência econômica por favorecer comportamentos cooperativos, facilitando trocas mutuamente favoráveis quando existem contratos incompletos e informação imperfeita. Experimentos em laboratórios feitos com base na teoria dos jogos mostram que a ausência de cooperação impede a ocorrência de trocas mutuamente vantajosas. Soluções cooperativas emergem como equilíbrio perfeito em subjogos apenas se a população for pequena, em locais onde todos se conhecem, a reputação é conhecida e a sanção social cuida dos desvios. Esses resultados mostram que a emergência espontânea do comportamento cooperativo em populações grandes é improvável se cada indivíduo for um *Homo economicus* puro e se eles interagirem de maneira anônima. Entretanto, em populações grandes e na presença da hipótese de maximização do interesse pessoal, a cooperação emerge apenas como um mecanismo de defender a reputação

e na presença de punição. São necessárias instituições formais explicitando regras legais e sanções para sustentar a cooperação. Yann Algan e Pierre Cahuc, "Trust, Growth, and Well-Being: New Evidence and Policy Implications", op. cit., pp. 51-60.

30 Ibid., fig. 2.1b, pp. 63-4.

31 Guido Tabellini, "Institutions and Culture", op. cit.

32 Yann Algan e Pierre Cahuc, "Trust, Growth, and Well-Being: New Evidence and Policy Implications", op. cit., fig. 2.5, p. 74.

33 Ibid., fig. 2.14-2.15, p. 100.

34 Ver Ray Fisman e Miriam A. Golden, *Corruption: What Everyone Needs to Know*, op. cit., p. 166; Eric M. Uslaner, "Trust and Corruption" (College Park: Department of Government and Politics, University of Maryland, 2004). Uslaner encontra correlação de 0,724 entre corrupção e confiança, numa amostra de 47 países.

35 Entre parceiros do crime de corrupção, existe conivência, e não confiança no sentido que usamos neste texto.

36 Bo Rothstein, "Trust, Social Dilemmas and Collective Memories", citado em Eric M. Uslaner, "Trust and Corruption", op. cit.

37 Eric M. Uslaner, "Trust and Corruption", p. 2.

38 O modelo por eles desenvolvido tem implicações interessantes, dentre as quais: a) sociedades com elevado nível de confiança têm baixa regulação e vice-versa; e b) a desconfiança provoca mais demanda por regulação — governo é ruim, mas empresários são piores. Philippe Aghion, Yann Algan, Pierre Cahuc e Andrei Shleifer, "Regulation and Distrust", *The Quarterly Journal of Economics*, v. 125, n. 3, p. 1030.

39 Alberto Alesina e Paola Giuliano, "Family Ties", in Philippe Aghion e Steven N. Durlauf (Orgs.), *Handbook of Economic Growth, Volume 2A*. Amsterdam: North Holland, 2014.

40 Além de eventos climáticos trágicos, que tendem a elevar a cooperação entre as pessoas durante muitos anos, pesquisas indicam que a história tem importância na determinação da confiança. Habitantes de cidades italianas que tinham governo participativo na Idade Média são mais cooperativos hoje em dia (doam mais sangue, são mais assíduos em eleições e participam de mais associações do que outros italianos). Yann Algan e Pierre Cahuc, "Trust, Growth, and Well-Being: New Evidence and Policy Implications", op. cit.

41 Yann Algan e Pierre Cahuc, "Trust, Growth, and Well-Being: New Evidence and Policy Implications", op. cit.

42 Entre os países desenvolvidos há grande discrepância na dinâmica de ensino, se vertical ou horizontal. Grupos são mais frequentes na Dinamarca, Noruega, Suécia, Austrália, Estados Unidos e Grã-Bretanha. São menos comuns em países como França, Grécia, Chipre, Portugal e Itália.

43 Com base em práticas de ensino dentro de uma mesma escola os autores concluem que "práticas de ensino horizontal têm impacto positivo no capital social dos alunos (confiança nos professores, em outros alunos, participação em associações...), enquanto práticas de ensino vertical expulsam crenças na cooperação". Yann Algan e Pierre Cahuc, "Trust, Growth, and Well-Being: New Evidence and Policy Implications", op. cit., p. 112.

44 Ray Fisman e Miriam A. Golden estudaram o comportamento de diplomatas da ONU em Nova York com relação ao hábito de colecionarem multas de estaciona-

mento, o que não gerava punição em virtude da imunidade diplomática por eles desfrutada. O estudo mostrou que os principais colecionadores de multas costumavam vir de países com mau desempenho nos índices de corrupção (TI CPI), como Egito, Chade, Sudão, Bulgária e Moçambique. No extremo oposto estavam aqueles que vinham de países com baixos níveis de corrupção, como Canadá, Noruega e Suécia. Ray Fisman e Miriam A. Golden, *Corruption: What Everyone Needs to Know*, op. cit., p. 156.

45 Susan Rose-Ackerman e Bonnie J. Palifka, *Corruption and Government*, op. cit., p. 234.

46 Essa ambiguidade é bem ilustrada por duas visões conflitantes sobre a evolução da confiança presente nos livros de Putnam de 1993 (*Making Democracy Work*) e de 2000 (*Bowling Alone: The Collapse and Revival of American Community*). De acordo com o livro de 1993, o capital social é grandemente determinado pela história. Já no livro do mesmo autor publicado em 2000, ao contrário, a confiança evolui rápido e é fortemente influenciada pelo ambiente. Yann Algan e Pierre Cahuc, "Trust, Growth, and Well-Being: New Evidence and Policy Implications", op. cit., pp. 98-9.

47 Na definição do Banco Mundial, o indicador de "*rule of law*" capta as percepções da extensão da confiança e da obediência dos indivíduos em relação às leis e regras existentes na sociedade e, em particular, à qualidade dos mecanismos de observância dos contratos, aos direitos de propriedade, às forças de ordem e aos tribunais, assim como a probabilidade de que ocorram crimes e atos de violência.

48 Yann Algan e Pierre Cahuc, "Trust, Growth, and Well-Being: New Evidence and Policy Implications", op. cit., pp. 99-103.

49 Em autores como Douglass C. North e Daron Acemoglu encontramos a defesa de que a eficiência do sistema judiciário é fundamental para garantir o desenvolvimento sustentado dos países.

50 Gianluca Esposito, Sergi Lanau e Sebastiaan Pompe, "Judicial System Reform in Italy: A Key to Growth". International Monetary Fund, Working Paper WP/14/32, fev. 2014, p. 3.

51 Stefan Voigt, Jerg Gutmann e Lars P. Feld, "Economic Growth and Judicial Independence, a Dozen Years On: Cross-Country Evidence Using an Updated Set of Indicators". Center for Economic Studies & Ifo Institute, CESifo Working Paper n. 5010, 2015.

52 Susan Rose-Ackerman e Bonnie J. Palikfa, *Corruption and Government*, op. cit., p. 383.

53 Por outro lado, a baixa eficiência do sistema judiciário afeta o crescimento econômico através de vários canais: reduz o incentivo à pesquisa e inovação tecnológica; torna o ambiente de negócios não atraente aos investimentos domésticos e estrangeiros; limita o desenvolvimento do mercado de crédito, aumentando o seu custo; não garante relações estáveis e previsíveis no mercado de trabalho; fomenta a informalidade e a evasão de impostos; não é capaz de inibir níveis elevados de corrupção e de criminalidade organizada etc. Maria Cristina Pinotti, "Lava Jato, Mani Pulite and the Role of Institutions". In Antonio Spilimbergo e Krishna Srinivasan (Orgs.), *Brazil: Boom, Bust and the Road to Recovery* (Washington: International Monetary Fund, no prelo).

54 Maria Cristina Pinotti, "Lava Jato, Mani Pulite and the Role of Institutions", op. cit.

55 Naci H. Mocan, Samantha Bielen e Wim Marneffe, "Quality of Judicial Institutions, Crimes, Misdemeanors, and Dishonesty" (NBER Working Paper 24.396, mar. 2018). Os países estudados são: Áustria, Bulgária, Croácia, República Tcheca, Dinamarca, Estônia, Finlândia, França, Alemanha, Hungria, Islândia, Itália, Lituânia, Luxemburgo, Holanda, Noruega, Polônia, Portugal, Rússia, Eslováquia, Eslovênia, Espanha, Suécia, Suíça e Turquia. As pesquisas utilizadas ocorreram entre 2004 e 2011, com amostras variando entre 25 314 e 54 034 observações. A fonte principal dos dados são o *Economic Morality Module* e o *Justice Module of the European Social Survey* nas rodadas 2 e 5, ocorridas entre 2004-6 e 2010-1.

Utilizando técnica econométrica de painel, procura-se mensurar as correlações existentes entre a qualidade do Judiciário e um conjunto de seis variáveis que medem comportamentos desonestos ou criminosos, e outro de seis variáveis que medem a atitudes das pessoas com relação à aceitação ou não de comportamentos ilícitos.

Como de praxe, utilizam-se variáveis de controle apropriadas, ligadas aos atributos dos entrevistados (idade, sexo, educação, trabalho, renda, religião) e aos dos países de origem das pessoas (PIB, educação média, tamanho da população, fragmentação etnolinguística, origem legal), para garantir a qualidade das relações encontradas.

O primeiro grupo de variáveis indica comportamentos desonestos ou criminosos das pessoas. As perguntas feitas aos entrevistados é se nos últimos cinco anos ele ou ela: a) falsificou ou utilizou de maneira imprópria algum documento; b) pediu indevidamente benefícios do governo; c) ofereceu propina; d) vendeu um produto de segunda mão tendo escondido algum ou todos os defeitos existentes; e) comprou algum produto que pode ter sido roubado; e f) exagerou no valor de pedido de reembolso de seguro. (As respostas oferecidas são "sim" ou "não".)

O segundo grupo de variáveis indica a postura das pessoas com relação à desonestidade. As proposições feitas são: a) se você quiser ganhar dinheiro, não pode agir sempre honestamente; b) as pessoas não devem sonegar impostos; c) não é errado um funcionário público pedir propina; d) não é errado esconder falhas de produtos de segunda mão colocados à venda; e) não é errado comprar produtos possivelmente roubados; f) não é errado exagerar no pedido de um reembolso de seguro. (As opções de respostas são: "concordo integralmente", "concordo", ou "nem concordo nem discordo" para a proposição (a); "discordo completamente", "discordo", "nem concordo e nem discordo" para a (b) e "não é errado", "é um pouco errado" para as proposições (c), (d), (e) e (f). Naci H. Mocan, Samantha Bielen e Wim Marneffe, op. cit., p. 25.)

A qualidade do Judiciário é medida: a) pela sua independência com relação a influências políticas; b) pela imparcialidade das cortes; c) pela proteção dos direitos de propriedade; e d) por um índice agregando as três medidas acima (utilizando a técnica de componente principal). (Neste caso, as variáveis instrumentais utilizadas baseiam-se na maneira como os juízes e promotores são indicados para as suas funções. Em um extremo, podem ser indicados pelos governantes, sem exigência de pré-requisitos além do grau de bacharel em direito; no outro, pode haver a exigência de aprovação por exames e ter experiência prévia. O índice é 0 se o processo de seleção não usa a combinação de exame e experiência, 1 se o processo ocorrer através de um exame competitivo para um dos tipos de cargos, e 2 se for para ambos. A média para os 25 países é 0,8.)

56 Um aumento do nível de independência do Judiciário do nível da Lituânia para o da Polônia, ou da Turquia para o da França, reduziria entre 2% e 3% a propensão ao envolvimento nesses atos desonestos ou criminosos. Naci H. Mocan, Samantha Bielen e Wim Marneffe, "Quality of Judicial Institutions, Crimes, Misdemeanors, and Dishonesty", op. cit., p. 18.

57 Ibid., pp. 3-4.

58 Ibid., p. 7.

59 Bruno Pellegrino e Luigi Zingales, "Diagnosing the Italian Disease", citado em Maria Cristina Pinotti, "Lava Jato, Mani Pulite and the Role of Institutions", op. cit., onde se encontra a análise detalhada dos argumentos aqui resumidos sobre a produtividade italiana.

60 Ufuk Akcigit, Salomé Baslandze e Francesca Lotti, "Connecting to Power: Political Connections, Innovation and Firm Dynamics", citado em Maria Cristina Pinotti, "Lava Jato, Mani Pulite and the Role of Institutions", op. cit.

61 Maria Cristina Pinotti, "Lava Jato, Mani Pulite and the Role of Institutions", op. cit.

62 Bruno Pellegrino e Luigi Zingales, "Diagnosing the Italian Disease", citado em Maria Cristina Pinotti, "Lava Jato, Mani Pulite and the Role of Institutions", op. cit.

63 Maria Cristina Pinotti, "Lava Jato, Mani Pulite and the Role of Institutions", op. cit.

64 Se fosse possível medir de forma precisa a corrupção, poderíamos chamar a corrupção sistêmica de "hipercorrupção". A exemplo do que ocorre com a inflação, uma coisa é um país enfrentar uma inflação de, digamos, 2% ou 4% ao ano, e outra muito diferente é chegar ao estado comatoso de inflação venezuelana, que chegou a 46 000% em junho de 2018.

65 Medidas indiretas do crescimento vertiginoso da corrupção são encontradas em inúmeros exemplos. Fernando Henrique Cardoso, por exemplo, lembra que sucedeu Eliseu Resende como ministro da Fazenda, demitido por Itamar Franco por um gasto de 830 dólares em hospedagem em Nova York, paga por uma empresa na qual trabalhara. Esse valor, comparado com os números gigantescos desnudados pela Lava Jato, dá uma ideia do crescimento da corrupção no país. Fernando Henrique Cardoso, *Crise e reinvenção da política no Brasil* (São Paulo: Companhia das Letras, 2018), p. 33.

66 À época empresas eram proibidas de financiar partidos políticos. Ver Bruno Carazza, *Dinheiro, eleições e poder: As engrenagens do sistema político brasileiro* (São Paulo: Companhia das Letras, 2018), p. 13.

67 Em 1982, ainda no regime militar, o Congresso aprovou emenda à Constituição prevendo a introdução do voto distrital misto nas eleições para deputados estaduais e federais, medida que foi derrubada pelo Congresso em 1985, já fora do regime militar. Fernando Henrique Cardoso, *Crise e reinvenção da política no Brasil*, op. cit., p. 58.

68 Definição extraída do "Glossário legislativo" do site do Senado Federal, disponível em: <https://www12.senado.leg.br/noticias/glossario-legislativo/clausula-de-barreira>. Acesso em: 14 ago. 2018.

69 Informação extraída do site do Tribunal Superior Eleitoral, disponível em: <http://www.tse.jus.br/partidos/partidos-politicos/registrados-no-tse>. Acesso em: 18 ago. 2018.

70 Fernando Henrique Cardoso, *Crise e reinvenção da política no Brasil*, op. cit., p. 59.

71 Ibid.

72 Bruno Carazza, *Dinheiro, eleições e poder*, op. cit., pp. 24-5.

73 Idem, pp. 79-80.

74 Idem, p. 24.

75 Um levantamento publicado na imprensa aponta para 58 660 pessoas, ocupantes de quarenta tipos diferentes de cargos, com direito ao foro privilegiado. *Folha de S.Paulo*, "Brasil possui ao menos 50 mil autoridades, de 40 cargos, com foro especial", 24 abr. 2018. Disponível em: <https://www1.folha.uol.com.br/poder/2018/04/brasil-possui-ao-menos-58-mil-autoridades-de-40-cargos-com-foro-especial.shtml>. Acesso em: nov. 2018.

76 Ao Superior Tribunal de Justiça caberia julgar governadores e desembargadores; aos Tribunais Regionais Federais, os juízes federais e prefeitos, em caso de desvios de recursos federais; e aos Tribunais de Justiça, os deputados estaduais, prefeitos e membros do Ministério Público e dos Tribunais de Contas. As constituições estaduais estenderam o foro para os vereadores. Paulo Flores, "O que é foro privilegiado. E quem tem direito a ele no Brasil", *Nexo*, 12 abr. 2018. Disponível em: <https://www.nexojornal.com.br/expresso/2018/04/12/O-que-%C3%A9-foro-privilegiado.-E-quem-tem-direito-a-ele-no-Brasil>. Acesso em: 18 ago. 2018.

77 Joaquim Falcão et al., *V relatório Supremo em números: O foro privilegiado e o Supremo*. Rio de Janeiro: Escola de Direito do Rio de Janeiro da Fundação Getulio Vargas, 2017.

78 Luís Roberto Barroso, *Um outro país: Transformações no direito, na ética e na agenda do Brasil*. Belo Horizonte: Fórum, 2018, p. 279.

79 Carlos Alberto Sardenberg, "Querem uma outra Lei Fleury", *O Globo*, 22 mar. 2018. Disponível em: <https://oglobo.globo.com/opiniao/querem-uma-outra-lei-fleury-22513389>. Acesso em: nov. 2018.

80 Luís Roberto Barroso, *Um outro país: Transformações no direito, na ética e na agenda do Brasil*, op. cit., p. 261.

81 Para análise detalhada, ver Affonso Celso Pastore, Marcelo Gazzano e Caio Carbone, "O que buscamos com os estudos neste volume?", in Affonso Celso Pastore (Org.), *Como escapar da armadilha do lento crescimento* (São Paulo: Centro de Debates de Políticas Públicas, 2018), pp. 17-47. Disponível em: <http://cdpp.org.br/site/00arquivos/Como-Escapar-da-Armadilha-do-Lento-Crescimento.pdf>. Acesso em: nov. 2018.

82 Daron Acemoglu, Simon Johnson, James Robinson e Yunyong Thaicharoen, "Institutional Causes, Macroeconomic Symptoms: Volatility, Crises and Growth", *Journal of Monetary Economics*, v. 50, pp. 61-2, 2003.

83 A "Carta aos brasileiros", assinada por Lula em 24 jun. 2002, visava acalmar os mercados que viam no governo do PT um enorme risco de repúdio da dívida pública e outras heterodoxias. No documento havia promessa de crescimento econômico, respeito aos contratos e responsabilidade fiscal: "Vamos preservar o superávit primário o quanto for necessário para impedir que a dívida interna aumente e destrua a confiança na capacidade do governo de honrar os seus compromissos. [...] Vamos ordenar as contas públicas e mantê-las sob controle". Disponível em: <https://www1.folha.uol.com.br/folha/brasil/ult96u33908.shtml>. Acesso em: 25 ago. 2018.

84 Secretaria de Política Econômica do Ministério da Fazenda, "Reformas microeconômicas e crescimento de longo prazo". Brasília: dez. 2004.

85 Medidos pelo índice CRB (Commodity Research Bureau Index, da Reuters), que não inclui energia. O período em questão ficou conhecido como a "*great moderation*", e — com taxas de juros baixas, crescimento elevado e forte aumento do crédito às famílias, sobretudo imobiliário, nos países desenvolvidos — levou à crise financeira mundial de 2008.

86 Lei nº 9478, de 6 ago. 1997. A flexibilização do monopólio da Petrobras veio junto com a criação da Agência Nacional do Petróleo, Gás Natural e Biocombustíveis (ANP) e do Conselho Nacional de Política Energética, criando novo marco regulatório para o setor.

87 Dados da ANP citados em Luiz Paulo Vellozo Lucas, "A derrota de um modelo de sucesso", in Fabio Giambiagi e Luiz Paulo Vellozo Lucas (Orgs.), *Petróleo: Reforma e contrarreforma do setor petrolífero brasileiro* (Rio de Janeiro: Elsevier, 2013), p. 129.

88 A ação preferencial da Petrobras (PTR4) apresentou valorização de 1104% entre 1996 e 2006, enquanto as ações de grandes empresas do setor, como Exxon, Shell e BP, apresentaram valorização de 543%, 214% e 233%, respectivamente. Ana Siqueira, "O que aconteceu com a Petrobras?", in Fabio Giambiagi e Luiz Paulo Vellozo Lucas (Orgs.), *Petróleo: Reforma e contrarreforma do setor petrolífero brasileiro*, op. cit., pp. 242-3.

89 Ver Adriano Pires e Rafael Schechtman, "Os resultados da reforma: Uma estratégia vencedora", in Fabio Giambiagi e Luiz Paulo Vellozo Lucas (Orgs.), *Petróleo: Reforma e contrarreforma do setor petrolífero brasileiro*, op. cit., p. 97. O termo pré-sal refere-se às reservas de petróleo em mar profundo — de cinco quilômetros a sete quilômetros de profundidade — ao longo do litoral de Santa Catarina ao Espírito Santo, com distância entre cem quilômetros e trezentos quilômetros da costa.

90 A observação de que países ricos em recursos naturais nem sempre aproveitam essa riqueza para melhorar seu desempenho econômico, enquanto a inexistência de grande oferta de recursos naturais não impede o crescimento de outros, levou Richard Auty a cunhar a expressão "*resources curse*" em 1993. A partir de então, grande produção teórica e empírica vem sendo desenvolvida sobre o assunto.

91 Xavier Sala-i-Martin e Arvind Subramanian, "Addressing the Natural Resource Curse: An Illustration from Nigeria". International Monetary Fund, Working Paper WP/03/139, jul. 2003.

92 Susan Rose Ackerman e Bonnie J. Palifka, *Corruption and Government*, op. cit., pp. 441-3.

93 Os impactos de "*rent seeking*" na economia foram formalizados em 1974 por Anne Krueger no artigo "The Political Economy of Rent Seeking Society". Simplificadamente, o termo refere-se à obtenção de vantagem pessoal através de privilégios concedidos pelo Estado, em detrimento do bem comum. Nessa categoria entram os monopólios, benefícios fiscais, restrições à concorrência, subsídios etc. Trata-se de um dos campos mais férteis para a ocorrência de corrupção.

94 Além do regime de partilha, foram determinados a capitalização da Petrobras, a criação de uma empresa estatal para representar a União nas futuras licitações na área do pré-sal e o estabelecimento de um fundo de poupança social. Ver Adriano Pires e Rafael Schechtman, "Os resultados da reforma: Uma estratégia vencedora", op. cit., p. 97.

95 No regime de concessão, o risco de investir e encontrar — ou não — petróleo ou gás natural é da empresa concessionária, que tem a propriedade de todo o óleo e gás

que venham a ser descobertos e produzidos na área concedida. Por esse modelo de contrato, a concessionária paga participações governamentais, tais como: bônus de assinatura, pagamento pela ocupação ou retenção de área (no caso dos blocos terrestres), royalties e, em caso de campos de grande produção, a participação especial. Os contratos são assinados pela ANP em nome da União. Nessas licitações, as empresas interessadas oferecem, individualmente ou em consórcio, um valor em bônus de assinatura e propõem um Programa Exploratório Mínimo (PEM), ou seja, se comprometem a executar determinadas atividades, tais como pesquisas sísmicas, perfuração de poços exploratórios, entre outras, naquela área. A empresa ou consórcio que apresentar a proposta mais vantajosa, de acordo com os critérios previstos no edital, recebe o direito de explorar aquela área para verificar a existência de jazidas comerciais de petróleo e/ou gás natural. Já no regime de partilha, para áreas localizadas no polígono do pré-sal e outras consideradas estratégicas, o CNPE decide se realizará licitações (rodadas de partilha) ou se a Petrobras será contratada diretamente, visando à preservação do interesse nacional e ao atendimento dos demais objetivos da política energética. Em ambos os casos, são celebrados contratos no regime de partilha. Caso decida realizar licitações, o CNPE oferece primeiramente à Petrobras a preferência de ser operadora dos blocos a serem contratados. Quando a Petrobras manifesta interesse em atuar na condição de operadora, ela deve informar em quais áreas deseja exercer esse direito, indicando sua participação no consórcio, que não poderá ser inferior a 30%. Agência Nacional do Petróleo, Gás e Biocombustíveis, "Os regimes de concessão e de partilha". Disponível em: <http://rodadas.anp.gov.br/pt/entenda-as-rodadas/os-regimes-de-concessao-e-de-partilha>. Acesso em: 30 ago. 2018.

96 Para uma análise da reação do governo à crise, ver Affonso Celso Pastore, *Inflação e crises: O papel da moeda* (Rio de Janeiro: Elsevier, 2015), pp. 241-84.

97 Desde a criação da Secretaria do Tesouro, em 1996, um conjunto de regras foi sendo progressivamente aprimorado para garantir transparência e lisura na gestão fiscal no país. Tais esforços culminaram na Lei de Responsabilidade Fiscal, de 2000, que prioriza o equilíbrio das contas públicas, limitando a capacidade de endividamento dos governos nas três esferas da federação.

98 Entre 2010 e 2015, as desonerações (renúncias fiscais) passaram de 2,5 bilhões de reais para 109 bilhões de reais.

99 Exemplos de "contabilidade criativa" são: os gastos do Programa de Sustentação do Investimento (PSI) foram abatidos da meta de superávit primário; a partir de abril de 2012 subsídios relativos à equalização de taxa de juros do PSI passaram a ser contabilizados pelo Tesouro Nacional apenas 24 meses após a sua concessão; foram recorrentes os aumentos de "restos a pagar" e o uso de dividendos das estatais para fechar as contas no final dos anos.

100 Klitgaard cita: Colômbia, no fim dos anos 1990; Geórgia, em 2004; Filipinas sob Benigno Aquino III; Catar e Ruanda etc. Richard Klitgaard, "On Culture and Corruption", op. cit., p. 15.

101 Daron Acemoglu, *Introduction to Modern Economic Growth*. Princeton, NJ: Princeton University Press, 2009, p. 120.

2. CORRUPÇÃO E RESPONSABILIDADE [pp. 77-98]

1 Traduzido por Maria Cristina Pinotti. Agradeço as revisões e sugestões feitas por Giorgio Trebeschi, Valeria Del Pellegrino e Flora Pinotti Sano.

2 O autor sugere, a quem tiver interesse em se aprofundar no tema da Mani Pulite, a leitura de dois de seus livros: *Farla franca* (Milão: Longanesi, 2012) e *Lettera a un figlio su Mani Pulite* (Milão: Garzanti, 2015).

3. ITÁLIA: UM PAÍS RESIGNADO? [pp. 99-128]

1 Traduzido por Maria Cristina Pinotti. Agradeço as revisões e sugestões feitas por Giorgio Trebeschi, Valeria Del Pellegrino, Flora Pinotti Sano e o desembargador Nino Toldo.

2 O depoimento está citado em Piercamillo Davigo e Grazia Mannozzi, *La corruzione in Italia: Percezione sociale e controllo penale* (Roma: Laterza, 2007), pp. 265 ss.

3 Miriam Golden e Lucio Picci, "Proposal for a New Measure of Corruption Illustrated Using Italian Data", *Economics and Politics*, v. 17, n. 1, pp. 37-75, 2005. Lucio Picci é professor de Economia na Università degli Studi di Bologna, na Itália, e Miriam Golden é professora no Departamento de Ciência Política da Universidade da Califórnia em Los Angeles.

4 Piercamillo Davigo e Grazia Mannozzi, *La corruzione in Italia*, op. cit.

5 Agatino Licandro e Aldo Varano, *La città dolente: Confessioni di un sindaco corrotto*. Turim: Einaudi, 1993, p. 9.

6 Gabrio Forti, "L'insostenibile pesantezza della 'tangente ambientale': inattualità di disciplina e disagi applicativi nel rapporto corruzione-concussione", *Rivista Italiana di Ditritto e Procedura Penale*, p. 485, 1996.

7 Romano Bettini (Org.), *Informale e sommerso: Devianza, supplenza e cambiamento in Italia*. Milão: Franco Angeli, 1987.

8 "Para as grandes organizações criminosas, a violência funciona como uma espécie de último recurso, em razão da visibilidade e por assustar a opinião pública, e por obrigar as autoridades a reagirem com firmeza. A corrupção, ao contrário, é silenciosa pela sua própria natureza [...] e é uma espécie de custo de produção do bem ou serviço ilegal, que depois será pago pelo consumidor final, como por exemplo o dependente químico ou o comprador de arma ilegal." Luciano Violante, "Introdução", in Luciano Violante (Org.), *I soldi della mafia: Rapporto '98* (Roma: Laterza, 1998), p. IX.

9 Alberto Vannucci, *Il mercato della corruzione: I meccanismi dello scambio occulto in Italia*. Milão: Società Aperta, 1997.

10 O binômio "corrupto/ corruptor", típico das áreas geográficas do Centro-Norte, se transforma, nas regiões do Sul, em um sistema de corrupção "triangular", no qual o terceiro ator é constituído pelo crime organizado. Ernesto U. Savona, "Oltre il diritto penale: Note in materia di lotta alla corruzione", *Politica del Diritto*, n. 4, pp. 567 ss, 1995.

11 Agatino Licandro e Aldo Varano, *La città dolente*, op. cit., p. 7.

12 Relatório aprovado pela Comissão, criada pela lei nº 94/ 1988, 25 jul. 1990. Um tre-

cho do relatório está no artigo extenso e fartamente documentado de Nicola Tranfaglia, *Mafia, Politica e Affari: 1943-91* (Roma: Laterza, 1992).

13 Ernesto U. Savona, "Criminalità organizzata", in *Enciclopedia del Novecento* (Roma: Istituto dell'enciclopedia italiana, 1998, v. x, p. 426). No artigo há uma referência ao trabalho da Comissão Parlamentar Antimáfia de 1991.

14 Alberto Vannucci, *Il mercato della corruzione*, op. cit., pp. 178 ss.

15 Franca Faccioli, "Appunti per un dibattito", *Dei delitti e delle pene*, p. 61, 1993, citando a pesquisa do Censis; Centro nazionale di prevenzione e difesa sociale, *Contro e dentro: Criminalità, istituzioni, società*. Milão: Franco Angeli, 1992.

16 Alberto Vannucci, "La 'legge' della tangente: Strategie per combattere la corruzione italiana", *Etica degli Affari e delle professioni*, v. 8, n. 2, p. 26, 1995.

17 Giuliano Turone, *Il delitto di associazione mafiosa* (Milão: Giuffrè, 1995), p. 99 ss e esp. p. 107, onde se sustenta que a força de intimidação "faz parte do patrimônio empresarial das associações do tipo mafioso, assim como o capital tangível e intangível faz parte da empresa".

18 Piercamillo Davigo e Grazia Mannozzi, *La corruzione in Italia*, op. cit.

19 Piercamillo Davigo, *Il sistema della corruzione*. Roma: Laterza, 2017.

20 Piercamillo Davigo e Marco Arnone, "Arriva la crisi economica? Subito spunta la corruzione", *Vita e Pensiero*, n. 5, 2005.

21 O texto do comunicado está em Piercamillo Davigo e Grazia Manozzi, *La corruzzione in Italia*, op. cit., p. 155, nota 322:

> Até hoje pensávamos que o nosso trabalho pudesse servir à redução da criminalidade na sociedade.
>
> Por isso temos trabalhado intensamente para servir o país da melhor maneira, convencidos de que a necessidade de fazer com que todos cumprissem a lei fosse amplamente compartilhada.
>
> O presente decreto-lei, a nosso juízo, não permite mais que se confronte de maneira eficaz os delitos que até agora temos investigado. Na verdade, as pessoas atingidas pelas provas evidentes com relação a graves atos de corrupção não poderão ser enviadas à prisão nem sequer para evitar que continuem a delinquir ou a tramar para impedir a descoberta de crimes passados, às vezes até mesmo comprando as pessoas às quais havíamos confiado a sua investigação.
>
> Como magistrados temos aplicado e continuaremos a aplicar as leis quaisquer que sejam elas. Portanto, como disposto no decreto-lei, pedimos ao Ufficio del Giudice para as investigações preliminares de suspender a prisão temporária para todas as pessoas detidas no âmbito da investigação conhecida como "Mani Pulite".
>
> Entretanto, quando a lei, por evidente disparidade de tratamento, se opõe aos sentimentos de justiça e de equidade, se torna muito difícil cumprir o próprio dever sem se sentir instrumento de injustiça.
>
> Portanto, informamos ao procurador da República da nossa determinação de pedir a nossa mais rápida transferência para outras funções, cujo cumprimento não colida com o que a consciência entende e aquilo que a lei impõe.

22 Piercamillo Davigo e Grazia Mannozzi, *La corruzione in Italia*, op. cit., pp. 149-50.

23 Entrevista com Gaetano Pecorella, *Sette*, n. 16, 2004.

24 *MicroMega*, n. 1, pp. 139-40, 2002.

4. AÇÕES E REAÇÕES NO ESFORÇO CONTRA A CORRUPÇÃO NO BRASIL [pp. 129-83]

1 Carlos Higino Ribeiro de Alencar e Ivo Gico Jr., "Corrupção e Judiciário: a (in)eficácia do sistema judicial no combate à corrupção", *Revista Direito GV*, São Paulo, v. 7, n. 1, jan/jun. 2011. Disponível em: <https://goo.gl/L9ci6N>. Acesso em: 28 jul. 2016.

2 Jacinta Oduor et al., "Left Out of the Bargain – Settlement in Foreign Bribery Cases and Implications for Asset Recovery", Banco Mundial/ UNODC, 2014.

3 Fiona Macaulay, "Federalism and State Criminal Justice Systems", in Timothy J. Power e Matthew M Taylor (Orgs.), *Corruption and Democracy in Brazil: The Struggle for Accountability*. Notre Dame, IN: University of Notre Dame Press, 2011.

4 Jairo Nicolau, "Gastos dos candidatos a deputado federal em 2014". Disponível em: <https://rpubs.com/jaironicolau/304472>. Acesso em: 12 ago. 2018.

5 Federação das Indústrias do Estado de São Paulo, *Relatório corrupção: Custos econômicos e propostas de combate*. São Paulo: Fiesp, 2010.

6 Michael Johnston, *Corruption, Contention and Reform: The Power of Deep Democratization*. Cambridge: Cambridge University Press, 2014.

7 Coralie Pring, "People and Corruption, Latin America and The Caribbean: Global Corruption Barometer". Berlim: Transparência Internacional, 2017.

8 Daron Acemoglu e James Robinson, *Why Nations Fail: The Origins of Power, Prosperity and Poverty*. Nova York: Crown, 2012.

9 Ministério Público Federal, "A Lava Jato em números no Paraná". Disponível em: <http://www.mpf.mp.br/para-o-cidadao/caso-lava-jato/atuacao-na-1a-instancia/parana/resultado>. Acesso em: 26 jul. 2018.

10 Ministério Público Federal, "Dados comprovam que uso de prisão preventiva na Lava Jato é excepcional". Disponível em: <http://www.mpf.mp.br/pr/sala-de-imprensa/noticias-pr/dados-comprovam-que-uso-de-prisao-preventiva-na-lava-jato-e-excepcional>. Acesso em: 17 set. 2018.

11 Ministério Público Federal, "Tribunais referendam ações da força-tarefa Lava-Jato". Disponível em: <http://www.mpf.mp.br/pr/sala-de-imprensa/noticias-pr/tribunais-referendam-acoes-da-forca-tarefa-lava-jato>. Acesso em 17 set. 2018.

12 Lei nº 12 850/13, art. 4º, incisos I a IV.

13 O texto da proposta está disponível em: <http://www.camara.gov.br/proposicoesWeb/prop_mostrarintegra;jsessionid=13A2A75E990E5959B55F35F4CEA0780D.proposicoesWebExterno2?codteor=1424962&filename=Tramitacao-PL+4081/2015>. Acesso em: 3 ago. 2018.

14 Art. 7º [...] § 2º O acesso aos autos será restrito ao juiz, ao Ministério Público e ao delegado de polícia, como forma de garantir o êxito das investigações, assegurando-se ao defensor, no interesse do representado, amplo acesso aos elementos de prova que digam respeito ao exercício do direito de defesa, devidamente precedido de autorização judicial, ressalvados os referentes às diligências em andamento. § 3º O acordo de colaboração premiada deixa de ser sigiloso assim que recebida a denúncia, observado o disposto no art. 5º.

15 O PL 8079/13, de autoria do deputado Marco Maia (PT-RS), propõe idêntica reforma legislativa, por meio da alteração do art. 7º, § 3º, da lei nº 12 850/13, que passaria a contar com a seguinte redação: "Homologado o acordo, as informações sigilosas

prestadas pelo colaborador poderão ser compartilhadas com Comissão Parlamentar de Inquérito, desde que relacionadas à investigação a que se destina".

16 Conforme restou consignado pelo ministro Fachin na Petição 6662/DF: "Trata-se de petição instaurada com lastro nas declarações dos colaboradores Cláudio Melo Filho (Termo de Depoimento n. 18) e Emílio Alves Odebrecht (Termo de Depoimento n. 15), os quais relatam tratativas entre o Grupo Odebrecht, o ex-presidente da República Luiz Inácio Lula da Silva e o então ministro Jacques Wagner para a edição de legislação que possibilitasse a celebração de acordo de leniência entre o Poder Executivo e pessoas jurídicas envolvidas em infrações sem contar com a intervenção do Ministério Público. Tais negociações teriam resultado na edição da MP 703/15 [...]". Disponível em: <https://www.jusbrasil.com.br/diarios/documentos/546248121/andamento-do-processo-n-6662-peticao-19-02-2018-do-stf>. Acesso em: 22 jul. 2018.

17 A Procuradoria-Geral da República denunciou Blairo Maggi por corrupção em maio de 2018, por participação em um esquema de venda de vagas no Tribunal de Contas do Mato Grosso no ano de 2009, quando ele era governador do estado.

18 No dia 22 ago. 2017, a 2ª Turma do STF decidiu, por unanimidade, receber a ação penal proposta pela Procuradoria-Geral da República em face do senador Fernando Collor de Mello (PTC-AL), pela prática dos crimes de corrupção passiva, lavagem de dinheiro e pertencimento a organização criminosa. A ação penal foi proposta com base em provas colhidas no âmbito da operação Lava Jato.

19 Relatório parcial apresentado pelo deputado Paulo Teixeira. Disponível em: <http://www.camara.gov.br/proposicoesWeb/prop_mostrarintegra?codteor=1567261>. Acesso em: 23 jul. 2018.

20 Idem, art. 604.

21 Idem.

22 Idem, art. 603.

23 Trata-se do crime de falsidade ideológica eleitoral, previsto no art. 350 do Código Eleitoral: "Art. 350. Omitir, em documento público ou particular, declaração que dele devia constar ou nele inserir ou fazer inserir declaração falsa ou diversa da que devia ser escrita, para fins eleitorais: Pena: reclusão até 5 (cinco) anos e pagamento de 5 (cinco) a 15 (quinze) dias-multa, se o documento é público, e reclusão até 3 (três) anos e pagamento de 3 (três) a 10 (dez) dias-multa, se o documento é particular".

24 Filipe Matoso e Gustavo Garcia, "Candidatos com mandato terão prioridade na distribuição do dinheiro do fundo eleitoral, dizem partidos", G1, 16 jul. 2018. Disponível em: <https://g1.globo.com/politica/eleicoes/2018/noticia/candidatos-com-mandato-terao-prioridade-na-distribuicao-do-dinheiro-do-fundo-eleitoral-dizem-partidos.ghtml>. Acesso em: 19 set. 2018.

25 Decreto nº 8380/14, art. 1º, inciso II.

26 Decreto nº 8940/16, art. 3º, inciso I.

27 Decreto nº 9246/17, art. 1º, inciso I.

28 Decisão disponível em: "http://www.stf.jus.br/arquivo/cms/noticiaNoticiaStf/anexo/ADI5874liminar.pdf". Acesso em: 24 jul. 2018.

29 Decisão disponível em: <http://www.stf.jus.br/arquivo/cms/noticiaNoticiaStf/anexo/LiminarMinistroBarrosoADI5874.pdf>. Acesso em: 24 jul. 2018.

30 Neal Shover e Andy Hochstetler, *Choosing White-Collar Crime*. Cambridge: Cambridge University Press, 2006.

31 Marco Antonio Villa citado em Luiz Flávio Gomes, *O jogo sujo da corrupção: Pela implosão do sistema político-empresarial perverso. Em favor da Lava Jato, dentro da lei, e pela reconstrução do Brasil*. Bauru: Astral Cultural, 2017, pp. 167-8.

32 Fernando Gabeira, "A suprema emboscada", *O Estado de S. Paulo*, 5 maio 2017, disponível em: <https://opiniao.estadao.com.br/noticias/geral,a-suprema-emboscada,70001764133>; "Razões para pedir socorro", *O Globo*, 7 maio 2017, disponível em: <https://oglobo.globo.com/cultura/razoes-para-pedir-socorro-21305800>; "O bloco da saudade", *O Globo*, 21 abr. 2018, disponível em: <https://oglobo.globo.com/brasil/o-bloco-da-saudade-22616109>. Acesso em: 2 set. 2018.

33 José Nêumanne, "O trio tolerância", blog Direto ao Assunto, 3 maio 2017. Disponível em: <https://politica.estadao.com.br/blogs/neumanne/o-trio-tolerancia>. Acesso em: 2 set. 2018.

34 Transmissão em vídeo disponível em: <https://www.facebook.com/ricardoboechatoficial/videos/1888642311424562/>. Acesso em: 2 set. 2018.

35 Augusto Nunes, "O Brasil decente precisa deter o general de toga", Veja.com, 23 dez. 2017, disponível em: <https://veja.abril.com.br/blog/augusto-nunes/o-brasil-decente-precisa-deter-o-general-de-toga/>; "A sala da Segunda Turma do STF virou porta de saída da cadeia", Veja.com, 26 jun. 2018, disponível em: <https://veja.abril.com.br/blog/augusto-nunes/a-sala-da-segunda-turma-do-stf-virou-porta-de-saida-da-cadeia/>. Acesso em: 2 set. 2018.

36 Josias de Souza, "No Éden no STF, maçã vira morango com creme", Blog do Josias, 25 abr. 2018, disponível em: <https://josiasdesouza.blogosfera.uol.com.br/2018/04/25/no-eden-do-stf-maca-vira-morango-com-creme/>; "2ª Turma limpa gaveta antes de Cármen chegar", Blog do Josias, 14 ago. 2018, disponível em: <https://josiasdesouza.blogosfera.uol.com.br/2018/08/14/2a-turma-limpa-gavetas-antes-de-carmen-chegar/>; "Barroso critica libertação de corruptos 'a granel'", Blog do Josias, 27 maio 2018, disponível em: <https://josiasdesouza.blogosfera.uol.com.br/2018/05/27/barroso-critica-libertacao-de-corruptos-a-granel/>. Acesso em: 2 set. 2018.

37 Merval Pereira, "Posição da 2ª Turma não tem maioria no STF", blog Merval Pereira, 25 abr. 2018. Disponível em: <https://blogs.oglobo.globo.com/merval-pereira/post/posicao-da-2-turma-nao-tem-maioria-no-stf.html>. Acesso em: 2 set. 2018.

38 Eliane Cantanhêde, "Ataques em série", *O Estado de S. Paulo*, 27 abr. 2018. Disponível em: <https://politica.estadao.com.br/noticias/geral,ataques-em-serie,70002285762>. Acesso em: 2 set. 2018.

39 Felipe Moura Brasil, "Decisões da Segunda Turma espantam até quem presidiu o STF", Jovem Pan Online, 6 jul. 2018. Disponível em: <https://jovempan.uol.com.br/opiniao-jovem-pan/comentaristas/felipe-moura-brasil/decisoes-da-segunda-turma-espantam-ate-quem-presidiu-o-stf.html>. Acesso em: 2 set. 2018.

40 Joaquim Falcão, "A Segunda Turma é o Supremo", *O Globo*, 27 jun. 2018. Disponível em: <https://oglobo.globo.com/brasil/artigo-segunda-turma-o-supremo-22824938>. Acesso em: 2 set. 2018.

41 Modesto Carvalhosa, "Não queremos Toffoli na presidência do STF", abaixo-assinado publicado na plataforma Change.org. Disponível em: <https://www.change.org/p/supremo-tribunal-federal-n%C3%A3o-queremos-toffoli-na-presid%C3%AAn-

cia-do-stf>; Joice Bacelo, "Jurista lança abaixo-assinado contra Toffoli na presidência do STF", *Valor Econômico*, 13 jul. 2018, disponível em: <https://www.valor.com.br/politica/5659069/jurista-lanca-abaixo-assinado-contra-toffoli-na-presidencia-do-stf>. Acesso em: 9 set. 2018.

42 Frederico Vasconcelos, "'Jardim do Éden' do STF abriu as portas do Inferno", Blog do Fred, 22 dez. 2017. Disponível em: <https://blogdofred.blogfolha.uol.com.br/2017/12/22/jardim-do-eden-no-stf-abriu-as-portas-do-inferno/>. Acesso em: 2 set. 2018.

43 "Ministro Barroso diz que proibição da condução coercitiva foi 'esforço para desautorizar juízes corajosos'", G1, 18 jun. 2018. Disponível em: <https://g1.globo.com/rj/rio-de-janeiro/noticia/ministro-barroso-diz-que-proibicao-da-conducao-coercitiva-foi-esforco-para-desautorizar-juizes-corajosos.ghtml>; Renan Ramalho, "Ministros Barroso e Gilmar Mendes trocam acusações durante sessão do STF", G1, 26 out. 2017. Disponível em: <https://g1.globo.com/politica/noticia/ministros-barroso-e-gilmar-mendes-trocam-acusacoes-durante-sessao-do-stf.ghtml>; "Barroso diz que Gilmar é leniente com crime de colarinho-branco", Veja.com, 27 out. 2017, Disponível em: <https://veja.abril.com.br/politica/barroso-diz-que-gilmar-e-leniente-com-crime-de-colarinho-branco/>; "Gilmar Mendes", do Supremo, hostiliza Barroso e critica Raquel Dodge", *Jornal Nacional*, Rede Globo, 28 fev. 2018. Disponível em: <http://g1.globo.com/jornal-nacional/noticia/2018/02/gilmar-mendes-do-supremo-hostiliza-barroso-e-critica-raquel-dodge.html>; Andreia Sadi, "'Jamais antecipei julgamento', diz Barroso em resposta a Gilmar Mendes", Blog da Andreia Sadi, 28 fev. 2018. Disponível em: <https://g1.globo.com/politica/blog/andreia-sadi/post/2018/02/28/jamais-antecipei-julgamento-diz-barroso-em-resposta-a-gilmar-mendes.ghtml>. Acesso em: 2 set. 2018.

44 Supremo Tribunal Federal, "2ª Turma afasta prisão preventiva de José Dirceu", Notícias do STF, 2 maio 2017. Disponível em: <http://www.stf.jus.br/portal/cms/verNoticiaDetalhe.asp?idConteudo=342195&caixaBusca=N>. Acesso em: 22 ago. 2018.

45 Deltan Martinazzo Dallagnol, postagem em página pessoal no Facebook, 2 maio 2017. Disponível em: <https://www.facebook.com/deltandallagnol/posts/1400091113367927?__tn__=K-R>. Acesso em: 22 ago. 2018.

46 José Augusto Vagos, "Valdomiro e o habeas corpus canguru", *O Globo*, 20 jun. 2018. Disponível em: <https://oglobo.globo.com/opiniao/valdemiro-o-habeas-corpus-canguru-22799422>. Acesso em: 23 set. 2018.

47 Supremo Tribunal Federal, "2ª Turma rejeita denúncia contra deputado federal Arthur Lira e senador Benedito de Lira (PP-AL)", Notícias STF, 18 dez. 2017. Disponível em: <http://www.stf.jus.br/portal/cms/verNoticiaDetalhe.asp?idConteudo=365158>. Acesso em: 22 ago. 2018.

48 Ver Deltan Martinazzo Dallagnol, *As lógicas das provas no processo: Prova direta, indícios e presunções* (Porto Alegre: Livraria do Advogado, 2015), esp. cap. 9.

49 Michael Freitas Mohalem et al. *Novas medidas contra a corrupção*. Rio de Janeiro: Escola de Direito do Rio de Janeiro da Fundação Getulio Vargas, 2018.

50 Matheus Leitão: "Moro: 'Pior forma' de lidar com esquema de corrupção é 'dispersar casos e provas'", Blog do Matheus Leitão, 21 ago. 2018. Disponível em: <https://g1.globo.com/politica/blog/matheus-leitao/post/2018/08/21/moro-pior-forma-de-lidar-com-esquema-de-corrupcao-e-dispersar-casos-e-provas.ghtml>. Acesso em: 27 ago. 2018.

51 Monique Cheker, "O STF e o seu próprio 'sistema inquisitório' na contramão mundial". In: Lívia Tinôco et al. (Orgs.), *Desafios contemporâneos do sistema acusatório*. Brasília: ANPR, 2018.

5. SOBRE A OPERAÇÃO LAVA JATO [pp. 184-216]

1 Dados básicos sobre a operação Lava Jato podem ser encontrados em: <http://www.mpf.mp.br/para-o-cidadao/caso-lava-jato/atuacao-na-1a-instancia/atuacao-na-1a-instancia/parana/resultado>. Acesso em: nov. 2018.

2 Ressalve-se que, para a grande maioria das condenações, pendem recursos, com o que é possível que algumas sejam revertidas nas instâncias recursais e superiores. O Tribunal Regional Federal da 4ª Região, que serve de corte de apelação nos processos da Lava Jato, havia, até janeiro de 2018, julgado 24 apelações, com a confirmação da quase totalidade das condenações e, ocasionalmente, com diminuição ou incremento das penas (conforme pode ser visto em: <https://www2.trf4.jus.br/trf4/controlador.php?acao=noticia_visualizar&id_noticia=13403>).

3 Segundo dados do Ministério Público Federal, foram oferecidas perante o STF, até abril de 2018, 38 denúncias contra cem acusados. Sete denúncias já teriam sido aceitas pelo Supremo e estariam em trâmite.

4 O Supremo Tribunal Federal brasileiro recebeu 52 257 processos novos em 2017. Estatísticas do STF estão disponíveis em: <http://portal.stf.jus.br/textos/verTexto.asp?servico=estatistica&pagina=movimentoProcessual>. Acesso em: nov. 2018.

5 Ação Penal 996, 2ª Turma do STF, relator ministro Edson Fachin, acórdão ainda não publicado, notícia sobre o julgamento em: <http://portal.stf.jus.br/noticias/verNoticiaDetalhe.asp?idConteudo=379905>. Acesso em: nov. 2018.

6 Ação Penal 1003, 2ª Turma do STF, relator ministro Edson Fachin, acórdão ainda não publicado, notícia sobre o julgamento em: <http://portal.stf.jus.br/noticias/verNoticiaDetalhe.asp?idConteudo=381898>. Acesso em: nov. 2018.

7 Um quadro de corrupção sistêmica foi igualmente identificado pela operação Mãos Limpas na Itália na década de 1990. Sobre ele, transcrevo, por oportuno, o seguinte comentário de Alberto Vannucci, professor da Universidade de Pisa:

> A corrupção sistêmica é normalmente regulada, de fato, por um conjunto de regras de comportamento claramente definidas, estabelecendo quem entra em contato com quem, o que dizer ou o que não dizer, que expressões podem ser utilizadas como parte do "jargão da corrupção", quanto deve ser pago e assim por diante [...]. Nesse contexto, taxas precisas de propina tendem a emergir — uma situação descrita pela expressão utilizada em contratos públicos, nomeadamente, a "regra do X por cento", — e essa regularidade reduz os custos da transação, uma vez que não há necessidade de negociar a quantidade da propina a cada momento: "Eu encontrei um sistema já experimentado e testado segundo o qual, como uma regra, virtualmente todos os ganhadores de contratos pagavam uma propina de 3%... O produto dessa propina era dividido entre os partidos segundo acordos preexistentes", é a descrição oferecida por um administrador público de Milão nomeado por indicação política [...]. Nas atividades de apropriação da

Autoridade do Rio do Pó em Turim, 4% era o preço esperado para transações de corrupção: "O sistema de propinas estava tão profundamente estabelecido que elas eram pagas pelos empreiteiros sem nenhuma discussão, como uma obrigação admitida. E as propinas eram recebidas pelos funcionários públicos como uma questão de rotina".

Alberto Vannucci, "The Controversial Legacy of 'Mani Pulite': A Critical Analysis of Italian Corruption and Anti-Corruption Policies", *Bulletin of Italian Politics*, v. 1, n. 2, p. 246, 2009.

8 Sobre o custo da Refinaria do Nordeste Abreu e Lima, ver Raquel Landim, "Refinaria Abreu e Lima dará prejuízo de USD 3,2 bilhões", *Folha de S.Paulo*, 18 dez. 2015. Disponível em: <http://www1.folha.uol.com.br/poder/2015/01/1576627-refinaria-de-abreu-e-lima-dara-prejuizo-de-us-3-bi.shtml>. Acesso em: nov. 2018.

9 Entre nós, tem se destacado na pesquisa nessa área a economista Maria Cristina Pinotti. Entre outros escritos, ver Maria Cristina Pinotti, "Efeitos econômicos da corrupção", in Affonso Celso Pastore (Org.), *Infraestrutura: Eficiência e ética* (Rio de Janeiro: Elsevier, 2017), pp. 169-201. Para o relato de um caso concreto interessante de como a corrupção afugenta investidores e impacta o desenvolvimento econômico, ver Francis Fukuyama, *Ordem e decadência política: Da Revolução Industrial à globalização da democracia* (Rio de Janeiro: Rocco, 2018), pp. 222-6.

10 Alessandra Azevedo, "Número de comissionados e cargos de confiança aumenta no governo Temer", *Correio Braziliense*, 31 jul. 2017. Disponível em: <https://www.correiobraziliense.com.br/app/noticia/economia/2017/07/31/internas_economia,613942/numero-de-comissionados-e-cargos-de-confianca-aumentam-no-governo-teme.shtml>. Acesso em: nov. 2018

11 Foi inserido no art. 1º, §2º, do projeto de lei dispositivo com a seguinte redação: "A divergência na interpretação da lei ou na avaliação de fatos e provas não configura, por si só, abuso de autoridade".

12 Na Câmara dos Deputados, as dez medidas foram veiculadas no projeto de lei nº 4850/2016 e atualmente o que dela restou, com as modificações aprovadas na Câmara, tramitava no Senado como PLC nº 17/2017 quando da conclusão deste artigo.

13 Sobre as reações políticas contra a operações Mãos Limpas, ver Piercamillo Davigo, "Prefácio". in Gianni Barbacetto, Peter Gomez, e Marco Travaglio (Orgs.), *Operação Mãos Limpas: A verdade sobre a operação italiana que inspirou a Lava Jato* (Porto Alegre: Citadel, 2016), pp. 14-22.

14 Ação Penal 470, Supremo Tribunal Federal, plenário, relator ministro Joaquim Barbosa, por maioria, j. 17/12/2012. DJE-074, de 22 abr. 2013.

15 ADI 4650, Supremo Tribunal Federal, plenário, rel. min. Luiz Fux, por maioria, j. 17/09/2015, DJe-034, de 24 fev. 2016.

16 É o caso, por exemplo, da Ação Penal 5 022 179-78.2016.4.04.7000.

17 HC 84 078, Supremo Tribunal Federal, plenário, rel. min. Eros Grau, por maioria, j. 05/02/2009, DJe-035, de 26 fev. 2010.

18 Assim redigido: "Ninguém será considerado culpado até o trânsito em julgado de sentença penal condenatória".

19 HC 68 726, Supremo Tribunal Federal, plenário, rel. min. Néri da Silveira, un., j. 28/06/1991, DJ de 20 nov. 1992.

20 HC 126 292, Supremo Tribunal Federal, plenário, rel. min. Teori Zavascki, por maioria, j. 17 fev. 2016, DJe-100, de 17 maio 2016.

21 ADC 43 MC e 44 MC, Supremo Tribunal Federal, plenário, rel. para o acórdão min. Edson Fachin, por maioria, j. 05/10/2016, DJE-043, de 6 mar. 2018.

22 ARE 964246, Supremo Tribunal Federal, plenário, rel. min. Teori Zavascki, por maioria, j. 10/11/2016, DJe-251, de 24 nov. 2016.

23 HC 152 752, Supremo Tribunal Federal, plenário, rel. min. Edson Fachin, por maioria, j. 04/04/2018, DJe-127, de 27 jun. 2018.

24 Escrevi sobre presunção de inocência em Sergio Fernando Moro, *Crime de lavagem de dinheiro* (São Paulo: Saraiva, 2010), pp. 133-66.

25 A seção 3143, b, do título 18 do Código Penal Federal dos Estados Unidos, aplicável aos processos na Justiça Federal, dispõe que a apelação como regra não tem efeito suspensivo para obstar a prisão após a condenação criminal. Na França, o art. 367 do *Code de Procédure Pénale* estabelece que a prisão se segue à condenação exarada pela Cour d'Assises, independentemente dos recursos.

26 São muitos os exemplos trágicos de impunidade, mas, para ficar em um, o paciente beneficiado no referido HC 84 078 foi condenado em primeira e segunda instâncias por tentativa de homicídio qualificado, tendo efetuado diversos disparos de arma de fogo contra a vítima. Apesar disso, colocado em liberdade pelo habeas corpus, a sua punibilidade foi extinta pela prescrição (pelo decurso do tempo) enquanto se esperavam recursos aos tribunais superiores, conforme registrado em Cleide Carvalho, "Pivô de decisão do STF em 2009 contra prisão em 2ª instância ficou impune", *O Globo*, 3 abr. 2018. Disponível em: <https://oglobo.globo.com/brasil/pivo-de-decisao-do-stf-em-2009-contra-prisao-em-2-instancia-ficou-impune-22549632>. Acesso em: nov. 2018.

27 Segundo levantamento realizado pelo ministro Luís Roberto Barroso e exposto em seu voto no referido HC 152 752, entre janeiro de 2006 a meados de 2016, dos 25 777 recursos extraordinários ou agravos em recursos extraordinários apresentados ao STF em matéria criminal, 1,12% foi provido em favor do acusado, sendo de 0,035% o percentual de absolvições. No Superior Tribunal de Justiça (STJ), o percentual de absolvições em recursos especiais e agravos em recursos especiais foi de 0,62% em 68 944 decisões tomadas entre setembro de 2015 e agosto de 2017.

28 AP 937 QO, Supremo Tribunal Federal, plenário, rel. min. Roberto Barroso, por maioria, j. 3/5/2018, acórdão não publicado.

29 A Súmula 394 foi revogada durante a apreciação de questão de ordem na Ação Penal 315 (AP 315 QO, rel. min. Moreira Alves, P, j. 25/8/1999, DJ de 31 out. 2001).

30 A súmula estabelecia: "Cometido o crime durante o exercício funcional, prevalece a competência especial por prerrogativa de função, ainda que o inquérito ou a ação penal sejam iniciados após a cessação daquele exercício".

31 AP 937 QO, plenário, rel. min. Roberto Barroso, por maioria, j. 3/5/2018, acórdão ainda não publicado.

32 No notório caso Watergate, a partir da invasão de escritório do Partido Democrata em Washington, foi descoberta a existência de uma espécie de grupo de espionagem e sabotagem dirigido e financiado ilegalmente pelo então presidente Richard Nixon, eleito pelo Partido Republicano, e vários de seus subordinados. Sobre o

caso, entre outros, ver Carl Bernstein e Bob Woodward, *Todos os homens do presidente*, trad. de Denise Bottmann (São Paulo: Três Estrelas, 2014).

33 Sobre o papel das cortes de justiça na dessegregação racial nos Estados Unidos, em especial para a história de *Brown v. Board of Education*, ver Richard Kluger, *Simple Justice: The History of Brown v. Board of Education and Black America's Struggle for Equality* (Nova York: Vintage, 2004).

REFERÊNCIAS BIBLIOGRÁFICAS

1. CORRUPÇÃO, INSTITUIÇÕES E ESTAGNAÇÃO ECONÔMICA: BRASIL E ITÁLIA [pp. 27-76]

ACEMOGLU, Daron; JOHNSON, Simon; ROBINSON, James; THAICHAROEN, Yunyong. "Institutional Causes, Macroeconomic Symptoms: Volatility, Crises and Growth". *Journal of Monetary Economics*, v. 50, pp. 40-123, 2003.

______; JOHNSON, Simon; ROBINSON, James. "Institutions as a Fundamental Cause of Long-Run Growth". In: AGHION, Philippe; DURLAUF, Steven N. (Orgs.). *Handbook of Economic Growth, Volume 1A*. Amsterdam: North Holland, 2005.

______. *Introduction to Modern Economic Growth*. Princeton, NJ: Princeton University Press, 2009.

______; ROBINSON, James. *Why Nations Fail: The Origins of Power, Prosperity and Poverty*. Nova York: Crown, 2012. [Ed. bras.: *Por que as nações fracassam: As origens do poder, da prosperidade e da pobreza*. Rio de Janeiro: Elsevier, 2012.]

AGHION, Philippe; ALGAN, Yann; CAHUC, Pierre; SHLEIFER, Andrei. "Regulation and Distrust". *The Quarterly Journal of Economics*, v. 125, n. 3, ago. 2010.

ALESINA, Alberto; GIULIANO, Paola. "Family Ties". In: AGHION, Philippe; DURLAUF, Steven N. (Orgs.). *Handbook of Economic Growth, Volume 2A*. Amsterdam: North Holland, 2014.

ALGAN, Yann; CAHUC, Pierre. "Trust, Growth, and Well-Being: New Evidence and Policy Implications". In: AGHION, Philippe; DURLAUF, Steven N. (Orgs.). *Handbook of Economic Growth, Volume 2A*. Amsterdam: North-Holland, 2014.

ARNONE, Marco; BORLINI, Leonardo S. *Corruption: Economic Analysis and International Law*. Cheltenham; Northampton, MA: Edward Elgar, 2014.

BACHA, Edmar. *Belíndia 2.0: Fábulas e ensaios sobre o país dos contrastes*. Rio de Janeiro: Civilização Brasileira, 2012.

BARROSO, Luís Roberto. *Um outro país: Transformações no direito, na ética e na agenda do Brasil*. Belo Horizonte: Fórum, 2018.

______. *A judicialização da vida e o papel do Supremo Tribunal Federal*. Belo Horizonte: Fórum, 2018.

BECKER, Gary. "Crime and Punishment: An Economic Approach". *Journal of Political Economy*, v. 76, pp. 169-217, 1968.

CARAZZA, Bruno. *Dinheiro, eleições e poder: As engrenagens do sistema político brasileiro*. São Paulo: Companhia das Letras, 2018.

CARDOSO, Fernando Henrique. *Crise e reinvenção da política no Brasil*. São Paulo: Companhia das Letras, 2018.

COLOMBO, Gherardo. *Lettera a un figlio su Mani Pulite*. Milão: Garzanti, 2015.

______; DAVIGO, Piercamillo. *La tua giustizia non è la mia: Dialogo fra due magistrati in perenne disaccordo*. Milão: Longanesi, 2016.

DAVIGO, Piercamillo; MANNOZZI, Grazia. *La corruzione in Italia: Percezione sociale e controllo penale*. Roma: Laterza, 2007.

______. *Il sistema della corruzione*. Roma: Laterza, 2017.

ESPOSITO, Gianluca; LANAU, Sergi; POMPE, Sebastiaan. "Judicial System Reform in Italy: A Key to Growth". International Monetary Fund, Working Paper WP/14/32, fev. 2014.

FIORINO, Nadia; GALLI, Emma. *La corruzione in Italia: Un'analise economica*. Bolonha: Il Mulino, 2013.

FISMAN, Ray; GOLDEN, Miriam A. *Corruption: What Everyone Needs to Know*. Nova York: Oxford University Press, 2017.

GIAMBIAGI, Fabio; LUCAS, Luiz Paulo Vellozo (Orgs.). *Petróleo: Reforma e contrarreforma do setor petrolífero brasileiro*. Rio de Janeiro: Elsevier, 2013.

______; SCHWARTSMAN, Alexandre. *Complacência: Entenda por que o Brasil cresce menos do que pode*. Rio de Janeiro: Elsevier, 2014.

HOUGH, Dan. *Analysing Corruption*. Newcastle upon Tyne: Agenda Publishing, 2017.

KLITGAARD, Robert. "On Culture and Corruption". Blavatnik School of Government, University of Oxford, Working Paper BSG-WP-2017/020, jul. 2017.

MAURO, Paolo. "Corruption and Growth", *The Quarterly Journal of Economics*, v. 110, n. 3, pp. 681-712, 1995

MOCAN, Naci H.; BIELEN, Samantha; MARNEFFE, Wim. "Quality of Judicial Institutions, Crimes, Misdemeanors, and Dishonesty". NBER Working Paper 24 396, mar. 2018.

MORO, Sergio Fernando. "Considerações sobre a operação Mani Pulite". *CEJ*, Brasília, n. 26, pp. 56-62, jul./set. 2004.

______. "Preventing Systemic Corruption in Brazil". *Dædalus, Journal of the American Academy of Arts & Sciences*, MIT Press, pp. 157-68, verão 2018.

NORTH, Douglass C. "Institutions, Institutional Change and Economic Performance". Cambridge: Cambridge University Press, 1990.

______. *Understanding the Process of Economic Change*. Princeton, NJ: Princeton University Press, 2005.

PASTORE, Affonso Celso. *Inflação e crises: O papel da moeda*. Rio de Janeiro: Elsevier, 2015.

______; GAZZANO, Marcelo; CARBONE, Caio. "O que buscamos com os estudos neste volume?" In: PASTORE, Affonso Celso (Org.). *Como escapar da armadilha do lento crescimento*. São Paulo: Centro de Debates de Políticas Públicas, 2018.

PINOTTI, Maria Cristina. "Lava Jato, Mani Pulite and the Role of Institutions". In: SPILIMBERGO, Antonio; SRINIVASAN, Krishna (Orgs.). *Boom, Bust and the Road to Recovery*. Washington: International Monetary Fund, no prelo.

______. "Efeitos econômicos da corrupção". In: PASTORE, Affonso Celso. (Org.). *Infraestrutura: Eficiência e ética*. Rio de Janeiro: Elsevier, 2017.

ROSE-ACKERMAN, Susan; PALIKFA, Bonnie J. *Corruption and Government: Causes, Consequences and Reform*. 2. ed. Nova York: Cambridge University Press, 2016.

SALA-I-MARTIN, Xavier; SUBRAMANIAN, Arvind. "Addressing the Natural Resource Curse: An Illustration from Nigeria". International Monetary Fund, Working Paper WP/03/139, jul. 2003.

TABELLINI, Guido. "Institutions and Culture". *Journal of the European Economic Association*, n. 2-3, pp. 255-94, 2008.

USLANER, Eric M. "Trust and Corruption". College Park: Department of Government and Politics, University of Maryland, 2004.

VOIGT, Stefan; GUTMANN, Jerg; FELD, Lars P. "Economic Growth and Judicial Independence, a Dozen Years On: Cross-Country Evidence Using an Updated Set of Indicators". Center for Economic Studies & Ifo Institute, CESifo Working Paper N. 5010, 2015.

3. ITÁLIA: UM PAÍS RESIGNADO? [pp. 99-128]

BETTINI, Romano (Org.). *Informale e sommerso: Devianza, supplenza e cambiamento in Italia*. Milão: Franco Angeli, 1987.

DAVIGO, Piercamillo; MANNOZZI, Grazia. *La corruzione in Italia: Percezione sociale e controllo penale*. Roma: Laterza, 2007.

______; ARNONE, Marco. "Arriva la crisi economica? Subito spunta la corruzione". *Vita e Pensiero*, n. 5, 2005.

______. *Il sistema della corruzione*. Roma: Laterza, 2017.

FACCIOLI, Franca. "Appunti per un dibattito". *Dei Delitti e delle Pene*, n. 2, 1993.

FORTI, Gabrio. "L'insostenibile pesantezza della 'tangente ambientale': inattualità di disciplina e disagi applicativi nel rapporto corruzione-concussione". *Rivista Italiana di Diritto Processuale Penale*, 1996.

GOLDEN, Miriam; PICCI, Lucio. "Proposal for a new measure of corruption illustrated using Italian data". *Economics and Politics*, v. 17, n. 1, pp. 37-75, 2005.

LICANDRO, AGATINO; Varano, Aldo. *La città dolente: Confessioni di un sindaco corrotto*. Turim: Einaudi, 1993.

SAVONA, Ernesto U. "Criminalità organizzata". In: *Enciclopedia del Novecento*. Roma: Istituto dell'enciclopedia italiana, 1998. v. x.

TRANFAGLIA, Nicola. *Mafia, politica e affari: 1943-91*. Roma: Laterza, 1992.

VANNUCCI, Alberto. *Il mercato della corruzione: I meccanismi dello scambio occulto in Italia*. Milão: Società Aperta, 1997.

VIOLANTE, Luciano. "Introdução". In: _____ (Org.). *I soldi della mafia: Rapporto '98*. Roma: Laterza, 1998.

5. SOBRE A OPERAÇÃO LAVA JATO [pp. 184-216]

BERNSTEIN, Carl; WOODWARD, Bob. *Todos os homens do presidente*. Trad. Denise Bottmann. São Paulo: Três Estrelas, 2014.

DAVIGO, Piercamillo. "Prefácio". In: BARBACETTO, Gianni; GOMEZ, Peter; TRAVAGLIO, Marco (Orgs.). *Operação Mãos Limpas: A verdade sobre a operação italiana que inspirou a Lava Jato*. Porto Alegre: Citadel, 2016.

FUKUYAMA, Francis. *Ordem e decadência política: Da Revolução Industrial à globalização da democracia*. Rio de Janeiro: Rocco, 2018.

KLUGER, Richard. *Simple Justice: The History of Brown v. Board of Education and Black America's Struggle for Equality*. Nova York: Vintage, 2004.

MORO, Sergio Fernando. *Crime de lavagem de dinheiro*. São Paulo: Saraiva, 2010.

PINOTTI, Maria Cristina. "Efeitos econômicos da corrupção". In: PASTORE, Affonso Celso (Org.). *Infraestrutura: Eficiência e ética*. Rio de Janeiro: Elsevier, 2017.

VANNUCCI, Alberto. "The Controversial Legacy of 'Mani Pulite': A Critical Analysis of Italian Corruption and Anti-Corruption Policies". *Bulletin of Italian Politics*, v. 1, n. 2, 2009.

ÍNDICE REMISSIVO

Os números de páginas em *itálico* referem-se a gráficos.

TIPOGRAFIA Arnhem Blond

DIAGRAMAÇÃO Osmane Garcia Filho

PAPEL Pólen Soft, Suzano Papel e Celulose

IMPRESSÃO Gráfica Bartira, fevereiro de 2019

FSC
www.fsc.org
MISTO
Papel produzido a partir de fontes responsáveis
FSC® C105484

A marca FSC® é a garantia de que a madeira utilizada na fabricação do papel deste livro provém de florestas que foram gerenciadas de maneira ambientalmente correta, socialmente justa e economicamente viável, além de outras fontes de origem controlada.